Deutsche Geschichte
im 20. Jahrhundert

Zwischen der Staatsgründung 1949 und dem Machtwechsel 1971 wurden die Grundlagen des »ersten Arbeiter- und Bauernstaates auf deutschem Boden« geschaffen. Wurde die SED dabei ihrem Anspruch gerecht, ein im Vergleich zur Bundesrepublik erfolgreicheres und gerechteres Wirtschaftssystem, ja ein »modernes« Deutschland aufzubauen?
Dierk Hoffmann untersucht die Brüche und Kontinuitäten dieses Zeitraums, der ganz entscheidend von Walter Ulbricht geprägt wurde. Plausibel arbeitet er heraus, dass dem Primat der Politik nahezu alle anderen Bereiche, vor allem die Wirtschaft, untergeordnet wurden. Das vordringliche Ziel Ulbrichts war die eigene Herrschaftssicherung.

Dierk Hoffmann, 1963 geboren in Hannover, Studium der Neueren und Neuesten Geschichte, Osteuropäischen Geschichte und Volkswirtschaftslehre in München. Seit 1994 wissenschaftlicher Mitarbeiter des Instituts für Zeitgeschichte München-Berlin, Abteilung Berlin. Wichtigste Veröffentlichungen: Sozialpolitische Neuordnung in der SBZ/DDR. Der Umbau der Sozialversicherung 1945–1956 (1996); Aufbau und Krise der Planwirtschaft. Die Arbeitskräftelenkung in der SBZ/DDR 1945 bis 1963 (2002).

Dierk Hoffmann

DIE DDR UNTER ULBRICHT

Gewaltsame Neuordnung und gescheiterte Modernisierung

Pendo Verlag Zürich

Deutsche Geschichte
im 20. Jahrhundert
Herausgegeben von Frank-Lothar Kroll
und Ernst Piper

Meinen Eltern zum 70. Geburtstag

Redaktion: Jörg Später, Freiburg
Umschlaggestaltung und Satz:
Michael Wörgötter, Karlsfeld/München
Umschlagabbildung: Rolf Gillhausen, Hamburg
Gesetzt aus der Minion
Druck und Bindung: FVA, Fulda
Printed in Germany
ISBN 3-85842-563-X

INHALTSVERZEICHNIS

Einleitung

Vom 20. bis 24. Juli 1950 tagte in der Werner-Seelenbinder-Halle in Ost-Berlin der III. Parteitag der SED. Die aus der ganzen DDR angereisten Parteitagsdelegierten verabschiedeten ein neues Parteistatut, das programmatische Dokument »Die gegenwärtige Lage und die Aufgaben der Sozialistischen Einheitspartei Deutschlands« und den ersten Fünfjahrplan. Wie in der Sowjetunion sollten auch in der DDR sämtliche Wirtschaftsbereiche einer zentralen Planung und Steuerung für die Jahre 1951 bis 1955 unterliegen. Auf dem Parteitag herrschte Aufbruchstimmung. Ein knappes Jahr nach Gründung der DDR verband sich in der SED ungebremster Fortschrittsoptimismus mit einem chiliastischen Glauben an die Überlegenheit des eigenen Systems. Man war zuversichtlich, aus dem Kalten Krieg, der nach dem Ausbruch des Korea-Krieges am 25. Juni 1950 zu eskalieren drohte, als Sieger hervorzugehen. Besonders Walter Ulbricht ließ diese Überzeugung in seinem Grundsatzreferat mehrfach anklingen: »Etwas Neues, Großes ist in der Deutschen Demokratischen Republik Wirklichkeit geworden. Werktätige, die vor einigen Jahren noch verzagt ihres Weges gingen, die keine Möglichkeit sahen, wie man die Folgen des Hitlerkrieges überwinden und zu einem neuen Leben kommen kann, stehen jetzt stolz an ihren Maschinen und vollbringen Leistungen, wie sie im alten Deutschland nicht möglich waren.«[1] Und diese positive Grundstimmung habe nicht nur die Partei, sondern das ganze Land erfasst. So hätten es in der Kammgarnspinnerei an der Werra »drei Aktivistinnen [...] fertig gebracht, an je tausend Spindeln zu arbeiten«. Im Walzwerk Brandenburg sei der erste von insgesamt vier geplanten Siemens-Martin-Öfen »von den Arbeitern und der technischen Intelligenz vorfristig erstellt« worden. Dieser habe dann am Tag der Parteitagseröffnung den ersten Stahl produziert. Ulbricht zufolge waren diese Leistungen nur möglich, »weil sich immer breitere Kreise des werktätigen Volkes bewusst werden, dass jetzt die Arbeiterschaft die Hauptpositionen im Staat in ihren Händen hat, dass die Leistungen der Werktätigen in der volkseigenen Wirtschaft dem ganzen Volk und jedem Einzelnen zugute kommen«.[2] Die Signalwirkung, die der erste Fünfjahrplan in Richtung Westen ausstrahlen sollte, war unübersehbar. Ulbricht bezeichnete ihn als den »große[n] Plan der friedlichen Arbeit zur Erreichung eines besseren Lebens des schaffenden Volkes«.[3] In Westdeutschland werde dagegen die »Qualitätsproduktion von den anglo-amerikanischen Konkurrenten gedrosselt, und unter dem Deckmantel der ›freien Wirtschaftsinitiative‹ werden Erwerbslosigkeit und wirtschaftliches Durcheinander zum Dauerzustand«.[4]

Ein knappes Jahr zuvor, am 7. Oktober 1949, war die Deutsche Demokratische Republik gegründet worden: Der Deutsche Volksrat hatte sich zur Provisorischen Volkskammer konstituiert und die Verfassung angenommen, die damit in Kraft treten konnte. Vorausgegangen war mit der Verabschiedung des Grundgesetzes durch den Parlamentarischen Rat in Bonn am 23. Mai 1949 die Konstituierung der Bundesrepublik Deutschland. Die Teilung Deutschlands war damit staats- und völkerrechtlich vollzogen. Die Gründung der DDR folgte zwar auf die der Bundesrepublik; sie war jedoch nicht primär eine Reaktion auf die Entwicklung in den drei Westzonen. Zentrale Weichenstellungen in Politik, Wirtschaft und Gesellschaft waren bereits in der Sowjetischen Besatzungszone (SBZ) zwischen 1945 und 1949 erfolgt. Diese betrafen unter anderem die Etablierung des Parteiensystems unter Hegemonie der SED, die Verstaatlichung der Schwerindustrie sowie die Bodenreform. All diese Entscheidungen kamen letztlich nach Absprache zwischen der Sowjetischen Militäradministration (SMAD beziehungsweise SMA der Länder und Provinzen) und der SED zustande, wobei die sowjetische Besatzungsmacht die alleinige Entscheidungskompetenz in den Händen behielt. Sie bestimmte letztlich Fortgang und Tempo der Umgestaltung in der SBZ. Dabei ließ sie sich wohl auch von gesamtdeutschen Überlegungen leiten. Eine Einigung mit den westlichen Besatzungsmächten über die Zukunft Deutschlands war somit nicht ausgeschlossen, rückte allerdings im Laufe der Zeit in weite Ferne. Der Auszug der sowjetischen Vertreter aus dem Alliierten Kontrollrat am 20. März 1948 machte den Interessengegensatz erneut deutlich; die Berlinkrise 1948/49 und die damit verbundene Blockade der Westsektoren symbolisierten den Bruch der einstigen Anti-Hitler-Koalition.

So wichtig es ist, auf die unterschiedlichen Ziele und Interessen der einzelnen Siegermächte sowie der beteiligten deutschen Stellen hinzuweisen, so bedeutend ist es auch, die Gesamtgesellschaft in den Blick zu nehmen. Hier standen sich Herrscher und Beherrschte gegenüber; gleichzeitig konnten gesellschaftliche Prozesse auch eine gewisse Eigendynamik entfalten. Die SED wirkte mit ihren Herrschaftszielen und -methoden durchaus polarisierend: Auf der einen Seite bot sie im Zuge der Neuordnung von Staat und Gesellschaft zahlreichen Arbeitern und Angestellten neue Karriere- und Aufstiegschancen an. Auf der anderen Seite trieb sie mit ihrer oftmals rigoros betriebenen Politik zahlreiche Mitglieder der traditionellen Eliten in den Westen Deutschlands. Die so genannte Republikflucht verwies auf fehlende Akzeptanz in großen Teilen der Bevölkerung, was von der SED-Führung anfangs noch stillschweigend hingenommen wurde. Die massenhafte Flucht in die Bundesrepublik blieb auf die fünfziger Jahre beschränkt, da mit dem Mauerbau am 13. August 1961 dieser Aderlass radikal gestoppt wurde. Die Ausreisewellen der siebziger und achtziger Jahre sind damit weder quantitativ noch qualitativ zu vergleichen. Das Verhältnis zwischen der diktatorischen SED-Herrschaft und der in der DDR verbliebenen Bevölkerung entwickelte sich in den fünfziger und sechziger Jahren teilweise zu einem kommunikativen Prozess, der allerdings nie zwischen gleichberechtigten Teilnehmern stattfand. Aufgrund der eindeutigen Machtverteilung besaßen darin die SED und die staatlichen Organe das Übergewicht. Die SED konnte zahlreiche Ziele verwirklichen, aber nicht alle. Das hing nicht nur vom weiteren Engagement der Besatzungsmacht, sondern auch von der Bereitschaft der Bürgerinnen und Bürger ab, sich mit dem politischen System der DDR zu arrangieren. Dabei entwickelten sich verschiedene Formen, die von der Mitwirkung bis hin zur Opposition und zum Widerstand reichen konnten. Die SED-Führung musste dies letztlich bei ihren Neuordnungsplänen berücksichtigen.

Die Periode zwischen 1949 und 1971 war vor allem durch den Versuch gekennzeichnet, die zuvor begonnene Umgestaltung in Richtung auf eine sozialistische Gesellschaft fortzusetzen. Dafür sollte die Bevölkerung in vielfältiger Weise mobilisiert werden: durch die Aktivisten- und Brigadebewegung, um die Ziele des Fünfjahrplanes zu erreichen, und durch die Massenorganisationen, um fast alle Bevölkerungsgruppen anzusprechen und in das neue politische System zu integrieren. Die Entstehung von selbständig tätigen Interessenverbänden wurde dagegen schon in den ersten Nachkriegsjahren unterbunden. Die SED versuchte dies mit dem Argument zu legitimieren, dass eine vollständige Abkehr von der privatkapitalistischen Wirtschaftsform notwendig und eine grundlegend andere Wirtschaftsordnung nach sowjetischem Vorbild zu errichten sei. Die dabei entstandene Planungseuphorie auf Seiten der Hegemonialpartei beziehungsweise der staatlichen Verwaltungen war nicht von vornherein zum Scheitern verurteilt. Vor allem die im Gefolge des ersten Fünfjahrplanes anvisierten Großprojekte (zum Beispiel Eisenhüttenkombinat Ost/»Stalinstadt«) signalisierten zunächst einen Neubeginn, der im Übrigen auch von den dort eingesetzten »Werktätigen« zunächst positiv wahrgenommen wurde. Die Euphorie war jedoch nicht von langer Dauer. Versorgungsschwierigkeiten und Engpässe bei der Zuteilung der knappen

Ressourcen ließen Zweifel an der Überlegenheit des sozialistischen Systems aufkommen, zumal die Bundesrepublik spätestens Mitte der fünfziger Jahre die DDR wirtschaftlich überholt hatte und auf der Überholspur blieb. Sowohl die sowjetische Besatzungsmacht, welche die SED-Herrschaft letztlich garantierte, als auch die Magnetwirkung der Bundesrepublik, die sich bis 1961 in mindestens 2,75 Millionen »Republikflüchtigen« niederschlug, waren exogene Faktoren, die für die SED kaum beeinflussbar waren. Der dadurch abgesteckte und sich im Verlauf des Untersuchungszeitraumes wandelnde Handlungsspielraum war mit entscheidend für Erfolg beziehungsweise Misserfolg der Politik, welche die Hegemonialpartei eingeschlagen hatte.

Im vorliegenden Band wird nicht der Versuch unternommen, eine Gesamtdarstellung der DDR-Geschichte zwischen Staatsgründung 1949 und Machtwechsel 1971 zu schreiben.[5] Vielmehr steht im Mittelpunkt der Darstellung der Herrschaftsaufbau durch die Hegemonialpartei SED, die von Walter Ulbricht maßgeblich geprägt und geleitet wurde. Wie kein anderer ostdeutscher Politiker drückte er der DDR in den fünfziger und sechziger Jahren seinen Stempel auf. Obwohl er weder Parteivorsitzender der SED noch Ministerpräsident der DDR war, hatte er es verstanden, sich frühzeitig ein Machtzentrum aufzubauen, das sowohl die Entwicklung der Hegemonialpartei als auch die der staatlichen Führung entscheidend beeinflusste und prägte. Als SED-Generalsekretär beziehungsweise 1. Sekretär des ZK und als stellvertretender Ministerpräsident hatte er die Zügel stets in der Hand. An ihm kam letztlich kein anderer Politiker vorbei. Alle Versuche, Ulbricht zu entmachten, scheiterten kläglich. Anfang der sechziger Jahre erreichte seine Herrschaft ihren Höhepunkt. Nun war er nicht nur nach innen, sondern auch nach außen unbestritten der erste Mann in Staat und Partei. Nach dem Tode Wilhelm Piecks wurde er Vorsitzender des neu geschaffenen Staatsrats und des Nationalen Verteidigungsrats; als 1. Sekretär des ZK führte er nach Abschaffung des

Vorsitzendenamtes in der SED 1954 uneingeschränkt die »führende Partei der Arbeiterklasse« an.

Trotz wegweisender Entscheidungen in der unmittelbaren Besatzungszeit (1945–1949) war die SED-Herrschaft zu Beginn des Untersuchungszeitraums noch keineswegs vollständig zementiert: Wirtschaftspolitische Ziele, die sich mit der Einführung der Planwirtschaft verbanden, sowie Neuordnungspläne für die staatlichen Organe, die vor allem auf eine Zentralisierung und Gleichschaltung hinausliefen, mussten zum Teil erst noch in Angriff genommen beziehungsweise weiter fortgeführt werden. Die Umsetzung dieser Ziele war von zahlreichen internen und externen Faktoren abhängig, auf welche die SED nur bedingt Einfluss hatte. Deshalb vollzog sich der Aufbau einer »sozialistischen Gesellschaft« nicht geradlinig und vor allem nicht konfliktfrei. Gerade die fünfziger Jahre zeichneten sich durch zahlreiche Krisen aus, in denen die SED-Herrschaft, wie am 17. Juni 1953, ernsthaft bedroht war. Immer wieder war die SED-Führung zu Reaktionen gezwungen; immer wieder musste sie ihre Herrschaft durch den Einsatz verschiedener, mitunter auch repressiver Instrumente neu absichern.

Der Band besteht aus zwei Hauptteilen: Im ersten Teil geht es um die politische Geschichte der DDR unter dem Blickwinkel von Herrschaftsaufbau und Herrschaftssicherung. Im zweiten Teil sollen dagegen Kontinuitäten und Diskontinuitäten anhand von einigen zentralen Themenfeldern herausgearbeitet werden.[6] Dabei wird keine vollständige, sondern eine problemorientierte Darstellung angestrebt, die zentrale Bereiche aus Politik, Wirtschaft und Gesellschaft in den Blick nimmt. Inwieweit gab es Brüche und Zäsuren? Wurde an Traditionsbestände aus der Weimarer Republik angeknüpft? Wurde die SED ihrem Anspruch gerecht, ein im Vergleich zur Bundesrepublik erfolgreicheres und gerechteres Wirtschaftssystem, ja ein »modernes« Deutschland aufzubauen?

Unter Verweis auf die wirtschaftlichen und gesellschaftlichen

Umbrüche hat Ralf Dahrendorf der DDR Ende der sechziger Jahre eine partielle Modernität attestiert, ohne den diktatorischen Charakter des SED-Regimes aus den Augen zu verlieren. In gewisser Weise – so damals Dahrendorf – sei die Gesellschaft der DDR sogar »die erste moderne Gesellschaft auf deutschem Boden«.[7] Zweifellos verfolgte die SED-Führung mit ihrer Politik dieses Ziel und versuchte, sich propagandistisch von der angeblich reaktionären und revanchistischen Bundesrepublik abzusetzen. Der vorliegende Band geht vor allem in seinem zweiten Teil dieser Frage nach und problematisiert die Feststellung Dahrendorfs. In der jüngsten Zeitgeschichtsforschung scheint diese Interpretation in einer anderen Perspektive wieder belebt zu werden: Demzufolge werden die vermeintlich modernen Züge der Herrschaft Ulbrichts in den sechziger Jahren betont und somit die Ära Ulbricht von der nachfolgenden Ära Honecker positiv abgesetzt.[8] Im Gegensatz zu Erich Honecker sei Walter Ulbricht in den sechziger Jahren »reformfreundlicher und flexibler, für die Probleme der modernen Industriegesellschaft sowie die Möglichkeit einer gewissen ›Liberalisierung‹ aufgeschlossener und für die Regelung der deutsch-deutschen Beziehungen kompromissbereiter« gewesen.[9] Durch die Betrachtung der fünfziger und sechziger Jahre als historische Einheit, also des gesamten Zeitraumes, in dem Ulbricht eine nahezu unangefochtene Stellung innerhalb der SED-Führung, aber auch des Staatsapparates besaß, soll auch diese These überprüft werden.

Abschließend möchte ich Dr. Peter Skyba und PD Dr. Hermann Wentker herzlich dafür danken, dass sie sich die Mühe gemacht haben, das Manuskript kritisch zu lesen. Beim Korrekturlesen sowie bei der Zusammenstellung der im Anhang befindlichen Verzeichnisse halfen Elvira Groll und Niklas Gustke.

I. PHASEN DER HERRSCHAFTSSICHERUNG

1. Von der Staatsgründung bis zur II. Parteikonferenz (1949–1952)

Die Gründung der DDR wurde von der SED-Führung und der sowjetischen Führung in Karlshorst und Moskau sorgfältig vorbereitet. Eine SED-Delegation (Wilhelm Pieck, Otto Grotewohl, Walter Ulbricht und als Dolmetscher Fred Oelßner) reiste am 16. September 1949 nach Moskau und traf am folgenden Tag mit Politbüromitgliedern der KPdSU (B) zu einer ersten Vorbesprechung zusammen.[10] Wenige Tage später legte die SED-Delegation einen an Stalin gerichteten Brief vor, der offenbar als Beratungsgrundlage für weitere Gespräche dienen sollte. Diese Vorgehensweise – von den Gesprächen in Moskau liegen bis jetzt keine ausführlicheren Aufzeichnungen vor – war vermutlich zwischen der deutschen und sowjetischen Seite abgestimmt. In dem Brief schlug die SED-Führung unter anderem die Bildung einer provisorischen Regierung in der sowjetischen Besatzungszone vor.[11] Eine abschließende Besprechung im Politbüro der KPdSU (B) am 27. September brachte allem Anschein nach die formale Zustimmung der Sowjets. Einen Tag später flogen die vier SED-Vertreter zurück nach Berlin.

Der Brief der SED-Führung vom 19. September sah im Einzelnen vor, dass sich zunächst der noch bestehende Volksrat zur provisorischen Volkskammer umbilden sollte, die wiederum die schon beschlossene Verfassung zu verabschieden hatte. Anschließend war geplant, von der provisorischen Volkskammer eine Länderkammer der fünf Länder mit insgesamt 35 Vertretern beschließen zu lassen. Beide Kammern sollten dann den Präsidenten wählen. Dem Wortlaut der Verfassung folgend, stellte die SED als stärkste Fraktion den Ministerpräsidenten. Neben diesen formalen Regelungen – dazu zählten auch die personelle Besetzung der Regierung und die Berücksichtigung der Blockparteien bei der Vergabe der Ministerien – wurden der Wortlaut der ersten Regierungserklärung sowie einzelne zentrale Komplexe in ihren wesentlichen Grundlinien thematisiert. So sollte beispielsweise die SED ihre Propagandatätigkeit gen Westen intensivieren und die Arbeit der KPD in der Bundesrepublik verstärkt unterstützen. Die beim Politbüro gebildete Westkommission, die von Franz Dahlem geleitet wurde, war deshalb personell zu verstärken.[12] Breiten Raum nahmen in dem Dokument auch Wirtschaftsfragen ein, die sich ganz auf die Erfüllung des Zweijahrplanes konzentrierten. Die Sowjetunion wurde gebeten, bei der Bewältigung von auftretenden Versorgungsengpässen mit Rohstoffen behilflich zu sein.[13] Diese Bitte bezog sich konkret auf die Lieferung von 200 000 Tonnen Walzwerkerzeugnissen in die DDR bis Ende 1949, die Lieferung von 13 000 Tonnen (1949) und 30 000 Tonnen (1950) Baumwolle sowie von 1000 schweren Lastkraftwagen. Bei der geplanten Erhöhung der Lebensmittelrationen zum 1. Januar 1950 sollte die Sowjetunion ebenfalls behilflich sein und insgesamt 380 000 Tonnen Brotgetreide und 20 000 Tonnen Fett liefern. Außerdem formulierte die SED-Führung Fragen zur weiteren Durchführung der Parteiarbeit: So sollte noch vor den für Herbst 1950 geplanten Wahlen ein Parteitag anberaumt und eine Überprüfung der Mitgliedsbücher durchgeführt werden.[14] Abschließend regten die führenden SED-Funktionäre an, »Personen, denen durch Beschluss der Entnazifizierungskommissionen oder durch Urteil von Strafkammern aufgrund der Befehle Nr. 24 oder 38 das aktive und passive Wahlrecht entzogen wurde, das aktive und passive Wahlrecht wiederzugeben«.[15] Das Berufsverbot für diesen Personenkreis sollte zudem aufgehoben werden; Ausnahmen blieben jedoch die als politisch neuralgisch angesehenen Bereiche Polizei, Innen- und Justizverwaltung. Zwei weitere, für die Akzeptanz des SED-Regimes in der Bevölkerung zentrale Punkte, betrafen die Rückkehr der Kriegsgefangenen sowie die Auflösung der Straflager.[16]

Vorschlägen des Politbüros an den Parteivorstand der SED, die kurz darauf ausgearbeitet worden waren, ist zu entnehmen, dass die sowjetische Seite den zuvor schon abgestimmten Brief inhaltlich weitgehend akzeptiert und nur geringfügige Korrekturen vorgenommen hatte. So war nunmehr von der Bildung einer Provisorischen Regierung der Deutschen Demokratischen Republik die Rede.[17] Darüber hinaus war der Ablauf der Regierungsbildung bis ins Detail geplant, bis hin zur namentlichen Nennung der Regierungsmitglieder.[18] Demzufolge sollten Wilhelm Pieck (SED) Präsident, Otto Grotewohl (SED) Ministerpräsident sowie Walter Ulbricht (SED), Otto Nuschke (CDU) und Hermann Kastner (LDP) stellvertretende Ministerpräsidenten werden. Die Regierung sollte sich – so die Vorschläge des Politbüros – aus acht SED-, drei CDU-, drei LDP-Vertretern und jeweils einem NDPD-, DBD- sowie einem parteilosen Politiker zusammensetzen. Bis Anfang Oktober erfolgten noch einige personelle Veränderungen, so dass letztlich folgende Minister ernannt wurden: Georg Dertinger (Minister für Auswärtige Angelegenheiten, CDU); Karl Steinhoff (Minister des Inneren, SED); Heinrich Rau (Minister für Planung, SED); Hans Loch (Minister für Finanzen, LDP); Fritz Selbmann (Minister für Industrie, SED); Ernst Goldenbaum (Minister für Land- und Forstwirtschaft, DBD); Georg Handke (Minister für Außenhandel und Materialversorgung, SED); Karl Hamann (Minister für Handel und Versorgung, LDP); Luitpold Steidle (Minister für Arbeit und Gesundheitswesen, CDU); Hans Reingruber (Minister für Verkehr, parteilos); Friedrich Burmeister (Minister für Post und Fernmeldewesen, CDU); Lothar Bolz (Minister für Aufbau, NDPD); Paul Wandel (Minister für Volksbildung, SED); Max Fechner (Minister für Justiz, SED).[19]

Die unmittelbare Abhängigkeit von der Sowjetunion zeigte sich auch bei der ersten Regierungserklärung am 12. Oktober 1949, als Ministerpräsident Grotewohl mehrfach auf die Verbundenheit mit der östlichen Supermacht hinwies und in devoter

Weise lobende Worte für die Moskauer Führung und ganz besonders für Stalin fand.[20] Die ersten Jahre der DDR fielen mit den letzten Herrschafts- und Lebensjahren Stalins zusammen. Diese Periode war nicht nur in der DDR, sondern auch in den osteuropäischen »Volksdemokratien« von einem Stalin-Kult gekennzeichnet, der in vielfältiger Weise unübersehbar wurde: Die Formen reichten von der Errichtung zahlreicher Stalin-Denkmäler, der Benennung von Straßen, ja sogar von Städten (aus Eisenhüttenstadt wurde »Stalinstadt«) bis hin zur Huldigung durch Künstler und Schriftsteller in ihren jeweiligen Werken.[21]

Die Verbundenheit mit der Sowjetunion zeigte sich auch beim Verständnis der äußeren Grenzen der DDR durch die ostdeutsche Regierung, wobei ein geringer Handlungsspielraum in Rechnung gestellt werden muss. Grotewohl fand jedoch in seiner eben erwähnten Regierungserklärung relativ deutliche Worte zur Oder-Neiße-Grenze, die nunmehr offiziell akzeptiert wurde. Dies entsprach dem sowjetischen Interesse, das heißt, Grenzstreitigkeiten innerhalb des eigenen Herrschaftsgebietes mussten aus Moskauer Sicht von vornherein unterbunden werden. Daher betonte Grotewohl auch, dass die Grenze zur Volksrepublik Polen eine »Friedensgrenze« sei, »die ein freundschaftliches Verhältnis mit dem polnischen Volke« ermögliche. Und an die westdeutsche Seite gerichtet erklärte er: »Wer übrigens dem Besatzungsstatut zugestimmt und damit seine Bereitschaft bewiesen hat, ganz Deutschland als Kolonie an die imperialistischen Mächte auszuliefern, hat jedes Recht verloren, über Grenzfragen im Osten zu zetern.«[22] Diese Eindeutigkeit in der Aussage war keineswegs selbstverständlich: Innerhalb der SED-Führung war diese Frage lange Zeit umstritten gewesen.[23] Wilhelm Pieck, der in Guben geboren und aufgewachsen war, aber auch Otto Grotewohl hatten noch vor der Staatsgründung des Öfteren Zweifel an der Endgültigkeit dieser Grenzziehung geäußert. Nicht nur die Parteispitze, sondern auch die Parteibasis und der Funktionärsapparat waren in dieser Frage gespalten, was oftmals mit der Herkunft und mit dem erlittenen Heimatverlust zusammenhing. Angesichts der rund vier Millionen Flüchtlinge und Vertriebenen, die sich Ende 1949 in der DDR aufhielten, bot die rasche Anerkennung der Oder-Neiße-Grenze politischen und sozialen Sprengstoff in sich. Die SED befand sich als Kombattantin der sowjetischen Besatzungsmacht in einem Dilemma. Sie musste der Grenzziehung letztlich zustimmen und nahm damit zunehmende Ablehnung in der Partei und vor allem in der Bevölkerung in Kauf. Noch Anfang der fünfziger Jahre gab es zahlreiche Stimmungsberichte, in denen die ablehnende Haltung zur von oben oktroyierten Grenze deutlich wird.[24]

Die Regierungsbildung und die damit verbundene Einbettung der Blockparteien, die bereits für die Deutsche Wirtschaftskommission (DWK) charakteristisch gewesen war, darf nicht darüber hinwegtäuschen, dass sich das politische Machtzentrum nach wie vor ganz woanders befand.[25] Dieses lag auf ostdeutscher Seite, darauf ist bereits hingewiesen worden, bei der SED-Führung. Im Einzelnen handelte es sich um das ZK, das Politbüro und das Sekretariat des ZK. Vor allem die beiden zuletzt genannten Gremien bildeten das oberste Entscheidungszentrum der Hegemonialpartei. Dem Politbüro gehörten seit Anfang 1949 folgende Personen an: Wilhelm Pieck, Otto Grotewohl, Walter Ulbricht, Helmut Lehmann, Franz Dahlem, Friedrich Ebert und Paul Merker. Den Status von Kandidaten des Politbüros besaßen zu diesem Zeitpunkt Anton Ackermann, Karl Steinhoff und etwas später Heinrich Rau. Daneben bestand das so genannte Kleine Sekretariat des Politbüros, dem Walter Ulbricht vorstand. Weitere Mitglieder waren: Franz Dahlem, Fred Oelßner, Edith Baumann und Paul Wessel. Gleichberechtigte Vorsitzende waren seit der Zwangsvereinigung von SPD und KPD 1946 Wilhelm Pieck und Otto Grotewohl; die Funktion eines Parteivorsitzenden wurde 1954 abgeschafft. Walter Ulbricht, der seine Machtposition in den fünfziger Jahren trotz politischer Krisen ausbauen konnte, war von 1950 bis 1953 Generalsekretär, von 1953 bis 1971 1. Sekretär des ZK. Das Sekretariat des Politbüros – erst Anfang 1950 erfolgte mit der Bildung des ZK die Umbenennung in Sekretariat des ZK – fasste bereits am 17. Oktober 1949 einen für die Regierungspraxis folgenschweren Beschluss, in dem es hieß: »Gesetze und Verordnungen von Bedeutung, Materialien sonstiger Art, über die Regierungsbeschlüsse herbeigeführt werden sollen, weiterhin Vorschläge zum Erlass von Gesetzen und Verordnungen müssen vor ihrer Verabschiedung durch die Volkskammer oder die Regierung dem Politbüro beziehungsweise Sekretariat des Politbüros zur Beschlussfassung übermittelt werden.« Darüber hinaus war bei allen anderen, als wichtig erachteten Verwaltungsmaßnahmen »vor ihrer Durchführung die Entscheidung der zuständigen Abteilung beim Parteivorstand herbeizuführen«.[26] Damit waren die Regierungsgremien und Ministerien der SED-Führung untergeordnet und von ihr weisungsabhängig. Nach außen hin sollte jedoch der Schein einer Trennung von Partei und staatlicher Verwaltung gewahrt bleiben. So wies das Kleine Sekretariat in seinem Beschluss darauf hin, dass »Parteischreiben an Genossen im Regierungsapparat [...] nur im Ausnahmefall zulässig« seien. Beim Schriftverkehr mit der Regierung, aber auch mit der Volks- und Länderkammer und dem Präsidenten solle vielmehr der »offizielle Charakter« gewahrt werden.[27] Daneben besaß die Sowjetische Kontrollkommission (SKK) direkte Eingriffsmöglichkeiten in die Arbeit der DDR-Regierung. So konnte sie etwa erlassene Gesetze aufheben und mit Zustimmung der Moskauer Führung Anordnungen vornehmen.[28] Dieses Interventionsrecht besaßen im Übrigen auch – in ähnlicher Form – die drei Westmächte gegenüber der Bundesrepublik, nur mit dem Unterschied, dass mit dem Besatzungsstatut ein deutlich erkennbarer, rechtlicher Rahmen existierte, wohingegen das SKK-Statut keinen adäquaten Ersatz darstellte.

Der wirtschaftliche Aufbau des Landes, der mit der DDR-Gründung keineswegs abgeschlossen war, vollzog sich nach wie vor unter erschwerten Bedingungen. Für die DDR sind vor allem drei Faktoren zu nennen. Zum einen belasteten die sowjetischen Reparationsansprüche die ostdeutsche Wirtschaft in nicht unerheblichem Maße.[29] Die Hochphase der Demontagen war zwar abgeschlossen; dafür machte sich aber immer stärker die sowjetische Präsenz in zahlreichen Betrieben der Schwerindustrie bemerkbar. Die Sowjetischen Aktiengesellschaften (SAG) produzierten primär für die Sowjetunion beziehungsweise unterstanden direkt der sowjetischen Kontrolle und Leitung.[30] Diese Betriebe, hauptsächlich solche des Stein- und Braunkohlenbergbaus, der Stahl- und Hüttenindustrie, aber auch des Maschinenbaus, gab die sowjetische Besatzungsmacht erst 1953/54 zurück. Einzige Ausnahme blieb die Wismut AG beziehungsweise ab 1954 die Sowjetisch-Deutsche Aktiengesellschaft (SDAG) Wismut.[31] Der Uranbergbau in Sachsen und Teilen Thüringens, der in den ersten Nachkriegsjahren unter katastrophalen Bedingungen aufgebaut wurde,[32] hatte für die Moskauer Führung oberste Priorität, diente er doch mittelbar dem sowjetischen Atombombenprogramm.[33] Hier befand sich die östliche Supermacht gegenüber den USA im Hintertreffen und konnte den amerikanischen Vorsprung im atomaren Wettstreit erst 1949 mit der ersten Zündung einer eigenen Atombombe egalisieren. Mit der Erschließung neuer, rentabler Uranerzvorkommen sowie im Zuge der Mechanisierung der Gruben verringerte sich die Bedeutung der im Erzgebirge liegenden Schachtanlagen etwas. In der Folgezeit wurden unrentable Schachtanlagen geschlossen, und der Arbeitskräftebedarf sank rapide. Gleichwohl waren die ökonomischen Folgelasten enorm: Arbeitskräfte wurden in großem Maße aus anderen Betrieben für den Uranbergbau abkommandiert beziehungsweise abgeworben. Knappe Ressourcen flossen zunächst einmal zur Wismut AG und gelangten oftmals erst anschließend an die übrigen Betriebe in der DDR. Darüber hinaus musste die wachsende Zahl an Strahlenopfern medizinisch versorgt werden; viele konnten ihren Beruf nicht mehr ausüben und mussten in die Frührente gehen. Auch diese Langzeitfolgen müssen bei einer wirtschaftlichen Betrachtung der Wismut AG berücksichtigt werden. Zusätzlich belastete die Existenz der SDAG Wismut das Verhältnis zwischen deutscher Bevölkerung auf der einen sowie Besatzungsmacht und SED auf der anderen Seite. Die Legitimation der von außen errichteten Herrschaft war auch dadurch gefährdet. Reparationen und Demontagen besaßen so eine negative ökonomische und psychologische Komponente.

Ein zweiter Faktor war die unmittelbare Nähe zur Bundesrepublik und damit zum wirtschaftlichen und politischen Gegenmodell der DDR. Eine Beziehungsgeschichte der beiden deutschen Staaten steht insgesamt noch aus. Gerade für die fünfziger Jahre scheint dieser Ansatz jedoch besonders fruchtbar zu sein, da die Kontakte über die Systemgrenze zwischen Ost und West hinweg noch weitgehend ungehindert möglich waren. Die SED-Führung begann zwar frühzeitig damit, ein rigides Grenzregime gegenüber der Bundesrepublik aufzubauen, das die ungehinderte Abwanderung von DDR-Bewohnern stoppen sollte. Eine hermetische Abriegelung war dies aber noch nicht, zumal mit West-Berlin ein offenes Tor in den Westen Deutschlands bestand, das erst am 13. August 1961 zugemauert wurde. Letztlich blieben soziale Kontakte in diesem Zeitraum immer noch möglich. Gleiches galt auch für wirtschaftliche Beziehungen, in erster Linie für Betriebe im grenznahen Raum, die noch einige Zeit über regionale Absatz- und Arbeitsmärkte verfügten, welche beiderseits der innerdeutschen Grenze lagen. Der innerdeutsche Handel kam mit der doppelten Staatsgründung 1949 nicht zum Erliegen, auch wenn sich die Bedingungen in den folgenden Jahren verschlechterten.[34] Dennoch begann die SED schon recht bald damit, den wirtschaftlichen Kontakt in den Westen zu unterbinden und sogar unter Strafe zu stellen. Angesichts der Blockbildung und der sich beschleunigenden Ostintegration sollte die DDR-Wirtschaft von westlichen und westdeutschen Lieferungen unabhängig gemacht werden.[35]

Ein dritter Faktor, der für den weiteren Verlauf der ökonomischen Rekonstruktion der DDR wichtig war, bestand in der ordnungspolitischen Weichenstellung, welche die SED-Führung in enger Absprache mit der Besatzungsmacht sowie in Anlehnung an das östliche Vorbild bereits vor der Staatsgründung getroffen hatte.[36] Die Entscheidung zugunsten der Errichtung einer Planwirtschaft ging bis 1949 einher mit drakonischen Maßnahmen gegen so genannte Großbauern und freie Unternehmer. Bodenreform und Verstaatlichung der Grundstoffindustrie lauten die beiden Schlagworte, die diesen Prozess kennzeichnen.[37] Zahlreiche Bauern und Firmeninhaber flohen in der Folgezeit in den Westen Deutschlands, was die SED mit ihren Maßnahmen durchaus intendiert hatte. An ihre Stelle traten unter anderem so genannte Neubauern und neu ernannte Leiter in den umgewandelten volkseigenen Betrieben (VEB). Die Kehrseite dieses bewusst herbeigeführten Personalaustausches war der unmittelbar danach auftretende Mangel an ausgebildetem Leitungspersonal und damit an professionellem Fachwissen. Diese Fluktuation, die sich auch in anderen Bereichen der Funktionseliten beobachten lässt, zeitigte somit negative Folgen für die wirtschaftliche Erholung des Landes. Selbst die SED-Führung musste erkennen, dass nicht in sämtlichen Bereichen von Staat, Wirtschaft und Gesellschaft auf diese Experten verzichtet werden konnte. Der einmal beschrittene Weg blieb jedoch nicht nur in der Retrospektive unumkehrbar, auch wenn die Hegemonialpartei mehrmals versuchte, einen gegenläufigen Kurs einzuschlagen und Fachpersonal, das in die Bundesrepublik geflohen war, zurückzugewinnen.

Die ersten Jahre des neu gegründeten Staates standen wirtschafts- und sozialpolitisch ganz im Zeichen des Zweijahrplanes (1949/50) und des ersten Fünfjahrplanes (1951–1955). Im Mittelpunkt dieser gesamtwirtschaftlichen Planungen befand sich wiederum der Aufbau der Schwer-, Stahl- und Hüttenindustrie sowie des Schwermaschinenbaus. In Anlehnung an das sowjetische Vorbild und unter Berücksichtigung der Ausschaltung von Lieferungsabhängigkeiten aus dem westlichen Ausland stand für die SED-Führung die Prioritätenliste frühzeitig fest: Der so genannten Grundstoffindustrie wurde der Vorzug gegeben gegenüber der Konsumgüterindustrie.[38] Arbeitskräfte und verfügbare Investitionsmittel wurden daher zunächst in die so genannten Schwerpunktbetriebe der Republik gelenkt und erst anschließend in die übrigen Wirtschaftssektoren. Auffallend ist die Planungseuphorie nicht nur der Hegemonialpartei, sondern auch der in diesem Prozess eingebundenen Massenorganisationen sowie der staatlichen Verwaltungsstellen. Die Begeisterung, die sich aus dem Glauben speiste, eine umfassende und angeblich wissenschaftlich fundierte Planung garantiere bereits den weiteren Erfolg und zeige somit die Überlegenheit des eigenen Systems gegenüber dem westdeutschen beziehungsweise westlichen System, war nicht nur vordergründig und vereinzelt anzutreffen. Es hat den Anschein, als ob alle politisch Verantwortlichen von der Richtigkeit dieser Grundprämisse überzeugt gewesen waren. Die Planungseuphorie hat sich zumindest in der Anfangszeit vermutlich auch auf die betroffenen Arbeiter und Angestellten zum Teil übertragen. Der Enthusiasmus der »Aufbaugeneration«, der sich in zahlreichen amtlichen Berichten und Mitteilungen niederschlug, war letztlich nicht nur ein Erfolg der gezielten Propaganda, sondern scheint offenbar eine weit verbreitete Stimmungslage getroffen zu haben. Dies gilt allerdings in dieser Eindeutigkeit wohl nur für die Jahre 1949 bis ungefähr 1951, da sich bereits in der Folgezeit gegenläufige Tendenzen ausmachen lassen. Die Euphorie, die von Seiten der SED und des Staatsapparates gezielt gesteuert und instrumentalisiert wurde, verblasste zu dem Zeitpunkt, als Mängel beziehungsweise Zielkonflikte in der Gesamtplanung sichtbar wurden, die einen erfolgreichen Abschluss der gestellten Wirtschaftsprognosen fragwürdig erscheinen ließen.

Bei der Wirtschaftsplanung und -lenkung ergaben sich schon

rasch erste Zielkonflikte. Während der FDGB beispielsweise für eine Steigerung der Produktion, eine Erhöhung der Arbeitsproduktivität und eine Senkung der Selbstkosten eintrat, zeigten sich auf der Ebene der Länder Versorgungsprobleme für die Landesverwaltungen, die eine kontrollierte Anleitung unmöglich machten.[39] Die mangelhafte Ausstattung mit Auto- und Fahrradreifen führte etwa dazu, dass Landesbedienstete nicht ihre Aufgaben und Pflichten wahrnehmen konnten.[40] Regelmäßige Besuche bei Betrieben waren somit undurchführbar; die geplante Klärung von Sachfragen vor Ort war deshalb zum Scheitern verurteilt. Verkehrsprobleme stellten in diesen Jahren überhaupt ein gravierendes Problem für die Wirtschaftsplaner dar: Das durch den Krieg oder die sowjetischen Demontagen zum Teil zerstörte Schienen- und Straßennetz konnte bis zum Beginn der fünfziger Jahre nicht vollständig wieder in Gang gesetzt werden.[41] Von diesen Einschränkungen waren nahezu sämtliche Wirtschaftsbereiche betroffen, die auf eine ungehinderte und rasche Ver- und Entsorgung angewiesen waren. Eine arbeitsteilige Industriegesellschaft, wie sie die DDR – wenn auch mit Einschränkungen – durchaus darstellte, war und ist letztlich auf ein intaktes Verkehrssystem angewiesen. Darüber hinaus begann die SED damit, in allen Betrieben eigene Betriebsgruppen aufzubauen, die neben der Wirtschaftsbürokratie als zusätzliches Kontrollinstrumentarium quasi vor Ort fungieren sollten. Die SED-Betriebsgruppen, deren Aufbau sich über einen längeren Zeitraum hinzog, konnten sich mitunter zu einer Konkurrenz zur Betriebsleitung entwickeln.[42] Das führte wiederum dazu, dass Produktionsabläufe innerhalb des Betriebes eher erschwert als erleichtert wurden.

Im Zusammenhang mit dem Aufbau der Planwirtschaft verstärkte die SED-Führung den Kampf gegen vermeintliche Wirtschaftssabotage beziehungsweise Vergehen gegen die Wirtschaftsordnung. Rechtliche Grundlage bildete die Wirtschaftsstrafverordnung vom 23. September 1948; überwachendes Organ war die bereits erwähnte ZKK.[43] Parallel dazu erfolgte der Aufbau des Ministeriums für Staatssicherheit (MfS), das ab Mitte der fünfziger Jahre unter anderem für die Verfolgung von Wirtschaftsspionage und -sabotage zuständig wurde. Das MfS verfügte jedoch zu diesem Zeitpunkt noch nicht über das weit verzweigte Netz hauptamtlicher und informeller Mitarbeiter, wie es für den Zeitraum der Ära Honecker allgemein bekannt ist. Die sorgfältig betriebene Personalauswahl und Kaderpolitik ließen den Staatssicherheitsdienst erst allmählich personell expandieren. Aufgrund des anfangs noch relativ überschaubaren Personalbestandes war das Aufgabenfeld der Behörde – deren Aufgabe es war, »Schild und Schwert der Partei« zugleich zu sein – zunächst noch begrenzt. Mit dem quantitativen Ausbau setzte auch eine Ausdehnung des Tätigkeitsfeldes des MfS ein. Das Politbüro der SED stellte mit dem Gründungsbeschluss für das MfS am 24. Januar 1950 auch einen umfangreichen Katalog mit Sicherheitsmaßnahmen zusammen. So sollte beispielweise auf dem Lande »der Kampf gegen Sabotage und Brandstiftungen energischer« geführt und »der Zusammenhang mit der feindlichen Propaganda« nachgewiesen werden.[44] Des Weiteren sah der Beschluss vor, »im Kampfe gegen die Verschiebung von Schrott und Buntmetallen [...] die gesamte Bevölkerung gegen die Metalldiebstähle« zu mobilisieren. Das bedeutete, dass der Handel mit Schrott und Buntmetall verstaatlicht und jeder private Handel verboten wurde. Im Laufe des Jahres 1950 wurden unter der Regie der ZKK und in enger Absprache mit der SED-Führung vier Schauprozesse vor dem Obersten Gericht der DDR abgehalten, die sich unter anderem gegen so genannte Saboteure in der Privatwirtschaft richteten.[45] Den Anfang machte der »Dessauer-Prozess« gegen Angehörige der Deutschen Continental-Gas-Gesellschaft (DCGG) und den Ministerialdirektor im Ministerium für Wirtschaft und Verkehr des Landes Sachsen-Anhalt im Frühjahr 1950.[46] Wenige Monate später folgte der »Raiffeisenprozess«, der die Zerschlagung der traditionsreichen

Raiffeisenorganisation und die Gleichschaltung des ländlichen Genossenschaftswesens einläutete. Ende 1950 wurden zwei Verfahren durchgezogen: Zum einen der »Moog-Prozess«, der sich gegen den abwesenden thüringischen Finanzminister Leonhard Moog (LDP) sowie andere Mitglieder der Blockparteien im Steuer- und Finanzapparat des Landes richtete, und zum anderen der »Solvay-Prozess«.[47]

Zeitlich parallel zu den Schauprozessen führte die SED eine Mitgliederüberprüfung durch, bei der circa 150 000 Mitglieder aus der Partei ausgeschlossen wurden.[48] Die Säuberung machte auch vor der Parteispitze nicht Halt: Paul Merker, Leo Bauer, Willi Kreikemeyer, Lex Ende und andere Altkommunisten wurden aus der Hegemonialpartei ausgeschlossen. Diese Entwicklung blieb nicht nur auf die DDR beschränkt, sondern erfasste zum Teil schon vorher andere osteuropäische Staaten. Im September 1949 standen in Budapest der bisherige ungarische Innenminister László Rajk und sieben weitere kommunistische Funktionäre vor Gericht;[49] einen Monat später wurden in Sofia Traitscho Kostoff und zehn andere führende Kommunisten abgeurteilt.[50] Alle Angeklagten wurden zum Tode verurteilt und hingerichtet. In Polen wurde der Generalsekretär der polnischen KP Wladyslaw Gomulka abgesetzt und später verhaftet. Ein zentraler Anklagepunkt bei diesen Prozessen, die mit Moskau und ganz besonders mit Stalin abgestimmt waren, war der Vorwurf, mit den Amerikanern Noel und Hermann Field zusammengearbeitet zu haben. Beide hatten während des Zweiten Weltkrieges kommunistische Emigranten unterstützt. Diese Kontakte gerieten nunmehr nach Kriegsende zur Falle für einige kommunistische Funktionäre. In der DDR wurde diese Tatsache vielen Kommunisten zum Verhängnis, die sich im westlichen Exil befunden hatten. Mit der Verurteilung und Hinrichtung des früheren KPČ-Generalsekretärs Rudolf Slánský und zehn weiterer Angeklagter in Prag im November 1952[51] drohte in der DDR ein Schauprozess gegen Paul Merker[52] und

Franz Dahlem, der aufgrund von Stalins Tod im März 1953 indes nicht mehr zustande kam.[53]

Ein wesentliches Ziel der vier Siegermächte war nach dem Ende des Zweiten Weltkrieges die Entnazifizierung der deutschen Gesellschaft, vor allem ihrer Funktionseliten. Dabei sind zunächst einmal der Nürnberger Kriegsverbrecherprozess und die weiteren Nachfolgeprozesse zu nennen. Darüber hinaus war jedoch schon bald jede Besatzungsmacht in ihrem Besatzungsgebiet auch in diesem Bereich weitgehend eigenverantwortlich tätig. So kristallisierten sich deutliche Unterschiede zwischen der amerikanischen und französischen Zone heraus. In der sowjetischen Besatzungszone richtete die SMAD eigene Internierungslager, die so genannten Speziallager, ein und übernahm zum Teil einzelne bei Kriegsende befreite Konzentrationslager (zum Beispiel Buchenwald).[54] Zahlreiche NS-Belastete, aber auch nicht wenige Unschuldige wurden zum Teil ohne Verfahren in Lagern interniert. Viele starben dort an Hunger und Krankheit; andere wurden in die Sowjetunion deportiert. Zu den Inhaftierten zählten in zunehmendem Maße Sozial- und Christdemokraten, Liberale und andere Personen, die in Opposition zur SED standen oder dazu gezählt wurden. Erst 1950, ein Jahr nach Gründung der DDR, wurden diese Lager aufgelöst. Im Zuge der Lagerauflösung übergab die sowjetische Besatzungsmacht 3432 noch nicht Abgeurteilte dem DDR-Innenministerium.[55] Noch im selben Jahr verurteilte die DDR-Justiz in Waldheim 3385 Angeklagte innerhalb kürzester Zeit.[56] Vorbereitung und Durchführung der Verfahren widersprachen jeglichen rechtsstaatlichen Grundsätzen. Nur etwa 300 Verurteilte erhielten weniger als zehn Jahre Haft, 147 von ihnen waren vor 1933 in der SPD organisiert gewesen und 55 in der KPD.[57] Insgesamt wurden 32 Todesurteile verhängt, von denen 24 am 4. November 1950 vollstreckt wurden.[58] Die als »Waldheimer Prozesse« bezeichneten Verfahren waren von der SKK und der SED-Führung sorgfältig vorbereitet worden: Dazu zählten die Auswahl der beteiligten Richter, die Anfertigung der

Anklageschriften, der Prozessverlauf sowie die Strafurteile. Aufkommender Widerspruch gegen die Vorgehensweise der SED-Führung bei den »Waldheimer Prozessen« wurde zum Teil drakonisch unterbunden und verfolgt. Als der Staatssekretär im Justizministerium, Helmut Brandt (CDU), gegen die Schnellverfahren protestierte, wurde er am 6. September 1950 verhaftet und zunächst zu zehn Jahren Zuchthaus, nach Verbüßung einer achtjährigen Haftzeit in einem weiteren Verfahren nochmals zu zehn Jahren verurteilt, von denen er sechs Jahre absitzen musste.[59]

Die Verfahren in der sächsischen Kleinstadt Waldheim wurden von Sonderstrafkammern durchgeführt; sämtliche Richter und Staatsanwälte waren so genannte Volksrichter, die zuvor in Schnellkursen ausgebildet worden waren.[60] Sowohl die Institutionalisierung der Volksrichter und die Verdrängung der bisherigen klassischen Juristenausbildung als auch die Durchführung der Schauprozesse machten deutlich, dass die Justiz immer stärker von Seiten der SED instrumentalisiert und ihre Stellung im Institutionengefüge der DDR rasch ausgehöhlt wurde. Ein weiterer Beleg für diese in den Anfangsjahren der Republik beispielhafte Entwicklung bot die Übertragung des Strafvollzugs von der Justiz- zur Innenverwaltung, die 1948 begann und 1952 abgeschlossen werden konnte.[61] Das sowjetische Vorbild spielte bei der Übertragung des Strafvollzugs auf das Innenministerium (MdI) eine gewichtige Rolle; gleichwohl scheinen deutsche Stellen sehr viel stärker als sowjetische an diesem Entscheidungsprozess beteiligt gewesen zu sein.[62] Mit der Übergabe eines Teils der Insassen der Speziallager an die Volkspolizei hatte die Besatzungsmacht die Position des MdI gegenüber dem Justizministerium (MdJ) zweifelsohne gestärkt. Die Initiative ging offensichtlich aber von Kurt Fischer (SED) aus, dem Generalinspekteur der Deutschen Volkspolizei, der bis 1948 noch 1. Vizepräsident der Landesverwaltung beziehungsweise Innenminister des Landes Sachsen gewesen war.[63] Entscheidend für die Realisierung dieses Vorhabens war eine enge Koalition zwischen Ulbricht, dem SED-Apparat und der Leitung der Deutschen Volkspolizei.[64] Diese enge Zusammenarbeit bedeutete nicht zuletzt einen fundamentalen Bruch mit der Verwaltungspraxis der Weimarer Republik, da zwischen 1918 und 1933 stets auf eine klare Trennung zwischen Innen- und Justizverwaltung geachtet worden war, und zwar auch in Fragen des Strafvollzuges. Gegen dieses Zusammenwirken konnte sich das MdJ letztlich nicht durchsetzen. Die Übertragung des Strafvollzugs hatte jedoch nicht nur institutionelle Folgen, sondern auch Auswirkungen auf die inhaltliche Ausgestaltung des Strafvollzugs, da das MdI sehr viel stärker an einer sicheren Verwahrung und optimalen Ausnutzung der menschlichen Arbeitskraft interessiert war als an einer Resozialisierung der Gefangenen, die im Mittelpunkt der Reformvorstellungen des MdJ stand.[65]

Die gesamtdeutsche Ausrichtung der SED war gerade in den Anfangsjahren ein nicht zu unterschätzender Faktor, der die Politik der DDR nach innen und außen entscheidend beeinflusste. Bereits die Staatsgründung war dezidiert als Gegenentwurf zur westdeutschen Entwicklung interpretiert und propagandistisch untermauert worden. Aus Sicht der SED-Führung besaß allein die DDR staats- und völkerrechtliche Legitimation, was vor allem mit der angeblich eindeutigen Abkehr vom NS-Regime zusammenhing. Dagegen wurde der Bundesrepublik unterstellt, entsprechende Lehren aus der Vergangenheit nicht gezogen zu haben. Unklar ist nach wie vor die sowjetische Position in dieser Frage. Ohne Rückendeckung Moskaus hätte die SED-Führung sehr wahrscheinlich diesen Kurs nicht verfolgen können. Auf der anderen Seite existierten wohl auch innerhalb der sowjetischen Führung unterschiedliche Interessen und Auffassungen über den künftigen deutschlandpolitischen Kurs. Fest steht allerdings auch, dass im Rahmen der SED-Deutschlandpolitik die Blockparteien eine gewichtige Position einnahmen.[66] Die SED-Führung versuchte auf der einen Seite die Entwicklung von CDU, LDP, NDPP und DBD auf vielfältige Weise zu beeinflussen, auf der anderen Seite wurden den Parteien partielle Freiräume noch offen gehalten, um die deutschlandpolitischen Ziele zu verwirklichen. Die Unterstützung von CDU und LDP gewann die SED-Führung mit dem Versprechen, binnen eines Jahres freie Volkskammerwahlen abzuhalten. Die beiden Blockparteien hofften, den in der Bevölkerung angesammelten Unmut über die SED selber nutzen und gestärkt aus den Wahlen hervorgehen zu können. Für die SED-Führung stand schon zum Zeitpunkt der Staatsgründung fest, dass die Volkskammerwahlen nach dem Prinzip der Einheitsliste durchzuführen waren, was wiederum die Unterstützung der KPdSU gefunden hatte.[67] Die Mehrzahl der Blockpolitiker fügte sich dieser Vorgabe; opponierende Kräfte schaltete die SED mit gezielten Kampagnen aus. Dabei konnten »fortschrittliche Kräfte« in den Parteien gewonnen und ein einheitlicher Widerstand gegen die Einheitslistenwahlen im Vorfeld gebrochen werden.[68] Die Wahlen vom Oktober 1950 zeigten nach diesen Vorbereitungen, zu denen eine massive Propagandakampagne der Hegemonialpartei sowie eine Einschüchterung Andersdenkender gehörten, ein offenbar klares Ergebnis: Bei einer Wahlbeteiligung von 98,53 Prozent entfielen 99,72 Prozent der abgegebenen gültigen Stimmen auf die Einheitsliste. Die SED-Führung hatte damit die Konsequenzen aus den Gemeinde-, Kreis- und Landtagswahlen 1946 sowie den Delegiertenwahlen zum 3. Volkskongress am 15./16. Mai 1949 gezogen, bei denen die Hegemonialpartei ihre selbst gesteckten Wahlziele nicht erreichen konnte und eine beachtliche Anzahl an Stimmen für die Blockparteien beziehungsweise an ablehnenden Stimmen zustande gekommen war.[69] In der Volkskammer erhielt die SED 100 Sitze, CDU und LDP bekamen jeweils 60, NDPD und DBD je 30, der FDGB erreichte 40, und die übrigen Massenorganisationen (FDJ, DFD, VVN, Kulturbund, VdgB und Genossenschaften) verfügten zusammen über 80 Sitze.[70] Die SED besaß de facto eine absolute Mehrheit, da nahezu jeder Abgeordnete der Massenorganisationen zugleich Mitglied in der SED war. Ein ähnliches Bild bot sich auch bei der Sitzverteilung in den Landtagen zwischen Oktober 1950 und Juli 1952: CDU und LDP besaßen zwar zusammen mehr Sitze als die SED; unter Hinzurechnung der Sitze der Massenorganisationen kam die SED jedoch stets auf eine ungefährdete Mehrheit in den Landtagen.[71] Die Transformation des Parteiensystems und der Legislative in den Ländern sowie auf zentraler Ebene war damit aus Sicht der Hegemonialpartei erfolgreich abgeschlossen worden.

Die SED versuchte ihren Führungsanspruch nicht nur gegenüber den Blockparteien, innerhalb des Staatsapparates und in der Wirtschaft durchzusetzen, sondern auch im kulturellen Bereich.[72] So bestätigte beispielsweise das Sekretariat des ZK die vorgelegten Spielpläne einzelner Bühnen für die Spielzeit 1951/52; zugleich erhielten andere Bühnen die Anweisung, einen neuen überarbeiteten Spielplanentwurf einzureichen, der dann vom Politbüro bestätigt werden musste.[73] Wissenschaft und Kunst wurden in dieser Phase, das heißt Ende der vierziger beziehungsweise Anfang der fünfziger Jahre, unter eine ideologische Leitlinie gestellt, die sich am sowjetischen Vorbild orientierte.[74] Sogar die Naturwissenschaften blieben von dieser Drangsalierung nicht verschont. Das Schlagwort vom »Kampf gegen den Formalismus«, das sich im Grunde genommen gegen die moderne Kunst insgesamt richtete, prägte in der Folgezeit die SED-Kulturpolitik nachhaltig.[75] Gleichzeitig versuchte die Hegemonialpartei einen »Sozialistischen Realismus« theoretisch und inhaltlich zu skizzieren, was letztlich kläglich misslang. Von den Künstlern wurde die Beachtung der von den SED-Kulturpolitikern aufgestellten Grundsätze eingefordert, was wiederum eine Gängelung für jeden einzelnen Betroffenen bedeutete. Staatliche Eingriffe in die künstlerische Tätigkeit bis hin zur Zensur nahmen hier einen rasanten und bis dahin ungeahnten Aufschwung.[76]

Die Umgestaltung von Politik, Wirtschaft und Gesellschaft, die von der SED oftmals mit rigorosen Mitteln durchgeführt wurde, veranlasste Tausende Menschen zur Flucht in die Bundesrepublik. Das Spektrum der Beweggründe war immens groß und umfasste sowohl politische, wirtschaftliche als auch persönliche Gründe. Generalisierungen sind schwierig und treffen nur Teile der historischen Realität, da der Flucht häufig doch ein individueller beziehungsweise ein von einer Kleingruppe gefasster Entschluss vorausging. Darüber hinaus kann die statistische Erfassung dieses Massenphänomens von westlicher und östlicher Seite nicht primär als objektiv im wissenschaftlichen Sinne verstanden werden: Die Erstellung von bestimmten Erfassungskriterien und die Auflistung der Fluchtursachen sind sehr stark von den Zielvorgaben der jeweiligen Erfassungsstellen geprägt worden. Trotz dieser Unsicherheiten lassen sich doch vergleichsweise klare Tendenzen ausmachen. Zunächst zu den Zahlen: Das Bundesnotaufnahmeverfahren registrierte für 1949 insgesamt 129 245 Antragsteller, von denen jedoch nur 39 659 (34,7 Prozent) aufgenommen wurden.[77] Die Zuwanderungsstatistik der Bundesrepublik wies für 1950 337 300 Zuzüge aus der DDR und Ost-Berlin in den Westen Deutschlands beziehungsweise nach West-Berlin aus, in den beiden folgenden Jahren 287 800 beziehungsweise 232 100.[78] Die Aufnahmequote beim Bundesnotaufnahmeverfahren stieg dagegen erst 1952 schlagartig auf 78,7 Prozent; ein Jahr zuvor hatte dieser Wert noch bei 38,8 Prozent gelegen.[79] Auch hierin spiegelte sich das sich langsam ändernde Verhalten der bundesdeutschen Parteien und Verwaltungen gegenüber dieser Zuwanderergruppe wider. Festzuhalten bleibt für die ersten Jahre der DDR ein rasches Ansteigen der Flüchtlingszahlen. Eine direkte Korrelation zu bestimmten Maßnahmen der SED-Führung kann nicht eindeutig hergestellt werden; das gilt im Übrigen auch für die Folgezeit, mit Ausnahme des Jahres 1953. Zur qualitativen Beurteilung der Fluchtbewegung hat Helge Heidemeyer vorgeschlagen, zwischen einer Zwangs- und Arbeitswanderung zu unterscheiden, wobei er gleichzeitig auf Grenzbereiche aufmerksam macht, bei denen eine eindeutige Zuordnung unmöglich erscheint.[80]

Als Reaktion auf den Beginn des Korea-Krieges 1950 und die damit einhergehende Debatte um einen westdeutschen Verteidigungsbeitrag[81] verstärkte die SED in enger Absprache mit Moskau den bereits zuvor begonnenen Aufbau eigener bewaffneter Verbände.[82] Nukleus der späteren Nationalen Volksarmee war zunächst die Kasernierte Volkspolizei, die schon vor 1949 massiv ausgebaut worden war und westdeutsche Bedrohungsängste ausgelöst hatte.[83] Der Aufbau eigener militärischer Verbände war gekoppelt an eine sich intensivierende Militarisierung der DDR-Gesellschaft. Zum einen musste Personal geworben werden – kein leichtes Unterfangen wenige Jahre nach Ende des Zweiten Weltkrieges. Die Ablehnung, kurz nach Kriegsende wieder zu den Waffen zu greifen, war in ganz Deutschland weit verbreitet und konnte erst sukzessive zurückgedrängt werden.[84] Damit ging zum anderen die Notwendigkeit einher, Akzeptanz in der Bevölkerung für die Aufstellung eigener Streitkräfte zu erzielen. Die SED-Führung forcierte die Militarisierung von Staat und Gesellschaft, als sich die drei Westmächte endgültig dazu entschlossen hatten, die Bundesrepublik zu bewaffnen. Der EVG-Vertrag von 1952 sollte dies vertraglich absichern, scheiterte jedoch 1954 am Widerstand in der französischen Nationalversammlung. Kurz nach Unterzeichnung des EVG- und des Deutschland-Vertrages, welcher der Bundesrepublik begrenzte Souveränität zusicherte, entschloss sich die SED-Führung, entlang der innerdeutschen Grenze zusätzliche Absperrungen zu errichten.[85] Dadurch sollte auch dem bis dahin noch ungehinderten Ausweg in Richtung Westen ein Riegel vorgeschoben werden. Dem waren ausführliche Beratungen in Moskau vorausgegangen. Die Flucht über die grüne Grenze sollte erheblich erschwert werden, wenngleich der Weg über West-Berlin in den Westen nach wie vor offen blieb. Die Abriegelungsmaßnahmen konnten jedoch langfristig nicht zu einer Reduzierung der Wanderungsbewegung führen, da zahlreiche Menschen durch diese Bemühungen beunruhigt waren und sie sogar zum Anlass nahmen, in die Bundesrepublik zu fliehen. Kurz darauf verstärkte das Politbüro die Werbung für die Volkspolizei und nahm damit eine zusätzliche Verunsicherung innerhalb der jüngeren Altersgruppen, die von den anlaufenden Rekrutierungsmaßnahmen betroffen waren, billigend in Kauf.[86] Der dabei von der SED-Führung verfügte Kampagneplan schloss im Übrigen die aktive Mitwirkung der Massenorganisationen FDJ, FDGB und DFD ausdrücklich mit ein.

In einem inhaltlichen Zusammenhang zur westdeutschen Wiederbewaffnung standen auch die so genannten Stalin-Noten im Frühjahr 1952, die eine Wiedervereinigung eines neutralisierten Deutschlands offerierten. Bereits zuvor hatten die Sowjetunion sowie die übrigen Mitgliedstaaten des so genannten Ostblocks gegen eine wirtschaftliche, politische und militärische Integration Westdeutschlands in die westlichen Paktsysteme protestiert. So kritisierten die Teilnehmer der Prager Außenminister-Konferenz im Oktober 1950 entsprechende Planungen, denen sich die DDR, die an diesem Treffen erstmals teilnehmen konnte, bereitwillig anschloss.[87] In der Folgezeit unterstützte die DDR-Führung diese Vorstöße mit eigenen Initiativen, wie etwa im Januar 1951, als die Volkskammer an den Deutschen Bundestag appellierte und gemeinsame Beratungen vorschlug, in deren Verlauf die Bedingungen für freie, allgemeine, gleiche und direkte Wahlen geklärt werden sollten.[88] Dies waren die Vorbedingungen gewesen, welche die Westmächte stets vorgebracht hatten und die von Seiten der Bundesregierung unter Konrad Adenauer wiederholt wurden. Die sowjetische Hegemonialmacht entschied des Öfteren ihre weitere Vorgehensweise alleine, das heißt, ohne ihre Bündnispartner vorab zu informieren. Insofern ist es höchst unwahrscheinlich, dass die Sowjetunion ihre deutschlandpolitische Offensive am 10. März 1952 vorab mit der SED-Führung abgestimmt hat.[89] Die eigentlichen Ziele, welche die Sowjetunion mit diesen Noten verfolgte – eine weitere erreichte die Westmächte am 9. April –, sind nach wie vor heftig umstritten.[90] Die unterschiedlichen Positionen können an dieser Stelle nicht im Einzelnen vorgestellt werden. Es spricht mittlerweile aber einiges dafür, dass die Moskauer Führung um Stalin im Wesentlichen zwei Ziele verfolgte: Zum einen sollte die Einbindung der Bundesrepublik in den Westen verhindert und zum zweiten ein neutrales Gesamtdeutschland geschaffen werden.[91] In den westlichen Hauptstädten (Washington, London und Paris), aber auch in Bonn sah man darin vor allem ein Störmanöver gegen die Integration der Bundesrepublik in die EVG. Die Noten wurden letztlich abgelehnt, wobei die Westmächte auf der internationalen Kontrolle der abzuhaltenden freien Wahlen bestanden, was die Sowjetunion wiederum nicht akzeptieren wollte. Aus Sicht der beiden deutschen Regierungen beinhalteten die in den »Stalin-Noten« gemachten Vorschläge deutliche Risiken. Es ist bekannt, dass Bundeskanzler Adenauer befürchtete, die vier Alliierten könnten sich – wie in Potsdam 1945 – ein weiteres Mal einigen, und zwar ohne deutsche Beteiligung.[92] Dieser »Potsdam-Komplex« veranlasste Adenauer, immer wieder auf einen raschen Abschluss der Verträge (EVG- und Deutschland-Vertrag) zu drängen.[93] Es besteht begründeter Anlass zur der Vermutung, dass ähnliche Ängste auch auf Seiten der DDR-Führung bestanden. Vor allem die SED-Führung musste befürchten, im Falle einer alliierten Übereinkunft zur Dispositionsmasse der Sowjetunion degradiert zu werden.[94]

2. Das Krisenjahr 1952/53 – Die Proklamierung des »Aufbaus des Sozialismus« und der 17. Juni

Als Walter Ulbricht auf der II. Parteikonferenz verkündete, das ZK der SED habe beschlossen, der Tagung vorzuschlagen, dass in der DDR »der Sozialismus planmäßig aufgebaut« werde, brachen die 1565 angereisten Delegierten in Jubel und Begeisterung aus.[95] Nichts deutete darauf hin, dass das Regime nur elf Monate später am Rande des Zusammenbruchs stehen sollte. Die II. Parteikonferenz, die vom 9. bis 12. Juli 1952 in Ost-Berlin stattfand, besaß nach außen hin eine deutliche Initialzündung, machte sie doch den Parteimitgliedern, aber auch der Bevölkerung insgesamt deutlich, dass die Neuordnung von Wirtschaft, Staat und Gesellschaft weiter beschleunigt werden sollte. Vor allem jene Bereiche, die von der Transformation noch nicht oder kaum erfasst worden waren, rückten nunmehr in das Zentrum der operativen Arbeit der SED. Dazu zählte in erster Linie die Landwirtschaft. Die Kollektivierung im primären Sektor hatte jedoch schon vor der II. Parteikonferenz begonnen, wurde allerdings dort von der SED-Führung öffentlichkeitswirksam verkündet. Auch hierbei besaß die Führungsspitze um Ulbricht keine völlige Handlungsfreiheit, vielmehr mussten die Einzelheiten vorab mit Moskau abgesprochen werden.

Die SED-Führung richtete deshalb am 2. Juli 1952 einen Brief direkt an Stalin und bat um eine Stellungnahme des Politbüros des ZK der KPdSU (B) zu den geplanten Beschlüssen.[96] Darin betonte die Parteileitung, dass sich die SED zu einer »marxistisch-leninistischen Partei entwickelt« habe. Sie, das heißt die Partei, habe die »geschichtliche Aufgabe, die Arbeiterklasse und die Werktätigen auf dem Wege des Aufbaus des Sozialismus vorwärts zu führen«.[97] Bei der Bewältigung dieser Aufgabe müsse sich die SED »als die Vorhut des deutschen Volkes bewähren«. Anschließend sprach die SED-Führung der Bundesregierung unter Bundeskanzler Adenauer jegliche Legitimation ab. Hauptangriffspunkte waren der unterzeichnete EVG-Vertrag sowie der Deutschlandvertrag, der das Besatzungsstatut von 1949 ablöste. Die verbalen Attacken gipfelten in dem Vorwurf: »Die Adenauer-Regierung ist die Regierung der reaktionärsten, militaristischsten, profitgierigsten Kreise des westdeutschen Finanzkapitals, die unter dem Kommando des USA-Imperialismus Westdeutschland den aggressiven Zielen des Atlantikpaktes opfern wollen.«[98] Danach skizzierte die SED-Führung die bisherige Entwicklung des politischen und wirtschaftlichen Systems seit 1945 und gelangte nach der Analyse der landwirtschaftlichen Strukturen zu dem Ergebnis, dass »die entscheidenden Voraussetzungen für den Übergang zum Aufbau des Sozialismus und die Schaffung der Grundlagen des Sozialismus in der Landwirtschaft geschaffen« sind.[99] Das »Hauptwerkzeug« sei bei der Schaffung der Grundlagen des Sozialismus – so die Parteileitung weiter – die Staatsmacht, »die sich von der antifaschistisch-demokratischen Ordnung zur demokratischen Volksmacht, zur Volksdemokratie entwickelt hat«. Auf diese Weise könne die Akzeptanz der DDR unter den »breite[n] Massen der Arbeiterklasse und der Werktätigen« gesteigert werden. Darüber hinaus hoffte die SED-Führung durch diesen Kurswechsel, den »grundsätzlichen Kampf in der Sozialdemokratie und in den Gewerkschaften Westberlins und Westdeutschlands [zu entwickeln] und die Arbeiterklasse zum Klassenbewusstsein [zu erziehen]«. Auch die »werktätigen« Bauern und Kleinbürger würden schließlich zu der Überzeugung gelangen, »dass man bei uns besser leben kann als in Westdeutschland«. Damit besaß die Proklamation des Aufbaus des Sozialismus zwei Stoßrichtungen. Zum einen sollte die Bevölkerung in der DDR für die weitere Umwälzung gewonnen und mobilisiert werden. Deutschlandpolitische Rücksichtnahmen schienen der Vergangenheit anzugehören. Der Aufbau des »Sozialismus in einem halben Lande«[100] hatte nunmehr oberste Priorität. Zum anderen galt aber nach wie vor die propagandistische Ausrichtung gen Westen. Dort sollte die als Einheit empfundene Arbeiterklasse für die Ziele der SED gewonnen und ein Keil sowohl in die SPD als auch in die westdeutschen Gewerkschaften getrieben werden. Dadurch würde – so die Einschätzung – mittel- und langfristig die Zustimmung zur Eingliederung der Bundesrepublik in den Westen schwinden. Die SED-Führung verwies in ihrem Schreiben an Stalin ausdrücklich darauf, dass dieser neue politische Kurs von großer Bedeutung sei »für die Sicherung der [DDR] gegen feindliche Sabotage- und Diversionsmaßnahmen und für die Organisierung der bewaffneten Streitkräfte der [DDR]«. Diese Bekräftigung ließ die Spannbreite der nun folgenden Einzelmaßnahmen nur erahnen.[101] Die sowjetische Zustimmung erfolgte sieben Tage später, am 8. Juli 1952; ein entsprechender Beschluss des Politbüros der KPdSU stammte vom selben Tage.[102]

Auch wenn die SED die II. Parteikonferenz im Vorfeld sorgfältig geplant hatte, so war die angesprochene Begeisterung, die bei Ulbrichts Referat ausbrach, doch nicht nur inszeniert. Trotz durchgeführter Parteisäuberungen übte das utopische Ziel, eine sozialistische Gesellschaft errichten zu können, immer noch eine hohe Faszinationskraft auf viele Parteifunktionäre aus. Besonders beispielhaft wird dies bei den wenigen ehemaligen Sozialdemokraten, welche die Säuberungswellen bis dahin unbeschadet überstanden hatten. So unterstrich etwa Otto Buchwitz in seinem Redebeitrag die historische Bedeutung der Konferenz: Die Tage vom 9. bis 12. Juli 1952 würden »als die bedeutsamsten Tage in die Geschichte der deutschen Arbeiterbewegung eingehen«.[103] Buchwitz, der von 1921 bis 1924 Abgeordneter im Preußischen Landtag und von 1924 bis 1933 Mitglied der SPD-Reichstagsfraktion gewesen war, musste mit der nationalsozialistischen Machtergreifung nach Dänemark emigrieren. Er wurde 1940 verhaftet und 1941 zu acht Jahren Zuchthaus verurteilt, von denen er fünf Jahre im Zuchthaus Brandenburg-Görden und im Konzentrationslager (KZ) Sonnenburg verbrachte. Nach 1945 zählte er zu den Befürwortern der Zwangsvereinigung von KPD und SPD und wurde SED-Landesvorsitzender in Sachsen. Von der ersten Stunde an gehörte er zum Parteivorstand beziehungsweise ZK der SED.[104] Der Untergang der Weimarer Republik und die nationalsozialistische Verfolgung waren für Buchwitz offenbar so prägend gewesen, dass er bereit war, der Errichtung einer kommunistischen Diktatur zuzustimmen und sogar in dem neuen politischen System mitzuwirken. Nur so sind vermutlich einige seiner Äußerungen zu verstehen, wie z. B.: »Nun eröffnet sich für uns, die wir am Ausgang des Lebens stehen, eine Perspektive. Eine Perspektive, die wir ersehnt, die wir erträumt haben, die für uns in den dunklen Jahren unseres Lebens, im Zuchthaus oder im KZ, der innere Fundus war, an den wir uns klammerten, an deren Sieg wir glaubten, was uns hinwegbrachte über die Jahre der Not und der Finsternis.« Buchwitz (geb. 1879) ging in seiner historischen Betrachtung sogar bis zum Kaiserreich zurück, in dem er selbst groß geworden war und seine politische Sozialisation erfahren hatte, und glaubte letztlich in der Gründung der DDR die Befreiung der zuvor unterjochten Arbeiterklasse erblicken zu können: »Wir Alten haben unter vier Staatsformen in den Reihen der Arbeiterklasse gekämpft und gelitten. Ich muss von mir sagen: Ich war gestern – und so wird es sicher allen Alten ergehen, nicht nur hier, sondern draußen im Lande – aufs Tiefste ergriffen, als Walter Ulbricht das Ziel proklamierte. Da wurde wach in mir die Vergangenheit der letzten fünfzig und mehr Jahre, jene Zeit, als wir Freiwild waren, als wir gehetzt wurden von Betrieb zu Betrieb, als alles im Staat des kaiserlichen Deutschlands gegen uns stand, die gesamte Staatsmacht, die Regierung, die Richter und die Staatsanwälte, das gesamte Unternehmertum, die Polizei bis zum letzten Nachtwächter.«[105] Diese eschatologische Vision einer neuen, besseren Welt war unter den

Parteifunktionären vermutlich weit verbreitet und legitimierte die eigene Herrschaft, die deshalb auch nicht der direkten Zustimmung der Bevölkerung bedurfte. Sie legitimierte offensichtlich auch die rigorosen Auswüchse der politischen und gesellschaftlichen Umwälzung in der DDR: Die Vertreibung von Privatunternehmern und so genannten Großbauern, die Verfolgung von Andersdenkenden und sogar die Disziplinierung der eigenen Anhängerschaft ließen sich aus Sicht der SED-Führung auf diese Weise rechtfertigen. Der Diskussionsbeitrag von Buchwitz, der von den Delegierten der II. Parteikonferenz stürmisch gefeiert wurde, nahm teilweise religiöse Züge an: »An der sieghaften Kraft unserer gewaltigen Idee [...] zerschellte ein Bismarck mit seinem Zuchthausgesetz und ein Hitler. Die Kirchen aller Richtungen machten seit 2000 Jahren Propaganda mit dem Opfertode des Nazareners. Gestern ging, als Walter Ulbricht das historische Ziel enthüllte, an meinem geistigen Auge vorüber, wie viel Tausende und Abertausende Apostel unserer großen Idee ans Kreuz geschlagen, gefoltert und vernichtet worden sind.«[106] Zugleich unterstellte Buchwitz der SPD-Spitze im Westen, die entsprechenden Lehren aus dem Untergang der Weimarer Republik nicht gezogen zu haben: »Ich möchte an dieser Stelle an diese alten Sozialdemokraten, natürlich auch an die jungen, appellieren, endlich, endlich Schumacher und Ollenhauer die Gefolgschaft auf diesem gefährlichen Wege zu verweigern, endlich zu erkennen, dass man im Westen Deutschlands doch dort steht, wo wir 1932 standen.«[107] Die Verklärung des eigenen politischen Kampfes, das Beharren auf einer angeblichen inneren Gesetzmäßigkeit, die zur Gründung der DDR geführt habe, sowie die Abrechnung mit der SPD-Führung in Westdeutschland bedeuteten andererseits auch einen wachsenden Realitätsverlust, wurden doch die Verfolgung von bürgerlichen Politikern und früheren Sozialdemokraten sowie die sozialen und ökonomischen Folgen der Neuordnungspolitik vollständig ausgeblendet. Die II. Parteikonferenz und der Beitrag von Buchwitz treffen daher auch sehr anschaulich die Diskrepanz zwischen Anspruch und Wirklichkeit innerhalb der SED-Führung.

Auch wenn radikale Einschnitte in das bestehende wirtschaftliche und gesellschaftliche System schon zuvor stattgefunden hatten (zum Beispiel der Beginn der Kollektivierung in der Landwirtschaft), so setzte doch unmittelbar nach Beendigung der II. Parteikonferenz eine deutlich erkennbare Beschleunigung der Umwälzungsprozesse ein. Diese lassen sich sowohl in politischer und ökonomischer als auch in sozialer und kultureller Hinsicht feststellen. Das politische System wurde – darauf ist eingangs hingewiesen worden – durch die Auflösung der Länder Ende Juli 1952 einschneidend verändert.[108] Der Föderalismus, der bereits in den Jahren zuvor de facto beseitigt worden war, erhielt nunmehr seinen Todesstoß. Die staatliche Verwaltung wurde neu organisiert: Die Bildung von 14 Bezirksverwaltungen bedeutete gleichzeitig eine weitere Zentralisierung der staatlichen Macht. Die Landesregierungen und -verwaltungen wurden aufgelöst und damit auch letzte Reste der Ländertraditionen aufgehoben. Neue staatliche Organe auf der mittleren Verwaltungsebene wurden Bezirkstag und Rat des Bezirkes.[109] Letzterer war dabei das zentrale Verwaltungsorgan; der Vorsitzende und der Sekretär des Rates übten die Leitungsfunktion aus, die im Übrigen in allen Bezirken SED-Mitglieder waren. Darüber hinaus erhielten auch die Kreise eine neue Organisationsstruktur.[110] Die Veränderung der Verwaltungsstrukturen erfasste auch zum Teil den Regierungsapparat der DDR: Neben der Bildung und Ausdifferenzierung der Industrieministerien, die allerdings schon vor der II. Parteikonferenz begonnen hatten, ist auf die Schaffung des Präsidiums des Ministerrates aufmerksam zu machen. Vor allem Letzteres scheint sich sehr stark an den Strukturen des politischen Systems in der Sowjetunion orientiert zu haben. Dennoch wäre es zu kurz gegriffen, sämtliche Veränderung unter dem Schlagwort der Sowjetisierung zu subsumieren. Zweifellos stellte das sowjetische Vorbild eine relativ große Rolle bei der

Neuordnung in der DDR dar, doch dürfen dabei Initiativen und Vorstöße der führenden deutschen Kommunisten nicht außer Acht gelassen werden. Die Beseitigung der Länder war daher nur der Schlusspunkt einer Entwicklung, die bereits Ende 1945 eingesetzt hatte und in deren Verlauf die SED-Führung stets versuchte, ihren Einfluss auszubauen und konkurrierende Institutionen auszuschalten.

In anderen Bereichen des politischen Systems, wie beispielsweise bei den Parteien, brachte die II. Parteikonferenz der SED keinen vergleichbaren Einschnitt. Gleichschaltung und Verdrängung politischer Gegner waren bekanntlich schon zuvor kennzeichnend für die innerparteiliche Entwicklung von SED und Blockparteien gewesen. Die Transformation der Justiz stand, wie dargestellt wurde, kurz vor dem Abschluss. Der Aufbau neuer Organe zur Stärkung des Sicherheitsapparates in der DDR hatte ebenfalls begonnen. Mit dem Inkrafttreten des Gesetzes zum Schutz des Volkseigentums am 6. Oktober 1952 kam es zu einer erneuten Verschärfung der Justizpraxis. Demnach konnten »Diebstahl, Unterschlagung oder ein sonstiges Beiseiteschaffen von staatlichem und genossenschaftlichem Eigentum oder von Eigentum gesellschaftlicher Organisationen [...] mit Zuchthaus von einem bis fünf Jahren bestraft« werden.[111] Bereits kleine Vergehen wurden in der Folgezeit mit der Mindeststrafe von einem Jahr Zuchthaus geahndet. Innerhalb eines halben Jahres wurden 7018 Verfahren gegen 10 194 Personen durchgeführt, was zu einer nicht unerheblichen Auffüllung der Zuchthäuser führte.[112]

Sehr viel einschneidender dürften dagegen die Veränderungen in der Wirtschaft gewesen sein, die sich mit den beiden Begriffspaaren »Ausbau der Schwerindustrie« und »Kollektivierung der Landwirtschaft« zusammenfassen lassen. Beide hatten ihre Ursprünge in der unmittelbaren Nachkriegszeit, doch nunmehr wurde von Seiten der SED das Tempo der Umwälzung beschleunigt. Daneben wurde unübersehbar, dass die Hegemonialpartei die Errichtung einer sozialistischen Gesellschaft immer stärker betonte und dies zur Legitimierung der einzelnen Maßnahmen heranzog. Der im ersten Fünfjahrplan angelegte Ausbau der Schwerindustrie schritt weiter zügig voran.[113] Bei der Verteilung von knappen Ressourcen standen die im Aufbau befindlichen Stahl- und Walzwerke, der Stein- und Braunkohlebergbau sowie der Schwermaschinenbau an erster Stelle. Die bisherige Industriepolitik, die auf eine rasche Erweiterung der Grundstoffindustrie zu Lasten der Konsumgüter- und Leichtindustrie setzte, wurde im Sommer 1952 weiter forciert. Hinzu kam, dass sich erste Schwierigkeiten bei der Errichtung der einzelnen Werke bemerkbar machten, die auf eine unzureichende Versorgung mit Energieträgern und Halbfabrikaten sowie eine fehlerhafte Koordinierung der Planung hinwiesen. All dieses führte letztlich dazu, dass der vorgegebene Zeitrahmen nicht eingehalten und somit die Produktion nicht zum gewünschten Stichtag aufgenommen werden konnte. Die SED-Führung zog daraus die Konsequenz, dass die entsprechenden Großbaustellen noch stärker als bisher mit Arbeitskräften und Rohstoffen zu beliefern waren.

Die primäre Ausrichtung auf die Grundstoffindustrie benachteiligte nicht nur die übrigen Wirtschaftsbranchen, sondern beschleunigte unter anderem auch den Wandel in der Eigentumsstruktur der ostdeutschen Wirtschaft. Diese ging nämlich, verkürzt gesagt, in Richtung verstaatlichter Sektor; es folgten halbstaatlicher und genossenschaftlicher Sektor. Dagegen verkleinerte sich der private Sektor zusehends, der nach wie vor in der Landwirtschaft und beim Handwerk stark verbreitet war. Während also die Verstaatlichung in der Industrie weit vorangeschritten war, erwies sich die zu großen Teilen privat wirtschaftende Landwirtschaft als neues Betätigungsfeld der SED. Die im Zuge der Bodenreform im September 1945 eingeleitete radikale Um- und Neuverteilung hatte zwar zu einer Parzellierung der agrarischen Flächen geführt. Die darauf angesiedelten, so genannten Neubauern hatten jedoch nur eine geringe Nutzfläche zur Verfügung. Es deutet einiges darauf hin, dass bereits zu diesem Zeitpunkt, das heißt im Herbst 1945, eine später folgende Kollektivierung zumindest angedacht war. In der Folgezeit mussten zahlreiche Bauern ihre Gehöfte aufgeben, da zum einen die zugeteilte landwirtschaftliche Nutzfläche gerade einmal die Selbstversorgung abdeckte und zum anderen die Ausstattung mit Maschinen nur schleppend voranging.[114] Die Kollektivierung kann insofern auch als Antwort der SED auf die Anfang der fünfziger Jahre unübersehbar gewordene Agrarkrise verstanden werden.[115] Die Krise in der Agrarwirtschaft und die staatliche Reaktion, welche die knappen Ressourcen gezielt für die Umwälzung im primären Sektor instrumentalisierte, rief Proteste unter der Landbevölkerung hervor. Dabei war nicht so sehr die parteipolitische Bindung entscheidend als vielmehr der ungehinderte Zugang zu den knappen Gütern (Maschinen, Saatgut, Nutztiere etc.). In dem Zusammenhang tat sich oftmals eine unüberwindbare Kluft zwischen der alteingesessenen und der neu hinzugekommenen Bevölkerung auf. Die DDR-Bevölkerung war nämlich auch noch Anfang der fünfziger Jahre eine höchst mobile Gesellschaft. Die »Zusammenbruchsgesellschaft« – es sei nochmals auf die circa vier Millionen Flüchtlinge und Vertriebenen hingewiesen – ließ sich deshalb nicht so ohne weiteres im Sinne der SED steuern. Vielmehr bestanden hier Antagonismen, die für die Neuordnungspläne bremsende Wirkungen hatten. Die große Gruppe der so genannten Umsiedler war zwar nach offiziellen Angaben erfolgreich integriert worden, Stimmungsberichte aus ländlichen Gegenden zeigten jedoch das Gegenteil an. Bei der Zu- und Verteilung der knappen Ressourcen kam diese Gruppe oftmals zu kurz. Traditionelle Milieus auf dem Lande beziehungsweise lokal begrenzte Netzwerke ließen dies häufig nicht zu und sorgten für eine bevorzugte Versorgung für die eingesessene Bevölkerung. Diese soziale Ungleichheit war sowohl für die Stadt- als auch die Landbevölkerung signifikant, sie trat allerdings auf dem Lande sehr viel stärker in Erscheinung, da hier zunächst der größte Teil der Vertriebenen untergebracht worden war. Die von den »Umsiedlern« wahrgenommene Ungleichbehandlung führte letztlich auch zu einer weiteren Wanderungsbewegung, entweder als Binnenwanderung innerhalb der DDR oder als Westwanderung in die Bundesrepublik. Die SED-Führung benötigte einige Zeit, um diese sozialen Verwerfungen innerhalb der ländlichen Bevölkerung erst einmal zur Kenntnis zu nehmen. Da sie aber nicht bereit war, ihre Landwirtschaftspolitik grundsätzlich zu ändern und den seit der Bodenreform eingeschlagenen Weg zu korrigieren, erhöhte sie zwangsläufig den Druck in den ländlichen Gebieten.

Neben den politischen und ökonomischen Folgen, die mittelbar beziehungsweise unmittelbar aus der II. Parteikonferenz herrührten, sind auch die gesellschaftlichen Folgewirkungen zu nennen. Diese hingen zum Teil mit den wirtschaftlichen Weichenstellungen zusammen, wie anhand des Beispiels der Landwirtschaft gezeigt werden konnte. Darüber hinaus entwickelte jedoch die SED auch eigene dezidiert gesellschaftspolitisch ausgerichtete Ziele. Zu denen gehörte vor allem die anvisierte Militarisierung der DDR-Gesellschaft. Der Aufbau bewaffneter Streitkräfte bedurfte in gewisser Weise der Mitwirkung und Zustimmung der Bevölkerung. Zum einen mussten junge Menschen für den Dienst an der Waffe gewonnen werden, zum anderen musste eine allgemeine Legitimationsgrundlage für die Bewaffnung geschaffen werden. Unaufhörlich stellte die DDR-Propaganda die Verstärkung der Kasernierten Volkspolizei, die einer vorweggenommenen Armee gleichkam, als Reaktion auf entsprechende Schritte der westlichen Seite dar. Darüber hinaus begann die SED-Führung damit, die DDR-Jugend für diese Ziele zu gewinnen und zu militarisieren. In solchem Kontext vollzog sich die Gründung der Organisation »Dienst für Deutschland«, die neben militärischen auch wirtschaftspolitische Ziele verfolgte.[116] Es galt schließlich, die Zielvorgaben des ersten Fünfjahrplanes zu erfüllen. Dazu sollten alle arbeitsfähigen und noch nicht in Arbeit stehenden DDR-Bürger gewonnen, erst recht die Jugendlichen als eigentliche Hoffnungsträger des noch jungen Staates.[117] Folgerichtig glaubte die SED-Führung, jeglichen Widerstand innerhalb der Gesellschaft gegen die Militarisierung brechen zu müssen. In diesem Zusammenhang wiederum kann der Kampf gegen die Junge Gemeinde gesehen werden.[118] Die Auseinandersetzung zwischen der SED und den beiden christlichen Kirchen reicht noch weiter zurück, hatte aber im Laufe des Jahres 1952 einen ersten großen Höhepunkt. Von den Kirchen, die innerhalb der DDR die letzte große Institution darstellten, die von der SED nicht direkt gesteuert wurde, ist vor allem die evangelische Kirche zu nennen.[119] Sie hatte im einstmals protestantisch geprägten Mitteldeutschland mit Abstand die Mehrheit der Bevölkerung hinter sich, während sich die katholische Kirche dort in der Diaspora befand.[120] Die SED tolerierte zunächst den Wiederaufbau kirchlicher Arbeit nach dem Zusammenbruch des Dritten Reiches, begann jedoch relativ früh, sich mit der Funktion und dem Stellenwert der »Kirche« in der DDR-Gesellschaft kritisch auseinander zu setzen. Da zahlreiche führende Vertreter der Hegemonialpartei schon zu Beginn der Weimarer Republik aus der Kirche ausgetreten waren und sich dazu bekannten, konfessionslos zu sein, schien sich über kurz oder lang ein Konflikt anzubahnen. Die SED versuchte auf zwei verschiedenen Wegen Einfluss auf die protestantische Kirche zu gewinnen. Zum einen wurden Pfarrer, die sich kritisch zum neuen politischen System äußerten und verhielten, kritisch beobachtet und durch zunächst sanften Druck zum Aufgeben ihrer ablehnenden Haltung bewogen. Zum anderen zielte die SED darauf ab, innerhalb der kirchlichen Würdenträger Sympathien für die DDR und die SED zu wecken und eine »kooperative Zusammenarbeit« anzuregen. Es verwundert daher nicht, dass repressive Methoden zunächst einmal an der kirchlichen Basis, und hier besonders bei den unter dem Dach der Kirche sich sammelnden Jugendlichen, eingesetzt wurden. Zahlreiche Jugendliche hatten sich nämlich von den Werbungsofferten der FDJ, innerhalb des von der SED gesteuerten Jugendverbandes mitzuarbeiten, distanziert und versuchten, in der Jungen Gemeinde Zuflucht zu finden. Es war vor allem die FDJ, die an Oberschulen und Hochschulen so genannte Protestveranstaltungen gegen die als Konkurrenz empfundene Junge Gemeinde durchführte. Eine Statistik von Anfang Juni 1953 wies 824 Austritte aus der Jungen Gemeinde, 569 ausgeschlossene FDJ-Mitglieder und 521 von der Oberschule verwiesene Schüler auf.[121] Gegenüber kirchlichen Würdenträgern nannte Ministerpräsident Grotewohl sogar 712 Schüler, die die Oberschule hatten verlassen müssen.[122] Die Kirchenleitungen solidarisierten sich zunächst mit den betroffenen Jugendlichen, doch die differenzierte Politik der SED gegenüber der Kirche führte schon bald dazu, dass die kirchliche Einheitsfront zu bröckeln begann.[123] Im Zuge des »Neuen Kurses« musste die SED-Führung den Kampf gegen die Junge Gemeinde aufgeben, deren Mitgliederzahlen Mitte der fünfziger Jahre wieder im Steigen begriffen waren. Die SED begann daraufhin, mit subtileren Methoden die kirchliche Arbeit zu unterlaufen. Ein zentraler Punkt stellte dabei in der zweiten Hälfte der fünfziger Jahre die Einführung der Jugendweihe dar, die in Konkurrenz zur Konfirmation in der evangelischen Kirche konzipiert wurde und im weiteren Verlauf der DDR-Geschichte zahlreiche Jugendliche gewinnen konnte.[124] Auf diese Weise gelang es der SED-Führung, die Säkularisierung weiter zu beschleunigen, wenngleich der kirchliche Einfluss – in diesem Falle die Konfirmation – nie vollständig aus dem gesellschaftlichen Leben der DDR verbannt werden konnte.

Die Meldungen über die Stimmungslage der Bevölkerung mussten für die SED-Führung bereits Ende 1952 beziehungsweise Anfang 1953 alarmierend gewesen sein. Eine Ventilfunktion hatte – wie bereits erwähnt – die Flucht in den Westen. Die Zahl der Abwanderungen in die Bundesrepublik hatte sich dramatisch erhöht. Lag sie 1952 noch bei rund 232 100, so stieg sie im

Folgejahr auf insgesamt circa 408 100, die bis dahin höchste Abwanderungszahl.[125] In Westdeutschland stieg gleichzeitig die Zahl der Notaufnahmeverfahren von 182 393 (1952) auf 331 390 (1953). Die Anerkennungsquote stieg ebenfalls von 38,8 (1951) auf 78,7 (1952) sowie schließlich auf 95,5 Prozent (1953).[126] Die SED-Führung hatte die Westwanderung in den Jahren zuvor zwar bereits registriert, nun ging sie Anfang 1953 aber auch dazu über, das Massenphänomen von den verschiedenen staatlichen Organen (in erster Linie der Volkspolizei) sowie den Parteien und Massenorganisationen analysieren zu lassen und Gegenmaßnahmen einzuleiten, um die Abstimmung mit den Füßen zu stoppen. So beschloss das Politbüro am 6. Januar 1953 diverse Propagandamaßnahmen zur »Aufklärung der Öffentlichkeit«.[127] Vor allem die Abwanderung von Arbeitern und Jugendlichen war der Parteiführung ein Dorn im Auge. Sie versuchte im Gegenzug, Facharbeiter, Wissenschaftler und Ärzte aus der Bundesrepublik gezielt abzuwerben. Bis zum Mauerbau 1961 gelang es der DDR jedoch nicht, die Abwanderung in den Westen Deutschlands aufzuhalten, geschweige denn eine gegenläufige Richtung einzuleiten.[128] Die Zahl der »Republikflüchtigen« überstieg in jedem Jahr die Zahl der Remigranten und Erstzuziehenden aus der Bundesrepublik um ein Vielfaches. Das wurde wiederum von vielen als Zeichen für die Unterlegenheit des SED-Regimes und des politischen und wirtschaftlichen Systems in der DDR angesehen.

Zu diesen quantitativen Veränderungen kamen qualitative hinzu, die sich in den eben angesprochenen Stimmungsberichten niederschlugen. So zeigten sich Anfang 1953 erste Streikdrohungen in größeren volkseigenen Betrieben.[129] Zahlreiche Arbeiter waren mit der bisherigen Lohnpolitik der Regierung unzufrieden, die in Verbindung mit der stetigen Normenerhöhung zu einem realen Einkommensverlust geführt hatte. Hinzu kam eine sich verschärfende Versorgungskrise, die unter anderem mit der bereits vermerkten Krise im landwirtschaftlichen Sektor zusammenhing. Die Folge waren Preiserhöhungen und eine weitere Kontingentierung der Güter des täglichen Bedarfs, welche die Stimmung bei großen Teilen der Bevölkerung wesentlich verschlechterten.[130] Besonders hart getroffen wurden von dieser Entwicklung Hausfrauen, Rentner, aber auch Betriebsarbeiter.

Die innenpolitische Krise muss auch im Kontext der allgemeinen politischen Krise gesehen werden, in der sich der so genannte Ostblock und die Sowjetunion nach dem Tode Stalins am 5. März 1953 befanden.[131] Die Regelung der Herrschaftsnachfolge in Moskau verband sich schnell mit dem Ziel der Herrschaftssicherung nicht nur in der Sowjetunion, sondern auch in den übrigen ostmitteleuropäischen Staaten. Diese sollten nach dem Willen der Nachfolger Stalins langfristig auch weiterhin im sowjetischen Herrschaftsbereich verbleiben.[132] Zunächst galt es aber, dem aufgestauten Unmut unter der Bevölkerung Rechnung zu tragen und eine Reihe von Maßnahmen, die mit dem »Aufbau des Sozialismus« direkt zusammenhingen, vorerst rückgängig zu machen. Die neue sowjetische Führung ordnete im Mai 1953 einen Kurswechsel der SED an und stellte damit Ulbrichts Position in Frage, der für den politischen Kurs der zurückliegenden Jahre und damit für die Krise in der DDR verantwortlich gemacht wurde. Offenbar versuchten sogar Teile der Führung der KPdSU, Reformkräfte innerhalb der SED-Führung zu ermuntern, auf eine Ablösung Ulbrichts hinzuarbeiten. Inwieweit der Geheimdienstchef Lawrenti P. Berija dahinter stand, kann bis jetzt nicht zweifelsfrei geklärt werden. Fest steht aber, dass mit der eskalierenden Krise und dem von Moskau betriebenen Kurswechsel Ulbrichts Position massiv ins Wanken geriet.

Die Moskauer Führung unterbreitete der SED einen konkreten Katalog mit Einzelmaßnahmen zur Änderung des politischen Kurses in der DDR.[133] So sollte beispielsweise die eingeleitete Kollektivierung der Landwirtschaft vorerst eingestellt werden; bestehende Landwirtschaftliche Produktionsgenossenschaften, »die auf einer unfreiwilligen Basis geschaffen sind oder die sich als lebensunfähig gezeigt haben«, sollten sogar aufgelöst werden. Darüber hinaus waren die restriktiven Maßnahmen gegenüber der Privatwirtschaft, etwa im Besteuerungssystem, zurückzunehmen. Die Schwerpunktsetzung des Fünfjahrplanes musste nach den Vorstellungen Moskaus revidiert werden: Die einseitige Bevorzugung der Schwerindustrie sollte aufgehoben werden und die Konsumgüterindustrie bei der Vergabe von Investitionsmitteln stärker als bisher Berücksichtigung finden. Darüber hinaus sollten »Maßnahmen zur Stärkung der Gesetzlichkeit und Gewährung der Bürgerrechte« getroffen und die bisherige Kirchenpolitik der SED einer Revision unterzogen werden. Letzteres beinhaltete vor allem die Einstellung des Kampfes gegen die Junge Gemeinde. Unter dem sowjetischen Druck beschloss dann das Politbüro der SED am 9. Juni 1953 offiziell den Kurswechsel, den der Ministerrat auf einer Sitzung am 11. Juni umsetzte.[134] Die Parole vom »Aufbau des Sozialismus« wurde stillschweigend fallen gelassen. Die SED-Führung gab sich selbstkritisch und nahm einige Beschlüsse zurück wie zum Beispiel die Preis- und Steuererhöhungen, die besonders den Unmut der Bevölkerung hervorgerufen hatten. Für den laufenden Fünfjahrplan wurden Korrekturen angekündigt: So sollten der forcierte Ausbau der Grundstoffindustrie verlangsamt und die Versorgung der DDR-Bevölkerung mit Konsumgütern verbessert werden. Handwerkern, Einzelhändlern und Privatunternehmern, die besonders unter dem wirtschaftspolitischen Kurs seit Anfang der fünfziger Jahre zu leiden hatten, wurde die Gewährung von Krediten in Aussicht gestellt. Oberschüler und Studenten, die aufgrund ihrer Mitwirkung in der Jungen Gemeinde relegiert worden waren, konnten nunmehr an ihre Ausbildungsstätten zurückkehren.

Bei zahlreichen SED-Funktionären, aber auch an der Parteibasis löste die Proklamation des »Neuen Kurses« tiefe Verunsicherung aus, da die SED-Führung grundlegende Forderungen und Ziele, die in der Vergangenheit als unumstößlich galten, ohne hinreichende Begründung revidierte.[135] Eine Maßnahme, die ganz besonders zur Unzufriedenheit in der Arbeiterschaft beigetragen hatte, nahm die Staats- und Parteiführung jedoch nicht zurück: die Erhöhung der Arbeitsnormen und die damit einhergegangene Verschlechterung der Einkommenslage. Schon im Frühjahr 1953 war es wegen der Heraufsetzung der Normen in mehreren Betrieben zu Arbeitsniederlegungen gekommen. Nach dem 9. Juni verlor die SED-Führung die Kontrolle über die Ereignisse. Am 16. Juni breitete sich explosionsartig eine Streikwelle über das ganze Land aus. Einen Tag später verloren diese Unruhen in vielen Städten ihren anfänglichen Streikcharakter und gingen in einen landesweiten Aufstand über.[136] Wirtschaftliche Forderungen wurden nun durch politische ergänzt. Der Zorn der Demonstranten richtete sich gegen die SED, die Massenorganisationen und das Ministerium für Staatssicherheit. Vereinzelt wurden Gefängnisse gestürmt; handfeste Auseinandersetzungen mit Vertretern der Volkspolizei häuften sich. Die Demonstranten, die durch Berlin zogen, forderten die Absetzung der politischen Führung in der DDR, freie Wahlen und die Einheit Deutschlands. Die Streikwelle erfasste sowohl die Stadt- als auch die Landbevölkerung; nahezu sämtliche Bevölkerungsgruppen waren vertreten, wobei das Schwergewicht zweifellos bei den Arbeitern an den Großbaustellen und in den Schwerpunktbetrieben lag.[137] Es spricht vieles dafür, angesichts des quantitativen und qualitativen Umfanges der Bewegung von einem Volksaufstand zu sprechen. Allerdings gab es keine zentrale Koordinierung. Die einzelnen Demonstrationen entwickelten sich vielmehr spontan und unabhängig voneinander, was wiederum den Sowjets die Niederwerfung des Aufstandes erleichterte.

Während die SED-Führung zunächst passiv blieb und paralysiert wirkte, verhängten die Befehlshaber der sowjetischen Truppen noch am 17. Juni den Ausnahmezustand und ließen Einheiten der Roten Armee in den Straßen aufmarschieren, die den Aufstand rasch niederschlugen. Es gab zahlreiche Tote und

Verletzte. Die Justizorgane waren noch monatelang mit der strafrechtlichen Verfolgung der so genannten Rädelsführer beschäftigt und fällten dabei zahlreiche Todesurteile. Eine große Verhaftungswelle überzog die DDR. Gleichwohl kam es auch noch in den Wochen nach dem 17. Juni vereinzelt zu Arbeitsniederlegungen in den Betrieben.

Der 17. Juni und die gewaltsame Niederschlagung durch sowjetische Truppen hatten erhebliche Auswirkungen für die weitere Entwicklung der DDR: Zu den kurzfristigen Folgen gehörte zunächst einmal die bereits angesprochene Ausreisewelle in Richtung Westen, die bis zum Ende des Jahres 1953 rund 408100 Personen umfasste. Ein Jahr später kehrten insgesamt 295400 Bürgerinnen und Bürger der DDR den Rücken.[138] Die schlechten wirtschaftlichen Bedingungen und die repressive Gewalt durch staatliche Organe der DDR sowie durch Einheiten der Roten Armee bewogen offensichtlich immer mehr Menschen dazu, ihre gewohnten Lebenswelten und angestammten Milieus aufzugeben und mit dem Übertritt in die Bundesrepublik einer zunächst ungewissen persönlichen Zukunft entgegenzusehen. Die massenhafte Abwanderung kann insofern als sinkende Akzeptanz des politischen Systems der DDR in der Bevölkerung verstanden werden. Auf der anderen Seite bedeutete die »Republikflucht« für die SED-Führung jedoch nicht nur Legitimationsverlust. Sie besaß darüber hinaus auch eine Art Ventilfunktion: Diejenigen in der Bevölkerung, die der SED und der neuen politischen Ordnung ohnehin schon kritisch gegenübergestanden hatten, wurden nunmehr endgültig zur Flucht in den Westen bewogen. Die Führung der Hegemonialpartei konnte daraus aber keinen Vorteil gewinnen, da die Stabilisierung des Systems nicht von innen, sondern von außen erfolgte. Die Niederwerfung des Aufstandes durch Einheiten der Roten Armee signalisierte, wo sich letztlich das eigentliche Machtzentrum befand. Insofern bedeutete dieses Ereignis langfristig einen Schock- und Lerneffekt sowohl für die SED-Führung als auch für die DDR-Bevölkerung. Der SED wurde überdeutlich bewusst, dass ihre Führungsrolle größtenteils auf der Macht der sowjetischen Bajonette beruhte. Dagegen setzte sich vermutlich bei großen Teilen der Bevölkerung die Einsicht durch, dass ein erneutes Aufbegehren gegen das SED-Regime zwecklos war, solange Moskau hinter dem von Walter Ulbricht beherrschten Politbüro der SED stand. Ulbrichts Stellung wurde durch den Aufstand vom 17. Juni paradoxerweise gerettet. Bis zum Ausbruch der landesweiten Unruhen hatte die neue Führungsmannschaft in Moskau offensichtlich mit einem Personalaustausch an der Spitze der SED geliebäugelt und mögliche Konkurrenten protegiert. Angesichts der Ereignisse im Umfeld des 17. Juni änderte die sowjetische Führung indes ihre politische Linie und war an einer Auswechselung der Parteispitze nicht mehr interessiert. Doch auch innerhalb des Politbüros war die Kritik am Führungsstil Ulbrichts gewachsen. Auf einer Sitzung Anfang Juli wurde seine führende Stellung in der Partei stark in Frage gestellt; nur Erich Honecker und Hermann Matern hielten explizit weiter an Ulbricht fest.[139] Nachdem jedoch der Richtungswechsel in Moskau unübersehbar geworden war, wagten es die übrigen Politbüromitglieder offensichtlich nicht mehr, den Generalsekretär zu stürzen. Ulbrichts Widersacher im Politbüro, Wilhelm Zaisser und Rudolf Herrnstadt, hatten somit die Unterstützung der neuen Machthaber im Kreml verloren. Beide wurden in der Folgezeit politisch entmachtet und schließlich im Januar 1954 aus der SED ausgeschlossen.

3. Vom »Neuen Kurs« bis zum Tauwetter in der DDR (1953–1956)

Mit dem »Neuen Kurs« verlangsamte die SED-Führung das Tempo der weiteren Transformation von Wirtschaft und Gesellschaft entsprechend den Vorgaben der II. Parteikonferenz vom Juli 1952. Gleichwohl gab die Hegemonialpartei ihre prinzipiellen Ziele zu keinem Zeitpunkt auf, sondern verfeinerte nur die Methoden ihrer Politik. Vor allem wollte die SED die Bevölkerungsschichten, auf die sie ideologisch ihre Herrschaft stützte, nämlich die Arbeiter und Bauern, wieder für sich gewinnen. Aus diesem Grunde ließ sie Ende Juni 1953 eine Reihe von Sozialleistungen (unter anderem Renten und Sozialfürsorgesätze) verbessern und Ende Juli die Löhne der Arbeiter in der volkseigenen Wirtschaft erhöhen. Gleichzeitig beschloss der Ministerrat, die Preise für Lebensmittel und Verbrauchsgüter zum 26. Oktober 1953 zu senken.[140] Bei Nahrungs- und Genussmitteln lagen die Preissenkungen zwischen zehn und 20 Prozent, bei einzelnen Verbrauchsgütern sogar bis zu 50 Prozent (Zündhölzer). Offiziell wurde der »Neue Kurs« nie für beendet erklärt. De facto bedeutete allerdings schon der IV. Parteitag der SED im Frühjahr 1954 eine partielle Revision: Ulbricht griff in seinem Grundsatzreferat vor den Parteitagsdelegierten den Beschluss der II. Parteikonferenz, »zum planmäßigen Aufbau des Sozialismus überzugehen«,[141] explizit auf, ohne sich in Selbstkritik zu üben und ohne eine kritische Reflexion der seitdem erfolgten Entwicklung vorzunehmen. Insgesamt verschärfte die SED-Führung in der Folgezeit wieder ihren Kurs, in der Landwirtschaft die Landwirtschaftlichen Produktionsgenossenschaften gegenüber Privatbauern etwa in der Ausstattung mit Maschinen zu bevorzugen. Auch die Kirchen bekamen die politische Veränderung rasch zu spüren.[142] Die Führung der SED machte insgesamt deutlich, dass sie an den Grundpfeilern ihrer Wirtschafts- und Gesellschaftspolitik festhalten wollte. Darüber hinaus gab es Mitte der fünfziger Jahre wieder neue Repressionswellen durch die politische Strafjustiz.[143]

Ungeklärt blieb die Frage, wie sich der weitere Ausbau der Schwerindustrie mit einer stärkeren Berücksichtigung der Konsumgüterindustrie bei der Verteilung der begrenzt verfügbaren Investitionsmittel vereinbaren ließ. Die gesamtwirtschaftlichen Rahmenbedingungen waren für die DDR nach wie vor sehr angespannt. Sie wurden Anfang 1954 etwas gelockert, als sich die UdSSR dazu bereit erklärte, 33 SAG-Betriebe an die DDR zurückzugeben. Einzige Ausnahme blieb, wie bereits erwähnt, die SDAG Wismut. Von dieser Maßnahme erhoffte sich die SED-Führung einen Mobilisierungseffekt, der sich nicht nur auf die Produktion, sondern auch auf die Stimmungslage der Bevölkerung niederschlagen sollte. Die Übergabe der einstigen sowjetischen Aktiengesellschaften wurde deshalb sorgfältig propagandistisch vorbereitet. Die erhofften positiven Auswirkungen für die DDR-Wirtschaft traten jedoch nicht in dem Maße ein, wie sie von Seiten der SED-Führung eingeplant worden waren. Eine wesentliche Ursache war die Transformation der gesamten Volkswirtschaft hin zu einer zentral gelenkten und gesteuerten Planwirtschaft, die auch Mitte der fünfziger Jahre noch nicht abgeschlossen war. Der staatliche Sektor war zwar in einigen Bereichen, vor allem in der Grundstoffindustrie sowie beim Maschinenbau, imposant angewachsen und hatte das Privatunternehmertum nahezu vollständig verdrängt. Gleichzeitig war im primären Sektor (Landwirtschaft) und beim Handwerk aber immer noch die private Eigentumsform dominierend. Aus Sicht der SED und der Staatlichen Plankommission wurden dadurch Koordinierungsprobleme hervorgerufen, die zu erheblichen Reibungsverlusten bei der Gesamtplanung und -lenkung führten. Daneben sei noch einmal auf die ökonomische Teilung Deutschlands im Zusammenhang mit der Blockbildung verwiesen, welche die DDR wesentlich härter traf als die Bundesrepublik. Der Abbruch der Lieferungen von Produktionsgütern aus dem Westen Deutschlands führte nämlich zu enormen Versorgungsengpässen in der DDR. Diese Lieferungseinschränkungen konnten gar nicht so schnell kompensiert werden. Die immer wieder vorgetragene Bitte der SED-Führung beziehungsweise von Vertretern des Ministerrates, die Sowjetunion möge helfend einspringen, wurde nicht im gewünschten Umfang erfüllt. Die DDR blieb nicht nur in den fünfziger Jahren bei der Abdeckung des Bedarfs an Bodenschätzen (Erze) und Energieträgern (Kohle), Stahlerzeugnissen, aber auch Getreide im hohen Maße von der Sowjetunion abhängig.[144] Der Rat für Gegenseitige Wirtschaftshilfe (RGW), in den die DDR am 29. September 1950 aufgenommen worden war, stellte sich immer mehr als ein von Moskau maßgeblich gesteuertes Gremium dar, das relativ unflexibel und schwerfällig arbeitete. Die Mitgliedstaaten des RGW koppelten sich ökonomisch vom Weltmarkt ab, was die Zentralverwaltungswirtschaft in den einzelnen Ländern zunächst einmal stabilisierte, langfristig gesehen aber die Konkurrenzfähigkeit erheblich beeinträchtigte und zur Ineffizienz der planwirtschaftlichen Ordnung sehr stark beitrug.[145] Für die DDR brachte dies umso größere ökonomische Nachteile mit sich, da sie sich an der Nahtstelle des Ost-West-Gegensatzes und damit in direkter Auseinandersetzung mit der Bundesrepublik befand. Die bereits mehrfach angesprochene »Republikflucht« und die damit verbundene Abwanderung von qualifizierten Facharbeitern waren ein unübersehbares Zeichen für die wirtschaftliche Unterlegenheit gegenüber dem westlichen System.

Gleichwohl stellte diese Mitgliedschaft für die SED-Führung ein erstes wichtiges Etappenziel auf dem Weg zur staatlichen Anerkennung dar, vorerst innerhalb der osteuropäischen Gemeinschaft. Ein weiterer zentraler Schritt war die Erklärung über die Anerkennung der Souveränität der DDR durch die Regierung der UdSSR am 25. März 1954.[146] Die parallel stattfindenden Gipfelkonferenzen der vier Siegermächte brachten keine Einigung in der deutschen Frage. Nach Abschluss der Genfer Gipfelkonferenz, die zwar eine Entspannung der internationalen Lage mit sich brachte, aber keine Annäherung in der Deutschlandpolitik, verkündeten der sowjetische Ministerpräsident Nikolaij Alexandrowitsch Bulganin und der 1. Sekretär der KPdSU Nikita Sergejewitsch Chruschtschow bei einem Zwischenstopp in Ost-Berlin die so genannte Zwei-Staaten-Theorie.[147] Diese besagte, dass die UdSSR einer Wiedervereinigung Deutschlands nur unter Beibehaltung der »sozialistischen Errungenschaften« zustimmen werde. Damit hatte die SED-Führung die Gewissheit, dass die DDR in Zukunft nicht ohne weiteres zum Spielball der östlichen Supermacht bei Verhandlungen mit den westlichen Großmächten werden würde. Die Zwei-Staaten-Theorie machte deutlich, dass die DDR für Moskau nicht zur Disposition stand. Hoffnungen auf eine baldige Vereinigung der beiden deutschen Staaten wurden so endgültig zunichte gemacht.[148] Einen vorläufigen Abschluss erreichte diese Entwicklung am 20. September 1955, als nach einer Konferenz in Moskau ein »Vertrag über die Beziehungen zwischen der DDR und der UdSSR« abgeschlossen wurde, der zumindest offiziell die vollständige Souveränität der DDR proklamierte.[149] Über die bereits geschilderte Einbindung in die östlichen Paktsysteme – zum RGW trat noch das militärische Bündnis des Warschauer Paktes – blieb die DDR letztlich von Moskau abhängig. Gleichzeitig löste die Sowjetunion die Hohe Kommission in Ost-Berlin auf[150] und traf mit der DDR-Regierung eine Vereinbarung, nach der sowjetische Truppen auch weiterhin im Lande stationiert bleiben sollten. Bereits Anfang 1955 hatte die sowjetische Regierung den Kriegszustand mit Deutschland für beendet erklärt.[151] Insgesamt stellte sich also Ende 1955 der Eindruck ein, die DDR habe sich außenpolitisch als gleichberechtigtes Mitglied in der osteuropäischen Staatenwelt etabliert.

Die SED-Wirtschaftspolitik verfestigte mittel- und langfristig die bereits bestehenden industriellen Strukturen in der DDR, und damit ein gewisses Nord-Süd-Gefälle, das letztlich bis in die Gegenwart hinein bestimmend bleiben sollte.[152] Auf der einen Seite wurde die traditionsreiche sächsische Industrieregion weiter ausgebaut. Darüber hinaus gab es zu Beginn der fünfziger Jahre einzelne Großbetriebe der Grundstoff- und Schwerindustrie in Thüringen, Sachsen-Anhalt und Brandenburg. Nur Mecklenburg blieb, abgesehen von den Großwerften, primär agrarisch geprägt. Insgesamt gesehen nahm der Grad der Industrialisierung nach Norden hin ab. Die Bevorzugung der so genannten Schwerpunktbetriebe durch die Investitionspolitik der SED verstärkte diese ohnehin bestehende Tendenz weiter. Die SED versuchte zwar, einige neue schwerindustrielle Standorte außerhalb Sachsens zu gründen (zum Beispiel Schwedt, »Schwarze Pumpe«), doch dadurch konnte das geschilderte Gesamtbild nicht wesentlich verändert werden. Diese unausgewogene Standort- beziehungsweise Strukturpolitik machte die Gesamtwirtschaft anfällig bei Versorgungsengpässen mit Bodenschätzen.

Eine solche Versorgungskrise trat Mitte der fünfziger Jahre ein. So hatte etwa das Staatssekretariat für Staatssicherheit am 18. November 1954 auf erhebliche Fehlmengen bei der Kohleförderung hingewiesen.[153] Als wesentliche Ursachen wurden unter anderem auch Havarien und die nicht rechtzeitige Durchführung von Bauvorhaben genannt. Das Staatssekretariat, das in der zweiten Hälfte der fünfziger Jahre immer stärker die Wirtschaft zu kontrollieren versuchte, sich dabei aber primär auf Kaderfragen und Spionageangelegenheiten beschränkte,[154] machte für die »häufig aufgetretenen Zugunfälle [...] feindliche Elemente im Auftrage der imperialistischen Geheimdienste« verantwortlich.[155] Die SED-Führung reagierte im Herbst 1956, befürchtete sie doch negative Folgen für die industrielle Produktion. Es wurde nämlich davon ausgegangen, dass sich die

Brennstoff-Reserve von 29 Tagen (1955) auf acht Tage reduzieren würde.[156] Die DDR, die ihren Bedarf an Kohle und Erzen schon in der Vergangenheit nicht hatte alleine decken können, wandte sich auch dieses Mal an die sozialistischen »Bruderstaaten« mit der Bitte, die vereinbarten Lieferungen entweder rechtzeitig zu erfüllen oder sogar aufzustocken. Erklärtes Ziel war also die Erhöhung der Kohleimporte.[157] Außerdem sollten die Bergarbeiter zu einer Steigerung ihrer Arbeitsleistung mobilisiert werden. Das Sekretariat des ZK der SED beschloss am 29. März 1957, eine »zentrale Kohle- und Energiekonferenz« durchzuführen, an der Wirtschaftsfunktionäre, Mitglieder der Parteileitungen und der Gewerkschaften teilnehmen sollten.[158] Kurz zuvor hatte der Ministerrat der DDR am 21. März 1957 das Kohle- und Energieprogramm beschlossen.[159] Die geschilderte Versorgungskrise und die Reaktion der Hegemonialpartei machten zweierlei deutlich: Zum Ersten war die Bereitschaft der RGW-Mitgliedstaaten offenbar begrenzt, der DDR unter die Arme zu greifen, was vor allem damit zusammenhing, dass auch innerhalb der anderen RGW-Staaten Engpässe bei der Lieferung von Energieträgern auftraten. Da die DDR jedoch über noch geringere Vorkommen an Steinkohle und Eisenerzen verfügte, machte sich im ostdeutschen Staat die Krise besonders bemerkbar. Zum Zweiten wurde deutlich, dass die SED versuchte, die Bevölkerung und vor allem die Beschäftigten in der Braun- und Steinkohleindustrie zu mobilisieren. Durch die Erhöhung der Arbeitsintensität sollten die aufgetretenen Engpässe bei der Versorgung mit Kohle kurzfristig überbrückt werden. Dies lief aber auf eine Lohnreduzierung beziehungsweise eine Normenerhöhung hinaus. Damit war die SED prinzipiell wieder zur Normen- und Lohnpolitik zurückgekehrt, die bekanntlich wesentlich zum Volksaufstand am 17. Juni 1953 beigetragen hatte.

Im Schatten des offiziell proklamierten »Neuen Kurses« schritt die Konsolidierung der SED-Herrschaft, die durch den Volksaufstand am 17. Juni 1953 erschüttert worden war, zügig voran. Die Hegemonialpartei zog die Konsequenzen aus der Tatsache, dass ihr die Entwicklung aus den Händen geglitten war, und baute die Sicherheitsorgane weiter aus. Es ist bereits darauf hingewiesen worden, dass das MfS in ein Staatssekretariat im MdI unter Willi Stoph umgewandelt wurde, und zwar nach sowjetischem Vorbild.[160] Innerhalb des Politbüros übernahm Ulbricht persönlich die Zuständigkeit für die Staatssicherheit; er ließ außerdem eine ZK-Abteilung für Sicherheitsfragen sowie eine Sicherheitskommission beim Politbüro einrichten.[161] Das Aufgabenfeld des Staatssekretariats für Staatssicherheit (SfS) vergrößerte sich. Da sich jedoch die Anzahl der hauptamtlichen und inoffiziellen Mitarbeiter bis 1955 nur unwesentlich erhöhte, schien die Durchschlagskraft der Behörde in vielen Bereichen noch begrenzt gewesen zu sein.[162] Auf den Gebieten der Spionagebekämpfung und Gegenspionage steigerte das SfS seine Aktivitäten: Dazu zählte auch die gewaltsame Entführung von vermeintlichen Agenten der westlichen Geheimdienste aus West-Berlin beziehungsweise der Bundesrepublik. Sowjetische Berater verfolgten aufmerksam und kritisch den Werdegang des ostdeutschen Geheimdienstes.[163] Nahezu zeitgleich verliefen die Vorbereitungen zur Schaffung regulärer Streitkräfte in der DDR, die im Zusammenhang mit dem NATO-Beitritt der Bundesrepublik und der Formierung des Warschauer Paktes gesehen werden müssen.[164] Gleichwohl sind erste Vorläufer bekanntlich bei der Kasernierten Volkspolizei festzustellen. Für die SED war die Aufstellung eigener Streitkräfte die logische Konsequenz aus der Teilung Deutschlands und der DDR-Gründung. Anders als in der Bundesrepublik, wo die Wiederbewaffnung ein zentrales Thema des öffentlichen Diskurses war, fand die Gründung der Nationalen Volksarmee (NVA) weitgehend unter Ausschluss der Öffentlichkeit statt. Nachdem jedoch die Aufstellung eigener Kampfverbände in der DDR bekannt geworden war, registrierten Gliederungen der SED und der FDJ frühzeitig eine ablehnende Haltung zahlreicher Jugendlicher.[165] Die Bezirks- und

Kreisleitungen waren vom ZK der SED bereits im Sommer 1955 darauf hingewiesen worden, bei der Werbung für die KVP behutsamer vorzugehen.[166] Die Bereitschaft zum Dienst an der Waffe war jedoch anfangs genauso gering wie in der Bundesrepublik, das heißt, die Rekrutierung von Soldaten vollzog sich unter schwierigen gesellschaftlichen Rahmenbedingungen.

Hier zeigten sich deutlich die Schwächen der SED-Herrschaft und die Eigendynamik gesellschaftlicher Entwicklung. Trotz zahlreicher propagandistischer Mobilisierungsversuche war es der Parteiführung offensichtlich nicht gelungen, die DDR-Gesellschaft im gewünschten Umfang zu militarisieren. So musste auch die Organisation »Dienst für Deutschland« im Juni 1953, etwa ein Jahr nach der Gründung, wieder aufgelöst werden. Nicht nur in der Sicherheits- und Militärpolitik hatte die SED als führende Partei Zugeständnisse machen müssen, sondern auch in der Gesellschafts- und Wirtschaftspolitik. Der Kampf gegen die Junge Gemeinde musste vorübergehend eingestellt werden, auch dies auf Anweisung Moskaus. Die Kollektivierung in der Landwirtschaft war ebenfalls im Sommer 1953 nicht weiter betrieben worden, um die bestehende Agrarkrise nicht zu verschärfen und die Unruhe unter der ländlichen Bevölkerung nicht zu erhöhen. Der Umbau zur sozialistischen Gesellschaft war somit ins Stocken geraten, ohne dass die Hegemonialpartei auf ihre bisherigen politischen Ziele verzichten wollte.

Darüber hinaus stabilisierten sich die Fluchtzahlen auf relativ hohem Niveau: 381 800 (1955), 396 300 (1956) und 384 700 (1957).[167] Nach Berechnungen der Hauptverwaltung Deutsche Volkspolizei (HVDVP) war die »Republikflucht« vom I. Quartal zum IV. Quartal 1955 von 42 366 auf 98 217 beziehungsweise um 131,8 Prozent gestiegen.[168] Die SED befand sich also nach wie vor in einer Legitimationsfalle. Der »Neue Kurs« hatte kaum erkennbare Auswirkungen auf die Akzeptanz des politischen Systems der DDR in der Bevölkerung. Hinzu kam die immer stärker werdende ökonomische Magnetwirkung der sozialen Marktwirtschaft in der Bundesrepublik. Ab Mitte der fünfziger Jahre begann der Westen Deutschlands die DDR – wirtschaftlich betrachtet – abzuhängen. Die westdeutsche Wirtschaft wies jährlich zweistellige Wachstumsraten auf. Dem konnte die DDR-Wirtschaft trotz erkennbarer Aufwärtsentwicklung kaum etwas entgegenhalten. Das so genannte Wirtschaftswunder entfaltete osmotische Wirkung auf die DDR und zog nach wie vor zahlreiche Arbeitskräfte ab, vor allem junge Facharbeiter.

In diese Situation platzte der XX. Parteitag der KPdSU im Februar 1956 in Moskau, zu dem eine hochrangige SED-Delegation eingeladen war. Er bildete quasi einen Höhepunkt der Entstalinisierung in Osteuropa, die nach dem Tode Stalins eingeleitet worden war,[169] denn alle Länder im sowjetischen Machtbereich wurden von den Folgen dieses XX. Parteitages erschüttert. Die Abrechnung mit dem verstorbenen sowjetischen Generalsekretär erfolgte zunächst im internen Kreis der KPdSU. Ausländische Parteitagsgäste blieben von der Sondersitzung am 25. Februar 1956, auf der Chruschtschow seine berühmte Geheimrede hielt, ausgeschlossen. Die Führer der übrigen osteuropäischen kommunistischen Parteien wurden erst zwei Tage später über den Inhalt der Rede informiert.[170] Die Kritik an Stalin, seiner Herrschaftspraxis und dem Personenkult sollte offenbar in geordneten Bahnen und unter der Kontrolle der KPdSU ablaufen. Herrschaftssicherung stand im Vordergrund.

In der DDR lassen sich vor allem zwei Folgewirkungen ausmachen: Die Kritik an Stalin, die schon bald durchsickerte, auch in der westlichen Presse publik wurde und für große Aufmerksamkeit sorgte, verunsicherte zahlreiche SED-Mitglieder, die den Marxismus-Leninismus in der stalinistischen Ausprägung und bezogen auf die Person Stalins kennen gelernt hatten. Der Personenkult war zwar schon unmittelbar nach dem Ableben des Diktators eingeschränkt worden, dennoch war die Überraschung bei vielen Parteimitgliedern groß, als Ulbricht nach dem XX. Parteitag auf einmal erklärte, Stalin und seine Werke könnten nicht mehr zu den Klassikern des Marxismus gezählt werden.[171] Die Informationen über die Verbrechen, die im Auftrag Stalins verübt worden waren, erhöhten die Verunsicherung. Auch die Führungskader der SED zeigten sich irritiert, als sie von der Geheimrede Chruschtschows erfuhren.[172] Es war erneut Otto Buchwitz, der zum einen die Selbstzweifel einzelner Führungsmitglieder der SED besonders prägnant formulierte und zum anderen das Dilemma deutlich werden ließ, in dem sich diese befanden:

»Ich habe Briefe bekommen von alten Genossen, erfreulicherweise auch von Genossen, die aus der SPD gekommen sind und treu zu unserer Partei stehen, in denen sie mir jammervoll geschrieben haben: In uns ist etwas zerbrochen. Was ist denn los? Gibt [sic] uns Antwort darauf! – Und das gilt nicht nur für Genossen, sondern wir und die Partei haben doch auch das Vertrauen großer Teile der Bevölkerung. Auch parteilose Menschen haben mit mir gesprochen, weil sie in dieser Frage ratlos sind. Aber sie wissen noch nicht einmal das, was wir jetzt wissen, nachdem Karl Schirdewan die einzelnen Briefe von Verhafteten und Gefolterten hier vorgelesen hat. Genossen! Da befand ich mich wieder einmal hier in Berlin in der Prinz-Albrecht-Straße, wo ich sie habe schreien hören. Da wurde alles wieder lebendig in mir. Aber damals waren wir Genossen es, die von Faschisten gefoltert wurden. Doch was wir heute erfahren haben, da handelt es sich um Genossen, um unsere Genossen, die von einem Genossen gefoltert worden sind. Darüber komme ich nicht hinweg. Nein, das kann ich heute noch nicht fassen.«[173]

Trotz des Analogieschlusses, den Buchwitz selbst zum NS-Regime zog, weigerte er sich, weiterführende Schlussfolgerungen zu ziehen und grundsätzliche Veränderungen zu fordern. Die Kritik an der Herrschaftspraxis der Hegemonialpartei stieß nämlich dort an ihre Grenzen, wo es um den Machterhalt der Partei ging. Darüber hinaus war der XX. Parteitag für einige Funktionäre in der zweiten und dritten Reihe des Nomenklatursystems, die sich reformbereit zeigten, aber auch ein Hoffnungszeichen. Sie erblickten in der Abrechnung mit Stalin die Chance, Missstände des politischen und wirtschaftlichen Systems in der DDR systemimmanent zu beheben, das heißt ohne Preisgabe der DDR oder des Herrschaftsanspruches der SED. Diese Reformforderungen, die auf eine Veränderung der Verhältnisse in Politik, Wirtschaft und Gesellschaft abzielten, ohne das sozialistische System in Frage zu stellen, kennzeichneten das so genannte kurze Tauwetter in der DDR. Das Politbüro beschloss zunächst auf seiner Sitzung am 17. April 1956, die Arbeitsweise der SED-Führung zu verändern und die so genannten Erscheinungen des Personenkultes zu beseitigen.[174] So sollten etwa die Politbüromitglieder in Zukunft »öfter gemeinsam auf Veranstaltungen« auftreten.

Ulbrichts Reaktion auf die durch Chruschtschows Geheimrede ausgelöste Tauwetterperiode war ambivalent. Auf der einen Seite versuchte er eine Diskussion über die Herrschaftspraxis in der SED und über ihre Führungsposition in der DDR zu unterbinden, was wiederum mit der Befürchtung zusammenhing, seine eigene Machtstellung könne gegebenenfalls zur Disposition gestellt werden. Auf der anderen Seite versuchte er sich durchaus an die Spitze der Reformbewegung zu stellen, wobei taktische Motive dominierend gewesen sein dürfen. So unterstützte er beispielsweise nach anfänglichem Zögern Überlegungen, das bestehende Rentensystem grundlegend zu reformieren.[175] Vor dem Hintergrund der Einführung der dynamischen Rente 1957 in der Bundesrepublik sollte in der DDR eine sozialistische Rentenreform durchgeführt werden. Nachdem jedoch im Laufe des Jahres 1956 die Reformbestrebungen zusehends erlahmt waren, versagte Ulbricht den sozialpolitischen Experten, die sich an die Ausarbeitung eines entsprechenden Gesetzes gemacht hatten, seine Unterstützung. Daran wird exemplarisch deutlich, dass für den 1. Sekretär des ZK der SED die eigene Machtabsicherung im Vordergrund stand. Deshalb erscheinen auch seine zahlreichen politischen Kurswechsel nicht als Brüche, sondern als taktisches Mittel, um dieses Ziel zu erreichen.

Andere, darunter als bekanntester Vertreter das Politbüromitglied Karl Schirdewan, griffen die Reformchance inhaltlich ernsthafter auf und wurden durch den XX. Parteitag ermuntert, die bisherige Parteiarbeit zu verändern. Schirdewans Konzeption zielte darauf ab, die Alleinherrschaft Ulbrichts zu beenden und die zunehmende Entfremdung zwischen SED und Massenorganisationen auf der einen und der Bevölkerung auf der anderen Seite aufzuheben.[176] Der Philosophieprofessor Wolfgang Harich entwarf ein Programm, das ein vereinigtes sozialistisches Deutschland zum Ziel hatte.[177] Außerdem sprach er sich für die Wiederherstellung der Länder sowie die Auflösung des MfS aus.[178] Das etwas utopisch und unter den gegebenen Umständen leicht unrealistische Projekt Harichs war aber nicht das einzige Ergebnis der kurzen Reformphase in der DDR. Daneben gab es die schon angesprochenen sozialpolitischen Überlegungen in der Rentenpolitik. Für den Bereich der Wirtschaft entwickelten die Ökonomen Fritz Behrens und Arne Benary Thesen zu einem Umbau der Wirtschaftsordnung beziehungsweise des Wirtschaftssystems. Sie wandten sich in ihren Planungen gegen eine Überzentralisierung der Planwirtschaft und verlangten eine Stärkung der Selbstverwaltung.[179] Nahezu zeitgleich stellte der Landwirtschaftsexperte Kurt Vieweg die bisher verfolgte Agrarpolitik mit dem Ausbau von Landwirtschaftlichen Produktionsgenossenschaften in Frage.[180] Insgesamt gesehen waren es vorrangig Intellektuelle und Funktionäre aus dem Parteiapparat der SED, die Reformpläne entwickelten und versuchten, eine Diskussion über den Umbau von Staat und Gesellschaft in Gang zu setzen. Während die Studenten, auch unter dem Eindruck der Liberalisierungstendenzen in Polen und Ungarn, entsprechende Vorstellungen vorbrachten und zum Teil deutlich artikulierten und beispielsweise die Abschaffung des obligatorischen russischen Sprachunterrichts an den Universitäten und Hochschulen verlangten,[181] blieben die so genannten Werktätigen, das heißt die Arbeiter und Angestellten, eher zurückhaltend beziehungsweise sogar passiv. In der DDR war somit das Tauwetter ein Phänomen, das fast ausschließlich auf eine kleine Bevölkerungsgruppe beschränkt blieb, nämlich die Intellektuellen.

Die konkreten Auswirkungen hielten sich daher in engen Grenzen. Das ZK der SED rehabilitierte zwar auf der 28. Tagung unter anderem den 1953 entmachteten Franz Dahlem, stellte die strafrechtliche Verfolgung von Paul Merker ein, veranlasste die Entlassung Max Fechners aus der Haft und hob die Parteistrafen gegen Anton Ackermann, Hans Jendretzky und Elli Schmidt auf, ohne dass jedoch die Genannten ihren alten Einfluss wiedererlangen konnten.[182] Darüber hinaus wurden Strafurteile überprüft und zahlreiche Häftlinge freigelassen; die Zahl der politischen Strafverfahren sank kurzfristig.[183] Dagegen lehnte die SED-Parteiführung jegliche Selbstkritik ab. Dadurch wurde erneut erkennbar, dass eine eigendynamische Entwicklung der bisherigen zaghaften Reformbestrebungen von vornherein verhindert werden sollte. Der Stalinismus wurde stattdessen mit dem Personenkult sowie dem Terror in der UdSSR in Verbindung gebracht, so dass die SED-Führung keinerlei Anlass sah, eine vergleichbare Debatte in der DDR zu führen.[184]

Die Wirtschaftspolitik blieb für die Hegemonialpartei ein zentraler Bestandteil ihrer Politik und stand auch ganz im Mittelpunkt der III. Parteikonferenz im März 1956. Der erste Fünfjahrplan war ausgelaufen, und die Vorbereitungen für den zweiten liefen unter Hochdruck an. Die Direktive für den zweiten Fünfjahrplan, die auf der III. Parteikonferenz bestätigt wurde, sah eine Steigerung der industriellen Bruttoproduktion vor, die in erster Linie durch Mechanisierung und Automatisierung der Produktion sowie durch Kernenergiegewinnung erreicht werden sollte.[185] Der Ausbau der Schwerindustrie, vor allem der chemischen Industrie, genoss nach wie vor oberste Priorität. Gleichzeitig wurden einzelne sozialpolitische Maßnahmen geplant, so zum Beispiel die Verkürzung der Arbeitszeit und die Verbesserung der Versorgung mit Konsumgütern. Aufgrund der Verschlechterung der Wirtschaftslage und infolge von Versorgungsengpässen bei der Braunkohleförderung im Herbst 1956 waren diese ambitionierten Pläne jedoch schon bald Makulatur geworden.

Nicht nur die wirtschaftliche, sondern auch die politische Lage spitzte sich in der DDR ab Oktober / November 1956 dramatisch zu. Unter dem Eindruck der Ereignisse in Polen und Ungarn versuchten Studenten, ihre Forderungen mit Hilfe von Demonstrationen zu untermauern. Eine genaue Quantifizierung dieser Protestwelle an den Hochschulen des Landes ist jedoch nicht möglich. Gleichwohl kann festgestellt werden, dass die Proteste nicht auf einige wenige Universitäten und nur auf einzelne Fachbereiche begrenzt blieben. Diesen Schluss lassen jedenfalls Informationsberichte der zuständigen ZK-Abteilung Wissenschaft und Propaganda vermuten.[186] Das Staatssekretariat für Hochschulwesen berichtete in dem Zusammenhang über einen geplanten Einsatz von SED-Kampfgruppen an der Berliner Humboldt-Universität.[187] Diese Kampfgruppen waren als Reaktion auf den Volksaufstand vom 17. Juni 1953 gegründet worden und sollten zu einer sozialen Disziplinierung in Betrieben, Behörden und Verwaltungen beitragen. Seitens der Kampfgruppen musste teilweise mit einer hohen Gewaltbereitschaft gerechnet werden, wie das Beispiel der Humboldt-Universität eindrucksvoll zeigte:

»Bei den Medizinstudenten in Berlin gibt es Unruhen. Zurzeit haben die positiven Kräfte noch die Oberhand. Wir wollen hoffen, dass es noch gut abgeht, aber andernfalls sind wir qualitativ und quantitativ gut vorbereitet. Wenn sie demonstrieren sollten, werden wir sie zusammenschlagen, dann können sie sich ihre Knochen in ihren Krankenhäusern selbst zusammenflicken. Auf die Frage einiger Genossen, an die keine Gummiknüppel verteilt worden waren [...], sie hätten doch keine Knüppel bekommen, erwiderte der Gen. Kommissar, wir bräuchten auch einige, die die Verwundeten zusammenlesen.«[188]

Mit dem Ausbruch des Volksaufstandes in Ungarn am 24. Oktober 1956 begann der Niedergang der Tauwetterperiode nicht nur in der DDR. Herrschaftsstabilisierung stand für die sowjetischen Machthaber erneut ganz oben auf der Tagesordnung. Aus diesem Grunde kam es dann in Ungarn zur blutigen Niederschlagung der Aufstandsbewegung und zur Besetzung des Landes durch Einheiten der Roten Armee.[189] In der DDR nutzte Ulbricht die Situation, um mit seinen innerparteilichen Gegnern abzurechnen. Zur angeblichen Abwehr der »imperialistischen und militaristischen Kräfte« verabschiedete das Politbüro der SED am 8. November 1956 als Erstes »Maßnahmen zur Unterdrückung konterrevolutionärer Aktionen«.[190] Diese sahen unter anderem den stufenweisen Einsatz »bewaffneter Kräfte« vor, darunter zunächst einmal Einheiten der Volkspolizei, der Staatssicherheit sowie Kampfgruppen der Partei. In so genannten Einzelfällen, die nicht näher beschrieben wurden, war sogar die Unterstützung durch die NVA vorgesehen. Für den Fall, dass diese Maßnahmen erfolglos sein sollten, war der vollständige Einsatz der NVA geplant. Eine dritte und abschließende Stufe sah das Eingreifen sowjetischer Truppen »auf Anforderung durch die Regierung« der DDR vor. Zur zentralen politischen und operativen Führung wurde eine Kommission gebildet, der Walter Ulbricht (Vorsitzender), Otto Grotewohl, Hermann Matern, Karl Schirdewan, der Minister für Nationale Verteidigung Willi Stoph, Erich Honecker, der Minister für Staatssicherheit Ernst Wollweber und der Innenminister Karl Maron angehörten.[191] Der Maßnahmenkatalog sah vor, dass in der ersten Phase gegen »Störungen der öffentlichen Ruhe und Ordnung zunächst nur mit einfachen polizeilichen Mitteln (Absperrungen, Wasserwerfern usw.) vorzugehen« sei.[192] Der Gebrauch von Schusswaffen blieb »dem besonderen Beschluss der Kommission vorbehalten«.[193] Dieser Grundsatz galt auch für die zweite Phase. Die SED-Führung war gewillt, eine mögliche Protest- oder Aufstandsbewegung in der DDR mit allen Mitteln zu verhindern, notfalls auch mit Waffengewalt und unter Einsatz der sowjetischen Truppen in der DDR.

Für die SED-Führung und vor allem für Walter Ulbricht schienen besonders die Überlegungen Wolfgang Harichs gefährlich zu sein, der bereit war, einige zentrale ideologische Grundpositionen der Partei aufzugeben. Das bezog sich vor allem auf die Forderung nach Auflösung des MfS. Darüber hinaus sprach er sich für personelle Veränderungen an der Parteispitze aus. Vor allem mit der ersten Forderung wäre jedoch die SED eines ihrer wichtigsten Machtmittel beraubt worden. Dieser Vorschlag entsprang einer unrealistischen Analyse der innenpolitischen Lage in der DDR, setzte sie doch indirekt voraus, dass die Hegemonialpartei ohne den sich expandierenden Geheimdienst Akzeptanz in der Bevölkerung finden würde. Harichs Programm stellte somit zwangsläufig die Herrschaft der SED in Frage, auch wenn er seiner Partei in dem anzustrebenden Prozess der Bildung eines sozialistischen Gesamtdeutschlands eine führende Rolle einräumte. Angesichts der geringen Unterstützung des SED-Regimes in der Bevölkerung, der ökonomischen Krise des Landes und der sich verschärfenden Systemkonkurrenz fürchtete die SED-Führung um ihre Machtposition und ließ Harich am 29. November 1956 verhaften. Am gleichen Tag wurden der Ökonom Bernhard Steinberger und der Redaktionssekretär der *Deutschen Zeitschrift für Philosophie*, Manfred Hertwig, eine Woche später der Leiter des Aufbau-Verlages, Walter Janka, verhaftet.[194] Anfang März 1957 erfolgte die Festnahme der beiden Redakteure des *Sonntag*, Heinz Zöger und Gustav Just, sowie des Rundfunkjournalisten Richard Wolf. Der Prozess gegen Harich und die Mitangeklagten fand vom 7. bis 9. März 1957 statt und endete mit hohen Zuchthausstrafen: Harich wurde zu zehn, Steinberger und Hertwig wurden zu jeweils vier Jahren Zuchthaus verurteilt.[195] Im Juli 1957 wurden die übrigen Urteile gesprochen: Janka erhielt fünf, Just dreieinhalb und Zöger zweieinhalb Jahre Gefängnisstrafe. Um die Abrechnung mit Harich politisch instrumentalisieren zu können, konstruierten die Untersuchungsorgane die »Gruppe Harich« und suggerierten damit oppositionelle Netzwerke wie in Ungarn, die es zu zerschlagen gelte. Es war vor allem die berüchtigte Zentrale Parteikontrollkommission (ZPKK), die die vermeintliche Gruppenbildung minutiös zu rekonstruieren versuchte.[196]

Die Wirtschaftskrise suchte die SED-Führung mit Hilfe erneuter Appelle zur Steigerung der Arbeitsproduktivität und durch eine noch engere Anbindung an die Sowjetunion zu überwinden. Am 6. November 1956 richtete das Politbüro einen Brief an die sowjetische Staats- und Parteiführung, in dem die innenpolitische Lage der DDR als »sehr ernst« bezeichnet wurde.[197] Die Versorgung der Bevölkerung mit Lebensmitteln sei gefährdet. Der gestiegenen Nachfrage – aufgrund der Ereignisse in Ungarn wurden Hamsterkäufe registriert – stände ein knapper werdender Fonds im Staatshaushalt für Konsumzwecke gegenüber. Bedingt durch Engpässe in der Materialversorgung seien außerdem in zahlreichen Betrieben des Maschinenbaus, der chemischen Industrie und der Leichtindustrie »Stillstände und Einschränkungen der Produktion eingetreten«.[198] Nach Angaben des Politbüros war die Kohle- und Koksversorgung nach wie vor ungelöst.[199] Vor allem dieser Befund musste alarmierend wirken, gefährdete er doch die Produktion in der Hüttenindustrie und der Großchemie. Beim Eisenhüttenkombinat Ost (EKO) mussten aus diesem Grunde bereits zwei Hochöfen stillgelegt werden. Das Schreiben an die Moskauer Führung machte deutlich, dass sich die DDR-Wirtschaft in einer äußerst kritischen Situation befand, zumal der Winter unmittelbar bevorstand und eine ausreichende Energieversorgung nicht mehr gewährleistet schien. Die SED-Führung betonte, dass sie die angespannte wirtschaftliche Lage, die wiederum Auswirkungen auf die Stimmungslage der Bevölkerung hätte, nicht allein lösen könne. Die sowjetische Staats- und Parteiführung wurde daher gebeten, zusätzlichen Hilfslieferungen für das laufende IV. Quartal kurzfristig zuzustimmen. Anschließend stellte das SED-Politbüro eine Liste mit Produkten auf, die als Minimum zur Absicherung der

Versorgung bezeichnet wurden. Dazu zählten Lebensmittel (3000 Tonnen Butter beziehungsweise tierische Fette, 2500 Tonnen Fischkonserven und 30 Millionen Eier), Bodenschätze (20 000 Tonnen Schwefelkies, 25 000 Tonnen Rohphosphat, 300 Tonnen Borax und 1000 Tonnen Braunstein) sowie Zwischenprodukte (15 000 Tonnen Abnahme- und Feinbleche, 2000 Tonnen Waludraht, 6000 Tonnen Profilstahl, 1500 Tonnen Automatenstahl und Stabstahl) sowie Endprodukte (1500 Tonnen nahtlose Rohre und Kugellagerrohre, 20 000 Tonnen Schienen und 30000 cbm Schwellen).[200]

4. Politische Strategien, ökonomische Offensiven und der Mauerbau (1957–1961)

Walter Ulbricht nutzte, wie bereits gezeigt wurde, die blutige Niederschlagung des Aufstandes in Ungarn dazu, seine Machtposition innerhalb der SED zu festigen und weiter auszubauen. Spätestens mit dem 30. Plenum des ZK (30.1.–1.2.1957) wurde deutlich, dass das Tauwetter in der DDR beendet war. Ulbricht blies zum Gegenangriff und begann, mit seinen innerparteilichen Kritikern abzurechnen. Diesen warf er vor, »revisionistisch« und »opportunistisch« gewesen zu sein – aus Sicht eines SED-Funktionärs ein schwer wiegender Vorwurf. Die »revisionistischen Anschauungen« zeigten sich – so Ulbricht vor den versammelten ZK-Mitgliedern – »in der Herabminderung der führenden Rolle der revolutionären Partei der Arbeiterklasse, in dem Vorschlag auf Auflösung in der Planwirtschaft und ihrer Ersetzung durch die so genannte Selbstverwaltung der Produzenten, in der Ablehnung der marxistisch-leninistischen Bündnispolitik der Arbeiterklasse mit den werktätigen Bauern, in der Ablehnung der festen Verbindung der marxistisch-leninistischen Parteien in den volksdemokratischen Ländern unter Führung der Sowjetunion sowie in dem Vorschlag, wie er besonders vom Genossen Tito vertreten wurde, dass man nur auf zweiseitige Vereinbarungen zwischen Ländern sozialistischen Charakters eingehen könne«.[201] Namentlich genannt wurde nur Harich; die Mitglieder der »Gruppe Harich« erschienen dagegen nur als widerständiges Kollektiv. Durch die Nennung der einzelnen Institute und Verlage war allerdings jedem klar, wer gemeint war. Ulbricht verstand seine Abrechnung offensichtlich auch als Warnung an seine Kritiker in der Parteiführung. Sie mussten sich darauf einstellen, als Nächste in die Auseinandersetzung um den Revisionismus hineingezogen zu werden. Zu dieser Gruppe gehörten – neben dem bereits vorgestellten Karl Schirdewan – der Minister für Staatssicherheit Ernst Wollweber und der ZK-Sekretär für Wirtschaft Gerhart Ziller, die im Politbüro von Fred Oelßner, dem stellvertretenden Ministerpräsidenten Fritz Selbmann sowie der stellvertretenden Vorsitzenden der Staatlichen Plankommission Margarete Wittkowski unterstützt wurden.[202] Auf dem 35. Plenum des ZK im Februar 1958 gelang es dann Ulbricht, seine Gegenspieler auszuschalten und zu entmachten. Bezeichnenderweise war es Erich Honecker, der die Aufgabe übernahm, mit den Widersachern abzurechnen. Schirdewan und Wollweber entsprachen in ihren Reaktionen den eingeübten kommunistischen Gepflogenheiten und äußerten Selbstkritik. Anschließend wurden sie aus ihren Funktionen und Ämtern entlassen. Ziller, der für wirtschaftliche Reformen eingetreten war, hatte am 14. Dezember 1957 Selbstmord begangen. Auch wenn die genannten SED-Funktionäre Kritik an Ulbrichts Herrschaftspraxis geäußert hatten und für eine Neuausrichtung der SED-Politik eingetreten waren, so war doch letztlich der Vorwurf gemeinsamer Gruppen- beziehungsweise Fraktionsbildung nur ein nachträgliches Konstrukt Ulbrichts. Eine regelrechte Verschwörung konnte nicht nachgewiesen werden.

Darüber hinaus ergriff Ulbricht die Gelegenheit, die Grundpfeiler seiner Herrschaft weiter zu stärken. So wurde das MfS strukturell und personell erneuert. Nachfolger Wollwebers wurde Erich Mielke. Hier hatte schon 1957 ein Konflikt zwischen Wollweber und Ulbricht stattgefunden, in dessen Verlauf Ulbrichts Bestreben darauf abzielte, den amtierenden MfS-Chef zu demontieren und eine grundsätzliche Richtungsänderung in der Arbeit der Staatssicherheit durchzusetzen.[203] Da Wollweber keinerlei Unterstützung erfuhr, wohingegen Ulbricht den stellvertretenden Minister Mielke sowie den Sekretär der Sicherheitskommission des ZK Honecker hinter sich wusste, war der Ausgang dieser Kontroverse frühzeitig entschieden. Das Politbüro beschloss am 9. Februar 1957, das MfS noch enger an die SED anzubinden.[204] Ulbricht bekräftigte die neuen Aufgaben und Funktionen des MfS am 26. April 1957 vor führenden Funktionären des Staatssicherheitsdienstes.[205] Mit Beginn der Amtszeit Mielkes setzte ein enormes Wachstum des MfS-Apparates ein: Nachdem die Anzahl der hauptamtlichen Mitarbeiter bis Ende 1956 um 0,7 Prozent auf 14 764 leicht gesunken war[206] und 1957 bei 14 442 lag, erhöhte sich diese Zahl im Jahr 1958 bereits um circa neun Prozent und wuchs in der Folgezeit stetig weiter.[207]

Auch auf anderen Politikfeldern sollte der Herrschaftsanspruch der SED, der 1956 ins Wanken geraten war, rigoros durchgesetzt werden. Auf Betreiben Ulbrichts erklärte sich die FDJ im April 1957 zur »sozialistischen Jugendorganisation der DDR«.[208] An den Universitäten und Hochschulen unterstrich die Hegemonialpartei die Bedeutung der politischen Schulung der Studenten. Ideologische Indoktrination stand somit zum wiederholten Male im Vordergrund, wobei deutlich wurde, dass zahlreiche Jugendliche diesen Gestaltungsanspruch ablehnten.[209] Auch die Gewerkschaften wurden bei der Durchführung der von der SED vorgegebenen Aufgaben eingebunden. Die politische Offensive zeigte sich in ihrer Spannbreite mit aller Deutlichkeit auf dem V. Parteitag der SED im Juli 1958. In seinem Grundsatzreferat verkündete Ulbricht ein überaus ambitioniertes Wirtschaftsprogramm, das die Überlegenheit des sozialistischen, planwirtschaftlichen gegenüber dem westlichen, privatkapitalistischen System bis 1961 demonstrieren sollte. Vor allem im Verbrauch wichtiger Lebensmittel und Konsumgüter sollte die DDR die Bundesrepublik bis zu diesem Zeitpunkt einholen. Die dabei ausgerufene »ökonomische Hauptaufgabe«[210] prägte die Politik der SED im Wesentlichen bis zum Mauerbau am 13. August 1961. Das zeitlich eng terminierte Projekt war nach den Vorstellungen der SED-Führung durch eine intensivierte Zusammenarbeit der RGW-Staaten, die in der Vergangenheit eher zu wünschen übrig gelassen hatte, die Mobilisierung aller verfügbaren Ressourcen und den Einsatz von Schlüsseltechnologien, vor allem der chemischen Industrie, zu realisieren. Auf dem V. Parteitag wurde des Weiteren die »sozialistische Umgestaltung« der Landwirtschaft beschlossen.[211] Die Kollektivierung, die im Zusammenhang mit der Kursänderung 1953 zunächst abgebrochen worden war, sollte nunmehr wieder aufgegriffen und abgeschlossen werden. Insofern gehörten die Neuordnung der Eigentumsverhältnisse im primären Sektor und die damit verbundene Zurückdrängung des privaten Sektors, der in der Landwirtschaft immer noch existierte, zu den zentralen politischen Offensiven der SED Ende der fünfziger Jahre.

Die SED-Führung erhoffte sich von der so genannten Brigadebewegung, die Ende der fünfziger Jahre in Anlehnung an die »kommunistischen Brigaden« in der Sowjetunion gegründet wurde, eine Mobilisierung der Arbeiterschaft und eine spürbare Steigerung der Produktionsleistungen in den Betrieben.[212] Erste Vorläufer lassen sich in gewisser Hinsicht bis in die Gründungsphase der DDR zurückverfolgen. Beginnend mit der Hennecke-Bewegung 1948 verfolgten diese Mobilisierungskampagnen vor allem zwei Ziele: zum einen eine Produktionssteigerung und Verstärkung der Arbeitsintensität, zum anderen die soziale Disziplinierung der Beschäftigten. Die Aktivistenbewegung setzte nämlich die Gesamtbelegschaften unter Druck, besser zu produzieren. Insofern wurde dadurch ein gewisses Äquivalent zur Konkurrenzsituation im privatkapitalistischen Wirtschaftssystem geschaffen, von dem sich die DDR offiziell stets abzusetzen suchte. Die Hennecke-Bewegung wurde in der Arbeiterschaft zum Teil mit unverhohlener Ablehnung aufgenommen. Arbeiter, die sich bereit fanden, ihr Plansoll zu übertreffen und damit als Vorbild für die Belegschaften zu fungieren, gerieten innerbetrieblich rasch in die soziale Isolation. Die Stimmungslage in den Betrieben drohte deshalb gegen die SED umzuschlagen, was dazu führte, dass die Aktivistenbewegung Ende der vierziger beziehungsweise Anfang der fünfziger Jahre nur noch in geringem Umfang fortgeführt wurde. Die Wettbewerbskampagne von 1958 mit der offiziellen Bezeichnung »Brigaden der sozialistischen Arbeit«, die auch das Freizeitverhalten der Arbeiter prägen und vom FDGB angeleitet werden sollten, wurden nach kurzer Zeit inhaltlich neu ausgerichtet, weil die SED-Führung eine eigenständige und nicht mehr steuerbare Bewegung befürchtete. Das Primat des »demokratischen Zentralismus« blieb unantastbar,[213] das heißt potentielle herrschaftsfreie Räume duldete die Hegemonialpartei nicht. Auch wenn die »sozialistischen Brigaden« bis zum Untergang der DDR weiterexistierten, so besaßen sie doch in der Folgezeit einen anderen funktionalen Charakter. Kontrolle und Disziplinierung standen aus Sicht der SED-Führung nunmehr im Vordergrund.

Die SED-Führung versuchte mit der Proklamierung der »ökonomischen Hauptaufgabe« auf dem V. Parteitag (10.–16.7.1958) an die Planungseuphorie anzuknüpfen, die noch zu Beginn des 1. Fünfjahrplanes allgemein geherrscht hatte. Darüber hinaus hatte der sowjetische Sputnik-Erfolg 1957 – der erste erfolgreiche Start eines Satelliten – auch die SED beflügelt: Wirtschaftspolitische Erfolge gegenüber dem Westen schienen plötzlich wieder in greifbare Nähe zu rücken. Diese Euphorie währte jedoch nicht lange. Der 2. Fünfjahrplan wurde 1959 vorzeitig abgebrochen. Stattdessen arbeitete die Staatliche Plankommission in enger Kooperation mit dem Politbüro einen Siebenjahrplan aus, auch dies in enger Anlehnung an die Wirtschaftsentwicklung in der UdSSR. Die bisher gemachten Erfahrungen hatten jedoch gezeigt, dass langfristige Wirtschaftsplanungen schon bald Makulatur werden konnten, sobald die angesetzten ökonomischen Rahmenbedingungen nicht mehr stimmten. Die SED-Führung ließ sich davon allerdings nicht von ihrem Kurs abbringen und folgte bereitwillig den sowjetischen Planungsbehörden.

Ein essentieller Bestandteil der Offensivbemühungen der SED war zweifellos die bereits erörterte Kollektivierung der Landwirtschaft. Mit Hilfe von Agitation sowie diversen wirtschaftlichen und administrativen Maßnahmen gelang es zwar, zahlreiche Bauern zum Eintritt in die LPG zu bewegen, gleichwohl stand eine quantitativ nicht unbeträchtliche Personengruppe von Privatbauern der sozialistischen Umgestaltung reserviert bis ablehnend gegenüber. Ende 1959 wurde der Druck auf Einzelbauern, die sich bis dahin widersetzt hatten, erhöht. Mit zum Teil drastischen Maßnahmen beseitigte die SED den privaten Sektor in der Landwirtschaft in den folgenden Monaten. Nicht wenige Bauern gingen in den Westen. Arbeitskräftemangel und Versorgungsengpässe führten daraufhin zu einem Rückgang der landwirtschaftlichen Produktion. Die Versorgung mit Lebensmitteln, die bis zum 29. Mai 1958 über Kontingentierung und Ausgabe von Lebensmittelkarten betrieben wurde, geriet ins Stocken.[214] Es kam somit auch für die Konsumenten zu Engpässen. Auch wenn die Kollektivierung nicht zu der angestrebten Nivellierung der ländlichen Gesellschaft geführt haben mochte und der Einfluss traditioneller dörflicher Eliten nahezu ungebrochen schien,[215] so hatte doch die SED eines ihrer wichtigsten Ziele erreicht: die fast vollständige Ausschaltung des privaten Sektors. Dies hatte nicht nur einschneidende Folgen für die Eigentumsverhältnisse, sondern auch für die Zu- und Verteilung der knappen Ressourcen (von Saatgut bis hin zu Maschinen). Entscheidungsabläufe konnten dadurch gestrafft und weiter zentralisiert werden. Des Weiteren besaß die Kollektivierung einen machtpolitischen Aspekt: Die ohnehin ohne nennenswerten Einfluss operierende Bauernpartei (DBD) wurde aus staatlichen Positionen von der SED verdrängt; ihr Gewicht im Landwirtschaftsministerium und in den Bezirken nahm weiter ab. Parallel dazu begann die Hegemonialpartei, ihre Stellung in den Landwirtschaftlichen Produktionsgenossenschaften auszubauen. Im Einzelnen sollten LPG-Mitglieder in die SED aufgenommen und zahlreiche LPG-Parteiorganisationen gegründet werden.[216] Als Letztes sind noch die Folgen des expandierenden Überwachungsstaates zu nennen.

Die Blockpartei DBD wurde zum Beispiel durch den gezielten Einsatz inoffizieller Mitarbeiter der Staatssicherheit immer stärker gesteuert.[217]

Darüber hinaus startete die SED auch deutschlandpolitische Offensiven. So schlug die Regierung der DDR am 27. Juli 1957 eine Konföderation zwischen der DDR und der Bundesrepublik vor. Dieser Schritt war offenbar wieder einmal mit der sowjetischen Supermacht abgestimmt worden. Gespräche zwischen ost- und westdeutschen Politikern (hier ist vor allem der CSU-Politiker und Bundesfinanzminister Fritz Schäffer[218] zu nennen) gab es bereits seit 1955; sie wurden 1956 intensiviert. Das Politbüro stellte Ende 1956 einen Katalog mit Forderungen auf, deren Realisierung für eine Konföderation notwendig sei. Im Einzelnen wurde verlangt: die Neutralisierung Deutschlands, die Überwindung der »militaristischen, revanchistischen und faschistischen Kräfte« und die »Entmachtung des Monopolkapitals« in der Bundesrepublik, die Verstaatlichung der Schwerindustrie sowie eine Boden- und Schulreform nach dem Vorbild der SBZ/DDR.[219] Die Neuordnung von Staat, Wirtschaft und Gesellschaft in der DDR stand also nicht zur Disposition. Die erhoffte Wirkung dieses Vorstoßes blieb aus. Die Bundesregierung griff die – angesichts der von der SED-Führung formulierten Vorleistungen – bescheidenen Vorschläge Pankows nicht auf; die Bundestagswahl 1957 wurde ohnehin von anderen, primär westdeutschen Themen geprägt.

Ein Jahr später kam es zur zweiten Berlin-Krise.[220] Im November 1958 forderte Chruschtschow den Abzug der Westmächte aus Berlin und setzte eine Frist von sechs Monaten. Andernfalls drohte er an, mit der DDR ein Separatabkommen zu schließen und dem ostdeutschen Teilstaat die volle Souveränität über Berlin zu übertragen. Nach der Berlin-Blockade 1948/49 war die frühere Hauptstadt des Deutschen Reiches erneut Schauplatz des Ost-West-Konfliktes geworden. Während die innerdeutsche Grenze durch die Errichtung von Sperranlagen und die Festlegung von Sperrzonen immer schwerer zu überwinden war, verblieb in Berlin nach wie vor eine offene Zugangsmöglichkeit in die drei westlichen Sektoren der Stadt und anschließend in die Bundesrepublik. Aus Sicht der SED-Führung sowie Moskaus war Berlin, das seit Kriegsende unter dem Viermächtestatus stand, eine offene Wunde. Die Flüchtlingszahlen waren bis zum Ende der fünfziger Jahre wieder leicht angestiegen. Einen Rückgang gab es nur 1959: Wies die Wanderungsstatistik für 1958 noch circa 226300 Zuzüge aus der DDR und Ost-Berlin aus, so sank diese Zahl ein Jahr später auf 173800; 1960 wurden 225400 »Republikflüchtige« gezählt und im Jahr des Mauerbaus 233500.[221] Gleichzeitig stieg die Anerkennungsquote beim Bundesnotaufnahmeverfahren weiter an und schwankte im selben Zeitraum (1958–1961) zwischen 98,5 und 99,1 Prozent.[222] Die Entscheidungsfindung, die zum Bau der Mauer führte, ist immer noch nicht restlos geklärt, was vermutlich in erster Linie mit den schon erwähnten schwierigen Zugangsmöglichkeiten zu Moskauer Archiven zusammenhängt. Gleichwohl scheint festzustehen, dass der Beschluss von langer Hand in Moskau und Ost-Berlin vorbereitet wurde.[223] Dafür spricht der Umstand, dass die logistischen Vorbereitungen für den Mauerbau einer gewissen Zeit bedurften und nicht innerhalb weniger Tage durchzuführen waren. Die endgültige Entscheidung wurde zwar auf der Tagung der Warschauer-Pakt-Staaten vom 3. bis 5. August 1961 in Moskau getroffen.[224] Diese besaß jedoch nur formalen Charakter und bestätigte lediglich die schon feststehende Beschlusslage. Unter der organisatorischen Leitung Honeckers riegelten Einheiten der Nationalen Volksarmee in der Nacht vom 12. auf den 13. August 1961 die Übergänge von Ost- nach West-Berlin ab. In den folgenden Wochen wurden die provisorischen Absperranlagen weiter ausgebaut; die Mauer teilte nunmehr endgültig die beiden Stadthälften. Nicht nur die Bevölkerung Berlins zeigte sich von dieser drastischen Maßnahme völlig überrascht.[225] Die SED-Führung hatte damit eine vermeintliche Konsolidierung ihrer Herrschaft erreicht; die erhoffte Zustimmung der Bevölkerung zum Mauerbau blieb allerdings aus.[226]

5. Innenpolitische Stabilisierung (1961–1963)

Der Bau der Berliner Mauer brachte erhebliche Veränderungen für die DDR. In erster Linie war die Bevölkerung im ostdeutschen Teilstaat betroffen: Nach dem 17. Juni 1953 entfaltete der 13. August 1961 eine erneute Schockwirkung, da nunmehr der Weg in den Westen endgültig versperrt wurde. Dieser war zwar schon seit 1952 durch den Aufbau umfassender Grenzsicherungsmaßnahmen an der innerdeutschen Grenze unterbunden worden. Mit dem Schlupfloch Berlin verloren aber die DDR-Bewohner die letzte verbliebene Möglichkeit, in die Bundesrepublik zu ziehen. Familienbande wurden zerrissen, wirtschaftliche Verflechtungen zwischen den beiden Stadthälften gekappt. In der Folgezeit musste das Problem der so genannten Grenzgänger gelöst werden. Zahlreiche Beschäftigte, die in Ost-Berlin ihren Arbeitsplatz hatten, wohnten im Westteil der Stadt und umgekehrt.

Der Mauerbau 1961 zementierte die Herrschaft der SED nach innen. Mit der Verkündung der Zwei-Staaten-Theorie 1955 war bereits klar gewesen, dass die Sowjetunion die DDR nicht mehr ohne weiteres als Dispositionsmasse in den Vier-Mächte-Verhandlungen einsetzen würde, um zu einem Ausgleich mit den westlichen Siegermächten zu gelangen. Die SED-Führung war aber stets in Sorge vor einem erneuten Moskauer Positionswechsel gewesen. Insofern stellte für sie der Mauerbau eine erneute Bestätigung der sowjetischen Linie von 1955 dar. Während die Niederschlagung des Volksaufstandes 1953 deutlich gemacht hatte, dass die Herrschaft der SED durch die sowjetische Besatzungsmacht auch mit Waffengewalt gestützt wurde, schien der Mauerbau 1961 den provisorischen Charakter der DDR beseitigt zu haben. Daher kann der 13. August 1961 auch als »heimliche[r]

Gründungstag der DDR« bezeichnet werden.[227] Für die SED-Führung brachte dieses Ereignis erstmals Planungssicherheit. Die bis dahin grassierende Furcht, die DDR könne zum Spielball der Sowjetunion werden, verflog nun. In den Führungsgremien der Hegemonialpartei machte sich eine gewisse Aufbruchsstimmung breit, die stark an die Euphoriewelle des ersten Fünfjahrplanes zu Beginn der fünfziger Jahre erinnerte. So äußerte etwa der 1. Sekretär des ZK der SED, Walter Ulbricht, in einem längeren Brief an den 1. Sekretär des ZK der KPdSU, Nikita S. Chruschtschow, positive Erwartungen für die wirtschaftliche Entwicklung der DDR: »Seit dem 13. August erfolgt allmählich eine ökonomische Festigung der Lage in der DDR. Die Abwerbung von Arbeitskräften ist unmöglich gemacht. Im Produktionsaufgebot treten die besten Kräfte der Arbeiterklasse und ihrer Verbündeten freier und entschlossener hervor. Sie drängen die Anhänger rückständiger Auffassungen, die Bummelanten und Egoisten, die sich vor dem 13. August nicht selten zu ›Wortführern der Arbeiter‹ aufgespielt hatten, weiter zurück. Die negativen Einflüsse der Abwerbung auf die Arbeitsmoral und die Disziplin in den Betrieben sind abgeschwächt.«[228] Der Brief zeigte deutlich die Erleichterung auf Seiten Ulbrichts und der SED-Führung, dass die Flucht und Auswanderung von DDR-Bürgern endlich gestoppt werden konnte. Darüber hinaus erhoffte sich Ulbricht offenbar eine erkennbare Steigerung der Arbeitsproduktivität in den Betrieben, die er mit dem Mauerbau verband.

Ulbrichts Äußerungen sind aber noch in einem weiteren Punkt bemerkenswert: Sie unterstreichen, dass die SED-Führung mit ihrem auf dem V. Parteitag 1958 proklamierten Ziel, die Bundesrepublik im Verbrauch wichtiger Lebensmittel und Konsumgüter einzuholen, gescheitert war. Insofern kann der Bau der Berliner Mauer auch als Absage an eine offensiv betriebene Systemauseinandersetzung zwischen den beiden deutschen Staaten interpretiert werden. Es war in den fünfziger Jahren vor allem die SED gewesen, die die Auseinandersetzung mit der

Bundesrepublik suchte, da auf diese Weise die Überlegenheit des politischen, wirtschaftlichen und sozialen Systems der DDR demonstriert werden sollte. Die Fluchtzahlen durchkreuzten allerdings diese Pläne und widerlegten eindrucksvoll die von der SED postulierte Anziehungskraft der DDR. Diese Magnettheorie umgekehrten Vorzeichens – bekannter ist zweifellos die von Konrad Adenauer und Kurt Schumacher formulierte Variante – ließ sich ab Mitte der fünfziger Jahre, als der Wirtschaftsboom der Bundesrepublik richtig einsetzte, noch nicht einmal ansatzweise verwirklichen. Auch wenn die SED versuchte, mit dem Mauerbau der direkten Konkurrenz auszuweichen und die Abstimmung mit den Füßen zu unterbinden, so blieb für die Bevölkerung in der DDR die Bundesrepublik doch der entscheidende Vergleichsmaßstab. Der Personen- und Güteraustausch zwischen Ost und West konnte zwar nach dem 13. August 1961 wirkungsvoll eingedämmt und gesteuert werden; dagegen ließ sich aber die in der DDR verbliebene Bevölkerung nicht von westlichen Informationen vollständig abschotten. Westdeutsche und westliche Radiosendungen konnten nach wie vor im ostdeutschen Teilstaat gehört werden.

Auf die unterschiedlichen Motive derjenigen, die die DDR bis 1961 verließen, ist bereits hingewiesen worden. Es sei noch einmal betont, dass wir es bei diesem Massenphänomen mit einer breiten Palette von Fluchtmotiven zu tun haben: politische, wirtschaftliche, soziale, aber auch persönliche Hintergründe spielten eine Rolle. Durch die Flucht von kritischen DDR-Bewohnern, die das SED-Regime ablehnten oder ihm zumindest skeptisch gegenüberstanden, verringerte sich zwangsläufig das oppositionelle Potential in den fünfziger Jahren. Dies wurde von der SED-Führung bereitwillig hingenommen: Die »Republikflucht« besaß in diesem Zusammenhang für die herrschende Partei eine Ventilfunktion. Ende der fünfziger Jahren überwogen für die Hegemonialpartei die sozialen und wirtschaftlichen Folgelasten der Massenauswanderung, die nur noch durch die Abriegelung

West-Berlins zu verhindern waren. Für die Bevölkerung in der DDR hieß es nach dem 13. August 1961, sich im nach Westen abgeschotteten Land neu einzurichten. Das bedeutete vor allem, dass zwischen der Bevölkerung und der politischen Funktionselite sowie den staatlichen Organen neue Arrangements getroffen werden mussten. Da die SED auf die Kooperationsbereitschaft der Bevölkerung angewiesen war, konnte sie keineswegs einen ausschließlich repressiv ausgerichteten Kurs in der Innenpolitik fahren.

Die ersten Jahre nach dem Mauerbau stellten in mehrfacher Hinsicht eine Konsolidierungsphase dar. Zunächst einmal versuchte die SED-Führung, neue programmatische Ziele aufzustellen. Dazu gehörte vor allem das Kommuniqué des Politbüros des ZK »Die Frauen – der Frieden und der Sozialismus« vom 16. Dezember 1961.[229] Nachdem die Parteiführung in diesem Dokument die vermeintlichen Erfolge der eigenen Frauenpolitik seit Gründung der DDR aufgezählt hatte, musste sie dennoch Defizite einräumen: »Das Politbüro des Zentralkomitees der Sozialistischen Einheitspartei Deutschlands ist [...] der Meinung, dass diese großen Fähigkeiten und Leistungen der Frauen und Mädchen ungenügend für ihre eigene Entwicklung und für den gesellschaftlichen Fortschritt genutzt werden.«[230] Besonders unter den Männern – dabei nannte das Politbüro ausdrücklich auch leitende Partei-, Staats-, Wirtschafts- und Gewerkschaftsfunktionäre – werde die Rolle der Frau in der sozialistischen Gesellschaft unterschätzt. Obwohl 68,4 Prozent aller arbeitsfähigen Frauen im Alter von 16 bis 60 Jahren berufstätig seien, übe »ein völlig ungenügender Prozentsatz der Frauen und Mädchen mittlere und leitende Funktionen« aus. Darüber hinaus wies das Führungsgremium der SED darauf hin, dass der Frauenanteil in den technischen Berufen zurückgehen werde. Dass dies auch den Parteiapparat betraf, verschwieg das Politbüro geflissentlich: 1958 waren nur 23,5 Prozent der Parteimitglieder Frauen.[231] Im Zentralkomitee befanden sich nur zehn Frauen, und im Politbüro war gar keine vertreten. Das Politbüro verpflichtete die Betriebsparteileitungen in der Industrie, der Landwirtschaft, dem Staatsapparat, den kulturellen Institutionen sowie den Massenorganisationen dazu, »die Beschlüsse der Partei und der Regierung zur Förderung und Entwicklung der Frauen zielstrebiger zu verwirklichen und ihre Durchführung ständig zu kontrollieren«.[232] Vom Ministerrat, der Staatlichen Plankommission sowie den staatlichen Verwaltungen auf zentraler, mittlerer und unterer Ebene erwartete das Politbüro, »dass Maßnahmen festgelegt werden, die zu einer Erhöhung des Anteils der Frauen in mittleren und leitenden Funktionen führen«.[233] Die SED-Führung vermied es jedoch, konkrete Ziele aufzustellen. Stattdessen blieb das Kommuniqué eher unverbindlich und wiederholte nur altbekannte Forderungen, die in den frauenpolitischen Beschlüssen der Partei schon in den fünfziger Jahren wiederzufinden waren. So wurde etwa die Entlastung der erwerbstätigen Frau von der Familienarbeit gefordert, ohne dass jedoch entsprechende Instrumente oder eigens dafür angesetzte sozialpolitische Maßnahmen benannt wurden. Das Kommuniqué machte insofern zweierlei deutlich: Auf der einen Seite drängte die SED auf eine weitere Steigerung der Frauenerwerbsquote, die noch nicht ausgeschöpft schien. Auf der anderen Seite verfolgte sie offenbar propagandistische Ziele. Die SED wollte sich erneut als Kämpferin für die Gleichberechtigung der Frau präsentieren und damit Reform- und Modernisierungsfähigkeit der nach außen abgeschotteten DDR suggerieren.

Mit dem Mauerbau in Berlin drohte eine Verschlechterung der deutsch-deutschen Beziehungen. Die Bundesregierung reagierte zunächst hilflos – Adenauer besuchte erst am 22. August West-Berlin – und wartete vergeblich auf Gegenmaßnahmen der Westmächte. Vor allem in Washington sah man, nachdem die Stellung der drei Schutzmächte im Westteil der Stadt sowie der ungehinderte Zugang dorthin nicht in Frage gestellt worden war, im Mauerbau eine partielle Stabilisierung des Status quo in Europa und akzeptierte letztlich diese zwischen Ost-Berlin und Moskau abgestimmte Maßnahme. In der Folgezeit versuchte die SED, ihre deutschlandpolitischen Ziele neu zu formulieren und der seit dem Mauerbau radikal veränderten Lage anzupassen. Allerdings ist dabei eine gewisse Verzögerung festzustellen: Während Ulbricht bis zum September 1961 das Ziel eines Separatfriedensvertrages mit der Sowjetunion verfolgte, unterwarf er sich erst 1963 sowjetischen Stillhalteforderungen im Hinblick auf West-Berlin. Im März 1962 startete die SED eine neue Offensive: Walter Ulbricht stellte auf dem 15. Plenum des ZK »den Entwurf eines nationalen Dokuments über ›Die geschichtliche Aufgabe der Deutschen Demokratischen Republik und die Zukunft Deutschlands‹« vor.[234] Ulbricht behauptete, dass der »Sieg des Sozialismus in der DDR« nicht nur im Einklang stehe mit den »nationalen Interessen des ganzen deutschen Volkes«, sondern auch eine »Voraussetzung für eine glückliche Lösung der nationalen Frage, für die Überwindung der Spaltung« sei. Neben der altbekannten propagandistischen Forderung nach Überwindung des »Imperialismus und Militarismus« in der Bundesrepublik enthielt das Dokument durchaus auch neue Facetten. So sprach Ulbricht etwa von der »friedlichen Koexistenz der beiden deutschen Staaten« und entwarf vage die von ihm bereits 1956/57 formulierte Vorstellung von einer »deutsche[n] Konföderation«, die nach erfolgreicher gesellschaftlicher Umwälzung in Westdeutschland »Schritt um Schritt zu einem Organ der fortschreitenden Vereinigung der beiden deutschen Staaten und West-Berlins« entwickelt werden könnte. Die Selbstgewissheit, mit der die SED-Führung in den fünfziger Jahren den Kollaps des privatkapitalistischen Wirtschaftssystems und den Zusammenbruch der Bundesrepublik vorherzusehen glaubte, wich offenbar der Erkenntnis, dass der Klassenfeind zumindest mittelfristig nicht so leicht in die Knie zu zwingen war. Die Konföderationspläne wurden jedoch nicht nur durch die Forderung nach politischer Neuordnung im Westen (entsprechend den SED-Vorstellungen) relativiert, sondern auch dadurch, dass Ulbricht West-Berlin in seine Überlegungen mit einbezog, als er von dem »entmilitarisierte[n], freie[n] und neutrale[n]« Westteil der Stadt sprach. Nach den zurückliegenden Berlin-Krisen war klar geworden, dass zum einen die Westmächte nicht bereit waren, sich aus West-Berlin zurückzuziehen, und dass zum anderen die Bundesrepublik die enge Verbindung zur Stadt nicht aufgeben würde. Insofern liegt die Vermutung nahe, dass das Kommuniqué des Politbüros zunächst einmal an die eigene Bevölkerung gerichtet war und die Existenz der DDR historisch legitimieren sollte. Aus diesem Grunde war das Dokument wohl auch mit der Überschrift »Die geschichtliche Aufgabe der DDR und die Zukunft Deutschlands« versehen. Nach außen versuchte die SED-Führung, ihre Bereitschaft zur Koexistenz mit der Bundesrepublik zu demonstrieren. Sie entsprach damit dem schon zuvor eingeschlagenen Kurs Chruschtschows. In der DDR wurde dieses Dokument öffentlichkeitswirksam aufbereitet: Nach dem ZK-Plenum fasste auch der Nationalrat auf seiner 11. Tagung einen entsprechenden Beschluss.[235] Anschließend sollte die Bevölkerung in einem vorab sorgfältig geplanten und durchgeführten Verfahren über das »nationale Dokument« diskutieren und damit eine breite gesellschaftliche Zustimmung suggeriert werden.[236]

Die SED beanspruchte ein Deutungsmonopol für die Geschichtswissenschaft in der DDR. Der Umgang mit der Vergangenheit genoss höchste Priorität und wurde nicht einer autonom agierenden Fachwissenschaft überlassen. Gleichwohl lässt sich das komplexe Verhältnis zwischen Partei und Wissenschaft keineswegs auf einen einfachen Nenner bringen und als Gegenüberstellung von Herrschern und Beherrschten darstellen. Die Mechanismen dieses Zusammenspiels können darüber hinaus nicht allein mit dem Begriff »Zensur« erfasst werden.[237] Bereits in den fünfziger Jahren hatte die Parteiführung in unregelmäßigen Abständen Beschlüsse getroffen, welche die DDR-Geschichtswissenschaft direkt oder indirekt betrafen.[238] Nach dem Mauerbau wurde ein erneuter Anlauf unternommen: Am 12. April 1963 beschloss das ZK der SED den »Grundriss der Geschichte der deutschen Arbeiterbewegung« und versuchte damit wieder Einfluss auf die Geschichtsdeutung zu nehmen.[239] Die Vorarbeiten zu diesem Dokument beruhten auf der Tätigkeit einer Kommission unter Leitung Ulbrichts, die einen entsprechenden Entwurf bereits im Sommer 1962 dem ZK vorgelegt hatte. Der »Grundriss« diente als Konzeptpapier für die achtbändige Geschichte der deutschen Arbeiterbewegung, die im April 1966 erschien.[240] Das ZK der SED legte in enger Anlehnung an Karl Marx und den historischen Materialismus die einzelnen Entwicklungsstufen und -perioden fest, die letztlich in der Herrschaft des Proletariats und der führenden Partei der Arbeiterklasse gipfelten. Dieses Modell verwarf alternative Betrachtungsweisen und richtete sich gegen die als bürgerlich abqualifizierten und pluralistisch angelegten Geschichtsinterpretationen. Dabei schreckte die SED-Führung vor Geschichtsklitterung und sogar Geschichtsfälschungen nicht zurück und versuchte auch in dieser Frage, das sowjetische Vorbild zu kopieren. Das betraf etwa die völlig einseitige Darstellung der Revolution 1918/19 in Deutschland, die Geschichte der Weimarer Republik sowie die Machtergreifung Hitlers am 30. Januar 1933. In allen drei genannten Fällen unternahm das ZK der SED den Versuch, die SPD als Hauptschuldige darzustellen, die letztlich verantwortlich sei für den Aufstieg des Nationalsozialismus. Die KPD wiederum wurde als einzige gesellschaftliche »Kraft der Nation« gepriesen, »die der deutschen Arbeiterklasse und dem deutschen Volk den Weg zur Befreiung von der faschistischen Diktatur« gewiesen habe.[241] Der »Grundriss« schloss außerdem die Geschichte nach 1945 mit ein und würdigte den »historischen Sieg der Sowjetunion und der Kräfte der Antihitlerkoalition über den faschistischen deutschen Imperialismus und die Befreiung Deutschlands vom Hitlerfaschismus«. Während jedoch die Sowjetunion gestärkt aus dem Zweiten Weltkrieg hervorgegangen sei, habe sich »die allgemeine Krise des Kapitalismus außerordentlich« verschärft.[242] Anschließend betonte der »Grundriss« die historische Aufgabe der DDR, die im Gegensatz zur Bundesrepublik als »einzig[er] rechtmäßige[r] deutsche[r] Staat« entstanden sei, »in dem die Lehren aus der Geschichte gezogen, das Potsdamer Abkommen durchgeführt und der Imperialismus beseitigt wurden«.[243] Insgesamt gesehen handelte es sich bei diesem von der SED-Führung vorbereiteten und beschlossenen Dokument um den Versuch, die Deutung der Vergangenheit und die historische Einordnung der DDR in die deutsche Geschichte zu monopolisieren, eine pluralistische Herangehensweise zu unterbinden und der westlichen, vor allem westdeutschen Geschichtswissenschaft ein eigenes Modell entgegenzusetzen. Eine wesentliche Bedeutung des »Grundrisses der Geschichte der deutschen Arbeiterbewegung« bestand vermutlich darin, dass die SED die Auseinandersetzung mit dem Westen und speziell mit der Bundesrepublik erneut offensiv aufgriff und einen alternativen, angeblich sozialistischen Weg aufzuzeigen versuchte. Dabei kam der Interpretation der Vergangenheit strategische Bedeutung zu. Auch auf diese Weise sollte die Herrschaft der »Partei der Arbeiterklasse« gefestigt und stabilisiert werden.

Die innenpolitische Konsolidierung vollzog sich in den ersten Jahren nach dem Mauerbau jedoch nicht nur auf der von der SED vorgegebenen programmatischen Ebene, sondern auch auf anderen Politikfeldern. In diesem Zusammenhang ist zunächst einmal auf die repressive Politik gegenüber der Bevölkerung sowie auf den Ausbau der Sicherheitsorgane hinzuweisen: Zwischen dem 13. August und dem 4. September 1961 wurden 6041 Personen festgenommen.[244] Fast genauso viele Menschen waren infolge des Volksaufstandes vom 17. Juni 1953 verhaftet worden. Allein in der zweiten Jahreshälfte 1961 verhängte die DDR-Justiz 18 297 Urteile wegen so genannter Staatsverbrechen, Staatsverleumdung sowie Verstößen gegen das Passgesetz.[245] Die Gesamtzahl der Urteile lag mehr als viermal so hoch wie im ersten Halbjahr des Jahres. Eine Folge davon war, dass sich die Haftanstalten der DDR wieder rapide füllten. Wurden im Juli 1961 noch 23 843 Häftlinge gezählt, so waren dies im Dezember bereits 37 741.[246] Diese Gesamtzahl erhöhte sich in den folgenden Monaten noch weiter und erreichte im April 1962 ihren vorläufigen Höhepunkt (41 937). Im August 1962 (22 949) wurde die Zahl des Vorjahres (26 329) erstmals wieder unterschritten. Mit Hilfe der Verordnung über Aufenthaltsbeschränkung vom 24. August 1961 konnte die DDR-Justiz gegen »arbeitsscheue Personen« vorgehen und die Zuweisung von Arbeit oder die Einweisung in ein Haftarbeitslager anordnen, wovon die Gerichte zeitweilig in erheblichem Ausmaß Gebrauch machten.[247] Inwieweit sich in den sechziger Jahren Funktion und Stellenwert des politischen Strafrechts in der DDR wandelten, ist noch nicht hinreichend geklärt. In den fünfziger Jahren hatte es noch zur Umgestaltung von Staat, Wirtschaft und Gesellschaft sowie zur Bekämpfung von vermeintlichen politischen Gegnern gedient. Ob der Mauerbau in gewisser Weise einen Schlusspunkt darstellte, muss allerdings noch eingehender untersucht werden. Nach Angaben von Johannes Raschka entwickelte sich das politische Strafrecht nunmehr vornehmlich zu einem Instrument zur Verhinderung und Sanktionierung von »Republikflucht«.[248] Der »bekennende Justizterror« der fünfziger Jahre wich nach dem Mauerbau einer »verdeckten Repression« durch das MfS.[249] Als gesichert kann gelten, dass das Ministerium für Staatssicherheit finanziell besser ausgestattet und seine Position im Institutionengefüge der DDR neu festgelegt wurde. Rivalitäten zwischen Erich Mielke und Hermann Matern um das Aufgabenfeld des MfS, das sich auch auf die Kontrolle des Staatsapparates erstrecken sollte, endeten mit einem Erfolg Mielkes.[250] Obwohl die Zuschüsse aus dem Staatshaushalt an die bewaffneten Organe 1963 stagnierten beziehungsweise leicht rückläufig waren, konnte das MfS seinen Haushalt stetig erhöhen. Einbußen mussten dagegen das Ministerium des Innern und das Ministerium für Nationale Verteidigung hinnehmen.[251] Dies schlug sich letztlich auch in der Personalentwicklung nieder. Während der Personalbestand bei der Volkspolizei und der Nationalen Volksarmee sank, zeigte sich beim MfS eine gegenläufige Entwicklung, die Jens Gieseke zu Recht als »Take-off«-Phase der Staatssicherheit bezeichnet.[252] Die Zahl der hauptamtlichen Mitarbeiter stieg bis 1967 auf 32 912 und lag damit fast doppelt so hoch wie im ersten Jahr der Amtszeit von Mielke als Minister für Staatssicherheit 1957.[253] Auch daran zeigte sich also der Bedeutungsgewinn des MfS nach dem Mauerbau.

Parallel zur Herrschaftsabsicherung im Inneren erfolgte eine grundlegende strukturelle Veränderung bei der Landesverteidigung. Durch die Einführung der Allgemeinen Wehrpflicht wandelte sich langfristig gesehen die Personalstruktur der Anfang 1956 geschaffenen Nationalen Volksarmee (NVA). Diese sollte in den sechziger Jahren nach dem Willen Ulbrichts und der SED-Führung zum Kern der DDR-Landesverteidigung ausgebaut werden.[254] Darüber hinaus war geplant, die NVA innerhalb des östlichen Militärbündnisses zu einem anerkannten Bündnispartner zu entwickeln. Dazu mussten die Streitkräfte personell aufgestockt, technisch modernisiert und strukturell kampfbereit gemacht werden. Neben diesen militärischen Aufgabenfeldern, die es aus Sicht der Verantwortlichen zu lösen galt, stand ebenfalls die gesellschaftliche Anerkennung auf der Tagesordnung. Schon Anfang der fünfziger Jahre war beim Ausbau der kasernierten Volkspolizei unübersehbar geworden, dass die Etablierung von bewaffneten Organen in der DDR gesellschaftlich nicht unumstritten war. Der Zulauf von Jugendlichen zur Jungen Gemeinde hatte dies deutlich werden lassen. Der Hauptverwaltung für deutsche Volkspolizei und der SED-Führung war außerdem nicht entgangen, dass sich ein erheblicher Anteil der »Republikflüchtigen« durch die Flucht in den Westen Deutschlands der Einberufung zu entziehen suchte. Die

Zustimmung der Bevölkerung zum Aufbau von eigenen Streitkräften und zur Einführung der Wehrpflicht musste also erst noch gewonnen werden. Die Tatsache, dass die DDR-Führung diesen Schritt wenige Monate nach dem Mauerbau vollzog, zeigte jedoch, dass es ihr nicht auf Rücksichtnahmen gegenüber der Bevölkerung ankam. Im Schatten der Mauer konnte mit dem Aufbau einer Wehrpflichtarmee begonnen werden, ohne dass mit einem Ansteigen der Flüchtlingszahlen wie in den fünfziger Jahren zu rechnen war. Mit dem Mauerbau hatte die SED-Führung der Bevölkerung dieses Sanktionsinstrument aus den Händen gerissen. Mit dem Gesetz über die allgemeine Wehrpflicht vom 24. Januar 1962[255] trat neben den bisher geltenden freiwilligen Dienst die Wehrpflicht als grundlegendes Merkmal zur personellen Aufstockung der Streitkräfte in der DDR.[256] Demzufolge erstreckte sich die Wehrpflicht auf alle Männer vom 18. bis zum vollendeten 50. Lebensjahr; im Verteidigungsfalle verlängerte sich die Altersgrenze bis zum 60. Lebensjahr.[257] Bei Offizieren endete sie generell mit der Vollendung des 60. Lebensjahres. Die Dauer des Grundwehrdienstes betrug zunächst 18 Monate.[258] Bei Reservisten sollte die Gesamtdauer der Heranziehung zu Übungen 21 Monate (bei Offizieren 24 Monate) nicht überschreiten.[259] Ein so genannter Wehrersatzdienst »in den anderen bewaffneten Organen als Ersatz für den aktiven Wehrdienst oder Reservistenwehrdienst« war grundsätzlich vorgesehen, musste jedoch noch vom Nationalen Verteidigungsrat genau festgelegt werden.[260] Ein verfassungsmäßig garantiertes Recht auf Wehrdienstverweigerung wie in der Bundesrepublik gab es jedoch nicht. Auf Drängen der Kirchen entschloss sich die SED-Führung schon bald, einen waffenlosen Dienst in der NVA einzuführen.[261] Der Nationale Verteidigungsrat erließ am 7. September 1964 eine entsprechende Anordnung, die für Wehrpflichtige galt, »die aus religiösen Anschauungen oder aus ähnlichen Gründen« den Dienst mit der Waffe ablehnten.[262] Zu diesem Zweck wurden

Baueinheiten in der NVA aufgestellt, die vor allem beim Aufbau von militärischer und ziviler Infrastruktur sowie zum Katastrophenschutz eingesetzt werden konnten. Die Dienstzeit der so genannten Bausoldaten lag ebenfalls bei 18 Monaten.[263] Eine wichtige und beabsichtigte Folge des Wehrpflichtgesetzes war das rapide Ansteigen der Personalstärke: Während im Dezember 1956 erst 85 650 Soldaten in der NVA dienten (Offiziere, Unteroffiziere und Mannschaften), waren dies 1963 schon 146 956.[264]

Es ist bereits darauf hingewiesen worden, dass der Mauerbau auch in wirtschaftspolitischer Hinsicht eine Aufbruchstimmung unter den Mitgliedern der SED-Führung erzeugt hatte. Die massenhafte Flucht in den Westen Deutschlands konnte erstmals und vollständig unterbunden werden. Damit schienen die Grundlagen für eine langfristige Planung der Erwerbsbevölkerung gelegt zu sein. Die Mauer bot jedoch nicht nur Planungssicherheit für den Arbeitskräftebestand in der DDR, sondern auch für die damit zusammenhängende Ressourcenverteilung. Darunter fielen vor allem die Berufsausbildung und andere berufsqualifizierende Maßnahmen, die in den fünfziger Jahren unter dem Eindruck der nach Westen offenen Grenze nur eine kurze Halbwertszeit besaßen. Die vor dem Mauerbau erarbeiteten halb- und vierteljährlichen Gesamtplanungen mussten nämlich vor dem Hintergrund der nicht zu kalkulierenden Westflucht ständig angepasst werden. Diese Zwangslage entfiel nunmehr für die SED-Führung und die verantwortliche Staatliche Plankommission. Die Arbeitsweise der zuständigen Planungsinstanzen änderte sich jedoch nicht grundlegend. Vielmehr dominierten offensichtlich auch weiterhin Ad-hoc-Maßnahmen die staatliche Politik. Einen Tag nach dem Mauerbau veröffentlichte der DDR-Ministerrat eine Anordnung, welche die Eingliederung von Rückkehrern und Erstzuziehenden sowie von so genannten Grenzgängern in die DDR-Arbeitswelt regeln sollte. Ein Problem stellten vor allem die

Grenzgänger dar, die bis zum 13. August 1961 im Westteil Berlins gearbeitet hatten und im Ostteil ihren Wohnsitz hatten: Sicherheitspolitische Erwägungen veranlassten die SED-Führung dazu, einer reibungslosen und unbürokratischen Integration der genannten Personengruppe eine klare Absage zu erteilen. Zu groß war die Befürchtung, dass auf diese Weise westliche Spione in die DDR gelangen konnten. In der Anordnung wurden etwa die Betriebe in der DDR aufgefordert, über die »Einhaltung der Prinzipien der Kaderarbeit [...] eine genaue Kontrolle auszuüben«.[265] Die Betriebsleiter wurden verpflichtet, »alle Maßnahmen zu treffen, die zur Erhöhung der Wachsamkeit und Sicherheit in den Betrieben notwendig sind«. Der DDR-Ministerrat fasste diese Personengruppe also nicht als willkommene Bereicherung und Vergrößerung des ostdeutschen Arbeitskräftebestandes, sondern primär als innenpolitisches Risiko auf. Ende August legte die Staatliche Plankommission einen Direktivenentwurf vor, der Vorschläge zur beruflichen Eingliederung der ehemaligen Grenzgänger unterbreitete.[266] Der Entwurf beschränkte sich jedoch zunächst einmal auf allgemeine Zielvorgaben und enthielt noch keine konkreten Beschäftigungsmöglichkeiten. Vor allem sollte aus Sicht der Staatlichen Plankommission die Konzentration von Grenzgängern in einzelnen Wirtschaftszweigen sowie die Bildung von Arbeitskräfteüberhängen vermieden werden. Die Zentrale Kommission für Staatliche Kontrolle ermittelte rund 90 000 Grenzgänger: Darunter befanden sich etwa 50 000 im Großraum Berlin, 32 000 in Potsdam und 8000 in Frankfurt/Oder.[267] Bis zum 26. August 1961 waren 40 827 registriert; 27 181 konnten bereits in Arbeit vermittelt werden. Obwohl noch nicht einmal die Hälfte der prognostizierten Gesamtzahl beruflich eingegliedert wurde, sah das Präsidium des Ministerrates keinen akuten Handlungsbedarf. Eine Initiative des Komitees für Arbeit und Löhne mit speziellen arbeitsrechtlichen Bestimmungen wurde zurückgewiesen.[268] Die

DDR-Regierung ging offensichtlich davon aus, dass sich die berufliche Eingliederung der Grenzgänger quasi automatisch vollziehen würde.

6. Reformen in der DDR? (1963–1965)

Nachdem die wirtschaftspolitischen Ziele des V. Parteitages nicht verwirklicht worden waren und der ambitionierte Siebenjahrplan aufgegeben werden musste, suchte die SED ihr Heil wieder in der ideologischen Offensive. Der VI. Parteitag, der vom 15. bis 21. Januar 1963 in Ost-Berlin stattfand, sollte einen Mobilisierungs- und Motivationsschub für die Funktionäre und Mitglieder der Hegemonialpartei bringen. Neuerungen waren auf personeller und programmatischer Ebene vorgesehen. So wurden beispielsweise ein neues Statut und ein neues Parteiprogramm beschlossen.[269] Am Parteitag nahm als Gast sogar der Erste Sekretär der KPdSU und Vorsitzende des Ministerrates, Nikita S. Chruschtschow, teil, der eine ausführliche Begrüßungsansprache hielt. Die gewohnte Eintracht mit den »befreundeten« kommunistischen Parteien, die fast alle mit einer Delegation vertreten waren und ebenfalls das Recht eingeräumt bekamen, kurze Reden vorzutragen, wurde indes abrupt unterbrochen, als der Vertreter des ZK der Kommunistischen Partei Chinas, Wu Sjiutjüan sprach. Dieser kritisierte nämlich den »jugoslawischen Weg, der in den Kapitalismus ausartet«, und rief dadurch Erregung und Entrüstung unter den Delegierten hervor, wie das Parteitagsprotokoll vermerkte. Die Kritik an Josip (Broz) Tito und der Kommunistischen Partei Jugoslawiens wurde vom Tagungsvorsitzenden Paul Verner umgehend zurückgewiesen: »Das jugoslawische Volk baut den Sozialismus auf und kämpft für den Frieden. Deshalb ist der Parteitag der [SED] nicht der Platz für unqualifizierte und provokatorische Angriffe gegen ein Volk und eine Partei, die für den Sozialismus und den Frieden kämpfen.«[270] Der Streit entzündete sich aber auch an der Entwicklung

Albaniens, dessen politische Führung im Oktober 1961 auf dem XXII. Parteitag der KPdSU in Moskau heftig angegriffen, von Peking dagegen verteidigt worden war. Chruschtschow hatte auf diesem Parteitag auch eine neue Phase der Entstalinisierung eingeläutet,[271] welche die SED-Führung und Ulbricht völlig unvorbereitet traf. Die Auseinandersetzung zwischen der KPdSU und der KP Chinas, die Züge eines Stellvertreterkonfliktes zwischen den beiden größten kommunistischen Parteien beziehungsweise deren Parteileitungen zeigten, offenbarten unterschiedliche Ziele und Interessen im kommunistischen Weltlager.[272] Die SED, die Ende der vierziger Jahre den jugoslawischen Sonderweg heftig bekämpft und damit der Linie Moskaus entsprochen hatte, vollzog in der zweiten Hälfte der fünfziger Jahre eine Kehrtwende, nachdem es 1955 zu einem Ausgleich zwischen Moskau und Belgrad gekommen war. Zwei Jahre später kam es dann zur Aufnahme diplomatischer Beziehungen zwischen der DDR und Jugoslawien. Ulbricht und die SED-Führung suchten damit offenbar eine inhaltliche Annäherung an Moskau, die auf dem VI. Parteitag vor den Augen Chruschtschows nochmals unterstrichen wurde.

Der VI. Parteitag hatte personelle Folgen: Er brachte einen partiellen Wechsel in den Führungsgremien der SED. Von einem Generationenwechsel kann dabei sicherlich nicht gesprochen werden; dennoch rückten nunmehr jüngere Funktionäre in die Parteispitze auf, die über die Ära Ulbricht hinaus prägend für die weitere Entwicklung der DDR werden sollten. Prominentestes Beispiel hierfür ist Günter Mittag, der zum Kandidaten des Politbüros ernannt wurde. Neben Mittag stiegen noch Erich Apel und Werner Jarowinsky zu Kandidaten des Politbüros auf.[273] Alle drei waren akademisch ausgebildet; Apel, Jarowinsky und Mittag waren sogar 1960, 1956 beziehungsweise 1958 in den Wirtschaftswissenschaften promoviert worden. Zum Zeitpunkt des VI. Parteitages waren Apel, Jarowinsky und Mittag 45, 35 beziehungsweise 36 Jahre alt und zählten damit zur jungen Nachwuchsriege der

SED. Auch bei den Politbüromitgliedern gab es ein Stühlerücken: Edith Baumann, Luise Ermisch, Alfred Kurella, Karl Mewis und Alois Pisnik, die jedoch alle nur den Status eines Kandidaten des Politbüros hatten, wurden nicht wiedergewählt. Das ZK bestätigte als Mitglieder des Politbüros Friedrich Ebert, Otto Grotewohl, Erich Honecker, Bruno Leuschner, Hermann Matern, Erich Mückenberger, Alfred Neumann, Albert Norden, Willi Stoph, Walter Ulbricht und Herbert Warnke. Neu gewählt wurden Paul Fröhlich, der zukünftige Chefideologe Kurt Hager und Paul Verner. Auch innerhalb des Zentralkomitees gab es insgesamt 75 neue Gesichter (Kandidaten und Mitglieder). Nach 1953 und 1958 bedeutete 1963 einen weiteren, tieferen Einschnitt in die Personalstruktur der SED-Führung. Ulbricht nutzte offensichtlich den Parteitag dazu, die SED-Führung etwas zu verjüngen und parteikonforme Wirtschaftsfachleute um sich zu scharen.

Entscheidende Bedeutung kam dem Parteitag jedoch in wirtschaftspolitischer Hinsicht zu. Ulbricht stellte nämlich den Delegierten ein entsprechendes Reformvorhaben in Aussicht. Die seit Ende der fünfziger Jahre gefallenen Wachstumsraten waren mit ein Auslöser dafür gewesen, dass Ulbricht im Sommer 1962 Wirtschaftsexperten der Partei um Erich Apel und Günter Mittag damit beauftragt hatte, neue Modelle der Wirtschaftslenkung zu entwickeln.[274] Die ein halbes Jahr später erfolgte Berufung von Apel und Mittag zu Kandidaten des Politbüros bestätigte deren wachsende politische Bedeutung für das Herrschaftssystem Ulbrichts. Das vom Präsidium des Ministerrates im Juni 1963 verkündete »Neue Ökonomische System der Planung und Leitung« (NÖSPL) wurde unter der Leitung Apels und Mittags konzeptionell erarbeitet.[275] Auf die schwierige Wirtschaftslage der DDR als Handlungsrahmen für die Wirtschaftsplaner muss nochmals hingewiesen werden. Das Wirtschaftsreformvorhaben war gewissermaßen aus der Not heraus entstanden. Wie dramatisch die tatsächliche Lage der DDR zu diesem Zeitpunkt war, zeigen Statistiken der Staatlichen Plankommission, die einen

Rückgang der Wachstumsraten der industriellen Bruttoproduktion von 13,1 (1959) auf 4,3 Prozent (1963) feststellten.[276] Die Wachstumsrate der Arbeitsproduktivität war im selben Zeitraum von 9,6 auf 4,8 Prozent gesunken. Noch dramatischer erscheinen die Prozentangaben bei der Entwicklung der Investitionsquote: Sie reduzierte sich von 15,3 (1959), auf 1,4 Prozent (1961) und konnte bis 1963 nur geringfügig erhöht werden (2,5 Prozent). Um die DDR-Wirtschaft wieder anzukurbeln, bedurfte es aus Sicht der Wirtschaftsplaner und der SED-Führung einer deutlichen Steigerung der Investitionsrate. Nach Angaben Ulbrichts sollte »das System der Planung und Leitung so verbesser[t] [werden], dass den Triebkräften der ökonomischen Entwicklung freie Bahn geschaffen wird und zugleich die Hauptproportionen in ihrer dynamischen Bewegung wissenschaftlich präzise festgelegt werden und ihre Realisierung kontrolliert wird«.[277] Ein kennzeichnendes Element der Reformbestrebungen war also eine zunehmende Verwissenschaftlichung (»Wissenschaftlich-technische Revolution«), die eben auch ihren Ausdruck in der wachsenden Bedeutung der SED-Wirtschaftsexperten fand. Ulbricht favorisierte dabei unter anderem auch kybernetische Entwicklungsmodelle, die Eingang in die Wirtschaftsplanung finden sollten. Völlig unbestritten war jedoch von Anfang an die Führungsmacht der SED, deren hegemoniale Position im politischen und wirtschaftlichen System der DDR nicht zur Disposition stand.

Ein zentrales Element des »Neuen Ökonomischen Systems der Planung und Leitung« war die Stärkung der Befugnisse der Vereinigungen der Volkseigenen Betriebe (VVB) sowie der ihnen unterstellten volkseigenen Betriebe. Ulbricht erläuterte auf seiner Parteitagsrede, dass sich die VVB »vom Verwaltungsorgan zu einem ökonomischen Führungszentrum der angegliederten Betriebe« zu entwickeln hätten.[278] Deren Aufgabe sei es, »als eine Art sozialistischer Konzern zu wirken, der auf der Grundlage der gesamtstaatlichen Aufgaben die höchste Wirtschaftlichkeit in seinem Bereich zu organisieren hat, wobei er die Betriebe zur höchsten ökonomischen und technischen Leistung führt«. Die Neuheit bei den wirtschaftspolitischen Überlegungen bestand nunmehr darin, dass den Betrieben zumindest in diesem Stadium der konzeptionellen Planung relativ große Handlungsspielräume eingeräumt wurden. Auch dazu machte Ulbricht unmissverständliche Aussagen: »Der Leiter der VVB setzt den Betrieben die Ziele und knüpft die Fäden ihrer gemeinsamen Arbeit, welche im Übrigen voll verantwortlich vom jeweiligen Werkdirektor zu organisieren und zu leiten ist.« Und weiter: »Die VVB gibt den Betrieben natürlich Anleitung und entwickelt die technische Politik, aber sie mischt sich im Interesse einer hohen Wirtschaftlichkeit nicht in die Einzelheiten der Leitung des Betriebes ein.«[279] Letztlich sollten die bereits bestehenden VVB nach den Vorstellungen Ulbrichts und der SED-Wirtschaftsexperten zu einem Scharniergelenk zwischen staatlicher Verwaltung (Staatliche Plankommission) und Betrieben weiter ausgebaut werden. Die Leiter der VVB sollten daher auch »dem Staat gegenüber voll verantwortlich gemacht werden für die konkrete Vorbereitung, Planung und Realisierung all jener Wirtschaftsprozesse ihres Bereiches«.[280] Den VVB seien – so Ulbricht weiter – wichtige Funktionen zu übertragen: Diese sollten nämlich verantwortlich sein »für die Organisierung ihrer materiell-technischen Versorgung und eine Mitverantwortung für den Absatz ihrer Erzeugnisse übernehmen«. Das bis dahin geltende Prämiensystem sollte durch »ein neues, ein anderes Prämiensystem« ersetzt werden. Ulbricht blieb bei diesen Angaben ziemlich vage. Dennoch sprach er sich deutlich dafür aus, ein Anreizsystem für die Leiter der VVB einzuführen, das erfolgsabhängig Zusatzprämien verteilen sollte. Diese materiellen Anreize – Ulbricht sprach in dem Zusammenhang des Öfteren von der materiellen Interessiertheit – galten grundsätzlich für alle Beschäftigten. Ulbricht erteilte der bisherigen Wirtschaftspolitik eine Absage, die sich vorrangig am quantitativen Wachstum orientierte: »Es genügt nicht mehr, einfach von der ›Steigerung der Produktion‹ oder der ›Erfüllung der Pläne‹ zu sprechen, sondern es ist notwendig, die qualitativen Kennziffern zugrunde zu legen: neben der Eigenleistung des Betriebes und der Einhaltung des Sortiments vor allem die Rentabilität, die Qualität, die Steigerung der Arbeitsproduktivität und die Senkung der Selbstkosten sowie die Erfüllung der Aufgaben des Planes Neue Technik.«[281] Die leistungsbezogene Prämienzahlung für Betriebsleiter und Beschäftigte wurde auch in anderen osteuropäischen Staaten diskutiert und war somit keine genuine Erfindung der DDR. So hatte der sowjetische Wirtschaftswissenschaftler Evsej G. Liberman entsprechende Vorstellungen 1962 in der Pravda präsentiert und diente damit den DDR-Wirtschaftsexperten gewissermaßen als Kronzeuge; seine Beiträge wurden unter anderem in ostdeutschen Fachzeitschriften publiziert.[282]

Das neue Wirtschaftskonzept beinhaltete zum Ersten eine Verteilung von Zuständigkeiten auf unterschiedliche Ebenen – von der SED-Führung, über die Wirtschaftsverwaltung und vor allem die Staatliche Plankommission, über die VVB bis hin zu den Volkseigenen Betrieben. Gerade die beiden zuletzt genannten Ebenen sollten mehr Kompetenzen erhalten. Eine Dekonzentration der Leitungskompetenz wäre also die Folge gewesen.[283] Es blieb abzuwarten, inwieweit die Hegemonialpartei und ihre Führung bereit waren, wirtschaftspolitische Entscheidungsbefugnisse an untere Organisationseinheiten abzutreten. Zum Zweiten hatten die Ausführungen Ulbrichts aber auch deutlich werden lassen, dass an einen Systemwechsel in der Wirtschaftspolitik nicht zu denken war. Es blieb nach wie vor bei der Zentralverwaltungs- beziehungsweise Planwirtschaft. Eine Übertragung von Autonomierechten an die Wirtschaftsteilnehmer in Richtung westliches, marktwirtschaftliches System blieb ausgeschlossen. Stattdessen sollten – und das war das dritte wichtige Zwischenergebnis – marktähnliche Mechanismen (»ökonomische Hebel«) eingeführt werden. Die Wirtschaftsfunktionäre, die

Leiter der VVB und die Betriebsleiter sollten sich stärker auf die Bedürfnisse ihrer Kunden und Konsumenten einstellen und vor allem kostengünstig produzieren. Die Hereinnahme von Marktinstrumenten in das planwirtschaftliche System war allerdings nicht neu, sondern wurde bereits seit Bestehen der DDR praktiziert. Diese eingeschränkte Liberalisierung der Wirtschaftspolitik wurde häufig in ökonomischen Krisensituationen durchgeführt. Auch hierbei konnte die SED-Führung auf Vorbilder in der Sowjetunion verweisen, vor allem die Neue Ökonomische Politik (NEP) zwischen 1921 und 1928.[284] Von entscheidender Bedeutung war, dass die Grundelemente der Planwirtschaft (zentrale Wirtschaftslenkung, gewaltsame Neuordnung der Eigentumsverhältnisse) nicht in Frage gestellt wurden. Das von Ulbricht entworfene Konzept musste in der Folgezeit noch weiter ausgearbeitet werden. Zur Einführung einer kostengünstigen Produktion war außerdem eine Preisreform unumgänglich. Als Vorläufer und Vorbild sollte zunächst eine Industriepreisreform realisiert werden. An ihr sollte sich die Ernsthaftigkeit der SED-Reformvorstellungen erweisen.

Unter Mitwirkung des Finanzministeriums feilte der ZK-Apparat die Konzeption für die Wirtschaftsreform nach dem VI. Parteitag weiter aus. Dabei wurde für die Ausarbeitung und Präzisierung des von Ulbricht angesprochenen Anreizsystems offenbar sehr viel Zeit investiert.[285] Anfang Juni 1963 verabschiedete das SED-Politbüro eine entsprechende Beschlussvorlage; Ende des Monats wurde das Programm auf einer Wirtschaftskonferenz vorgestellt, die von der SED-Führung und der DDR-Regierung gemeinsam veranstaltet wurde und an der das Leitungspersonal der VVB und Betriebe, Mitarbeiter der Wirtschaftsverwaltung, Parteifunktionäre und Wissenschaftler teilnahmen.[286] Der DDR-Ministerrat erließ schließlich am 11. Juli eine »Richtlinie für das neue ökonomische System der Planung und Leitung der Volkswirtschaft«.[287] An diesem zeitlichen Ablauf wurde im Übrigen erneut die zentrale Position der SED deutlich: Die staatliche Führung befasste sich erst mit der Angelegenheit, nachdem die SED-Führung ihre Beschlüsse bereits getroffen hatte. Die veröffentlichte Richtlinie unterschied sich in einigen nicht unwesentlichen Punkten von der ursprünglichen Konzeption. So wurde das Verhältnis von direkter Wirtschaftslenkung und marktähnlichen Instrumenten zu Lasten Letzterer umgekehrt. Instrumenten direkter wirtschaftlicher Steuerung wurde wieder ein größerer Stellenwert beigemessen als dem frisch erstellten Anreizsystem.[288] Die Richtlinie verwies gleich zu Anfang auf den VI. Parteitag und die Parteitagsrede Ulbrichts, um dann die wesentlichen Bestandteile des Reformprojektes vorzustellen. Eines der wichtigsten Ziele bestand demzufolge darin, »den wissenschaftlich-technischen Höchststand bei den Erzeugnissen und in der Fertigung zu erreichen«. Außerdem sollte die Arbeitsproduktivität »auf der Grundlage der Rationalisierung, Spezialisierung, Konzentrierung und Kombinierung der Produktion ständig« gesteigert werden.[289]

Die SED-Führung ließ sich die Fäden nicht aus der Hand nehmen und beanspruchte nach wie vor die obersten Entscheidungsbefugnisse. Dies bekam auch der Vorsitzende der Staatlichen Plankommission, Erich Apel, zu spüren, der zu den wichtigsten Initiatoren des NÖSPL zählte. Im Laufe des Jahres 1965 sank sein Stern; innerhalb des Politbüros wurde er zunehmend isoliert. Seine zuweilen unkonventionellen Denk- und Lösungsansätze waren offenbar nicht mehr gefragt. Dies führte zu Kontroversen mit Günter Mittag und Walter Ulbricht. Bei Verhandlungen über ein langfristiges Handelsabkommen mit der Sowjetunion wurde er sukzessive an den Rand gedrängt und verfügte bei den abschließenden Gesprächen in Moskau über keinerlei Mitwirkungsmöglichkeiten mehr.[290] Inwieweit sein Selbstmord am 3. Dezember 1965 mit dieser Gesamtentwicklung zusammenhing oder ob private Motive dahinter standen, muss offen bleiben. Fest steht, dass die SED-Führung unmittelbar danach eine zweite Phase des NÖSPL einleitete, die in ihrer Zielrichtung deutlich abgeschwächt war im Vergleich zum Beginn des Reformprojektes. Bestehende Institutionen wurden aufgelöst und neue geschaffen: Von der Auflösung war der im Juli 1961 gegründete Volkswirtschaftsrat betroffen. Stattdessen folgte das Politbüro um Walter Ulbricht der sowjetischen Wirtschaftsreorganisation und veranlasste die Bildung von acht Industrieministerien.[291] Diese waren 1958 aufgelöst worden. Die Staatliche Plankommission erhielt weitere Aufgaben und Kompetenzen. So sollte sie die Koordinierung der Perspektiv- und Jahresplanung zwischen den Industrieministerien übernehmen. Zu den wesentlichen Veränderungen der zweiten Phase des NÖSPL, die offiziell als »Ökonomisches System des Sozialismus« (ÖSS) bezeichnet wurde, gehörte auch die stärkere Beteiligung der Betriebe, VVB und Ministerien an der Erarbeitung der Planvorstellungen der Staatlichen Plankommission.[292]

Die bereits erwähnte Verwissenschaftlichung, die im Zuge der Ausarbeitung der Reformpläne früh einsetzte, ist ebenfalls ein Charakteristikum der sechziger Jahre. Wirtschafts- und sozialwissenschaftliche Forschungsinstitute schossen wie Pilze aus dem Boden und sollten der Politikberatung dienen. Aufgabenbereiche, Zuständigkeiten und Dienstaufsicht waren oftmals nicht eindeutig geklärt, so dass von einer langfristig geplanten und koordinierten wissenschaftlichen Beratung keine Rede sein konnte. Vielmehr handelte es sich um einen kaum zu überblickenden Institutsdschungel. Auch in der Bundesrepublik erlebte die wissenschaftliche Politikberatung in der gleichen Zeit einen großen Aufschwung. Insofern gab es durchaus Parallelen zwischen beiden deutschen Staaten. Deutliche Unterschiede bestanden jedoch in der Reichweite der inhaltlichen Arbeit dieser Institute. Für die DDR ist – trotz zahlreicher Forschungsdesiderata auch auf diesem Gebiet – zu konstatieren, dass manche Institute nur wenige Monate beziehungsweise Jahre existierten. Darüber hinaus hat die Forschungstätigkeit kaum Niederschlag in der konzeptionellen Planung der politischen Führungsebene gefunden, von wenigen Ausnahmen abgesehen (zum Beispiel das Ökonomische Forschungsinstitut der SPK).[293] Außerdem fand die wissenschaftliche Debatte weitgehend im Verborgenen und unter Ausschluss einer größeren Öffentlichkeit statt.

Ein wesentlicher Bestandteil des Wirtschaftsreformvorhabens war, wie bereits erwähnt, die Industriepreisreform. Wenn die Betriebe dazu angehalten werden sollten, kostendeckend und gewinnbringend zu arbeiten, so kam der Gestaltung des Preissystems eine zentrale Rolle zu. Die sowjetische Besatzungsmacht hatte bereits kurz nach Kriegsende die staatliche Preisfestsetzung angeordnet. Während in den Westzonen im Zuge der Währungsreform 1948 dieser Preisstopp aufgegeben und langsam abgebaut wurde, kam es in der SBZ/DDR zu keinen entsprechenden Veränderungen. Im Gegenteil: Das Preissystem differenzierte sich im Laufe der Zeit immer stärker aus, wobei die daran beteiligten Stellen ständig vor dem Problem standen, Kriterien für die Preisfestsetzung zu bestimmen. Da Preise in der Zentralverwaltungswirtschaft nicht wie in der Marktwirtschaft die Knappheit von Gütern anzeigten, sah sich die SED-Führung immer wieder veranlasst, Einzelpreise neu festzulegen. Ob dies in den sechziger Jahren grundsätzlich geändert werden sollte, scheint fraglich zu sein. Marktähnliche Mechanismen und Instrumentarien sollten zwar gestärkt werden. Der Übergang zur Marktwirtschaft und die Aufwertung der Preise als Mittel zum Ausgleich von Angebot und Nachfrage war allem Anschein nach aber nicht vorgesehen. Stattdessen orientierten sich die Wirtschaftsplaner weiter an der Marx'schen Wertlehre und versuchten diese zu optimieren. So sollten die bei der Produktion anfallenden Kosten ermittelt und bei der Preisbildung jedes einzelnen Produktes mit berücksichtigt werden.[294] Die eingeleitete Industriepreisreform führte nicht zu den von der SED-Führung und der Staatlichen Plankommission erhofften Resultaten. Steuerungsprobleme tauchten auf, und die gewachsene Eigenständigkeit der VVB sowie der Betriebe machte sich aus Sicht der Wirtschaftsreformer negativ bemerkbar. Das durchschnittliche Preisniveau der industriellen Güter stieg 1964 im Vergleich zum Vorjahr um 8,3 Prozent an.[295] Deutliche Unterschiede gab es hier bei den Steigerungsraten beispielsweise innerhalb der Grundstoffindustrie: Im Bereich Energie stiegen die Preise um 51,3 Prozent, im Bergbau sogar um 79,8 Prozent und in der Metallurgie um 79,5 Prozent. Geringe Preiserhöhungen lagen dagegen in der chemischen Industrie (4,9 Prozent) und in der Baumaterialienindustrie (4,2 Prozent) vor. Außerdem musste die angestrebte Beseitigung der Subventionen fallen gelassen werden.[296] Eine tief greifende Reduzierung der staatlichen Stützungszahlen oder gar deren ersatzlose Streichung ließ sich nicht verwirklichen. Vielmehr setzte sich die gegenläufige Entwicklung fort, das heißt, die Subventionen stiegen weiter stetig an. Zusammenfassend kann festgestellt werden, dass es der SED-Führung nicht gelang, ein in sich geschlossenes und aufeinander abgestimmtes Preissystem für die Industrie aufzubauen.[297] Die der Zentralverwaltungswirtschaft quasi angeborene Innovationsschwäche konnte durch das NÖSPL auch nicht beseitigt werden. Die »ökonomischen Hebel« reichten nicht aus, um Eigeninitiative und ökonomische Risikobereitschaft zu fördern. Bei all diesen Defiziten darf nicht vergessen werden, dass die SED argwöhnisch beobachtete, inwieweit ihre hegemoniale Position im politischen und wirtschaftlichen System der DDR durch das NÖSPL gefährdet wurde. Letztlich ließ Ulbricht das Reformvorhaben Ende der sechziger Jahre ergebnislos im Sande verlaufen. Die Angst, politische Macht einzubüßen oder gänzlich zu verlieren, war größer als die Sorge um die wirtschaftliche Leistungsfähigkeit der DDR-Planwirtschaft.

Auch in der Jugendpolitik schien die SED Reformansätze zu verfolgen. Die zuweilen öffentliche Sanktionierung abweichenden Verhaltens von Jugendlichen, die unmittelbar nach dem Mauerbau deutlich zu beobachten war, wurde aufgegeben. In seinem Kommuniqué »Der Jugend Vertrauen und Verantwortung« vom 17. September 1963 erklärte das Politbüro: »Es geht nicht länger an, ›unbequeme‹ Fragen von Jugendlichen als lästig oder gar als Provokation abzutun, da durch solche Praktiken Jugendliche auf den Weg der Heuchelei abgedrängt werden.«[298] Die DDR-Gesellschaft brauche vielmehr »den selbständigen und selbstbewussten Staatsbürger«. Dieser müsse aber einen »gefestigten Charakter« und ein »sozialistisches Weltbild« besitzen. Das Endziel stand also fest, und die kritische Auseinandersetzung war keineswegs völlig offen. Gleichwohl unterstrich das Politbüro, dass die Erziehung der Jugendlichen behutsam zu erfolgen habe. So sollten die Schüler als zukünftige Staatsbürger geachtet und ihre Probleme ernst genommen werden. Das SED-Jugendkommuniqué sollte vor allem mobilisierend wirken. Daher gab sich die Parteiführung moderat und versuchte Verständnis für die Jugendlichen zu zeigen. Diese sollten zur engagierten Mitarbeit in der Arbeitswelt, aber auch innerhalb der Gesellschaft gewonnen werden. Eltern, Erzieher, Meister, Klubhausleiter, FDJ-, Gewerkschafts- und Sportfunktionäre wurden aufgefordert, Jugendlichen zu helfen, »ihre Freizeit sinnvoll im eigenen und im Interesse der Gesellschaft zu nutzen«. Darin zeigte sich das generelle Unbehagen und Unverständnis der SED-Führung mit Jugendlichen, die sich nicht konform verhielten. Sowohl beim Umgang mit Mitgliedern der Jungen Gemeinde Anfang der fünfziger Jahre als auch mit dem sich Jahre später in der DDR herausbildenden Phänomen der «Halbstarken« war dies mehr als deutlich geworden. Im Verlauf der sechziger, aber auch der siebziger Jahre ließ die Hegemonialpartei kaum Gelassenheit, geschweige denn Verständnis gegenüber der Beat-Bewegung in der DDR erkennen. Hinter all diesen sozialen Bewegungen vermutete die SED stets den kapitalistischen Klassenfeind, der auf diese getarnte Weise in den Arbeiter- und Bauernstaat eindringen wolle. Insofern war die Kompromissformel des Politbüros, die Jugendlichen sollten nicht gegängelt, ihre Entwicklung aber auch nicht dem Selbstlauf überlassen werden, wenig glaubwürdig.[299] Teile des Jugendkommuniqués fanden sich knapp acht Monate später im Jugendgesetz der DDR wieder.[300] Eine ideologische Festigung der Jugend erhoffte sich die SED-Führung mit dem »Gesetz über das einheitliche sozialistische Bildungssystem« vom 25. Februar 1965, das die Einheit von Bildung und Erziehung proklamierte und als Bildungsziel die »sozialistische Persönlichkeit« festschrieb.[301] Das DDR-Schulsystem mit seiner polytechnischen Ausrichtung sollte damit für die wirtschafts- und gesellschaftspolitischen Ziele der SED optimiert werden. Inwieweit es in den ersten Jahren nach dem Mauerbau gelang, mehr Mitglieder für die staatliche Jugendorganisation zu gewinnen, kann nicht eindeutig geklärt werden. Vieles spricht dafür, dass die Mitgliederzahlen der FDJ zunächst stagnierten und erst Ende der sechziger Jahre anstiegen. Das überlieferte Datenmaterial der FDJ lässt auf jeden Fall dezidierte Aussagen über den Organisationsgrad, das heißt den Anteil der FDJ-Mitglieder an der Gesamtgruppe der Jugendlichen, nicht zu.[302] Eine andere Schwierigkeit besteht darin, dass aus einer steigenden Mitgliederzahl nicht ohne weiteres auf eine gestiegene Akzeptanz der DDR unter der heranwachsenden Generation geschlossen werden kann.

Wenige Monate nach Veröffentlichung des Jugendgesetzes im Gesetzblatt der DDR, und damit noch mitten in der Phase der oben skizzierten Reformvorhaben, traf bei der SED-Führung eine vollkommen unerwartete Nachricht aus Moskau ein: Chruschtschow war am 13. Oktober 1964 all seiner Ämter enthoben worden.[303] Nachfolger als Parteichef wurde Leonid I. Breschnew. Der Machtwechsel im Kreml, der nicht mit vergleichbaren Unwägbarkeiten und Turbulenzen wie nach Stalins Tod verbunden war, traf vor allem Ulbricht unvorbereitet, hatte er doch in den Jahren zuvor ein besonders enges Verhältnis zum sowjetischen Staats- und Parteichef gesucht. Am 12. Juni 1964 war noch ein Vertrag über Freundschaft, gegenseitigen Beistand und Zusammenarbeit zwischen beiden Ländern abgeschlossen worden.[304] Nach anfänglichen Schwierigkeiten gelang es aber Ulbricht und der SED-Führung, sich auf die neue Führungsmannschaft um Breschnew einzustellen. Dieser besuchte bereits im November 1965 die DDR, als die SED schon längst auf seine politische Linie eingeschwenkt war.

7. Vom »Kahlschlagplenum« bis zur Ablösung Ulbrichts (1965–1971)

Das ZK der SED beschloss auf seiner 11. Tagung vom 15. bis 18. Dezember 1965 nicht nur die bereits beschriebene zweite Etappe des NÖSPL, sondern läutete auch eine Wende in der bis dahin als relativ liberal geltenden Kulturpolitik ein. Diese ZK-Sitzung ging wegen der Schärfe der vorgetragenen Kritik an Intellektuellen, Schriftstellern und Kulturschaffenden als »Kahlschlagplenum« in die Geschichtsbücher ein. Im Mittelpunkt der Parteischelte standen vor allem der Liedermacher Wolf Biermann, der Schriftsteller Stefan Heym und der Naturwissenschaftler und Philosoph Robert Havemann. Havemann war bereits 1964 aus der SED ausgeschlossen und von der Humboldt-Universität Berlin verbannt worden, an der er bis dahin gelehrt hatte. Als verbaler Scharfrichter profilierte sich der im Politbüro für Sicherheitsfragen zuständige Erich Honecker, der vor den ZK-Mitgliedern zu einem Rundumschlag ausholte. Es sei an der Zeit, so Honecker, »der Verbreitung fremder und schädlicher Thesen und unkünstlerischer Machwerke, die zugleich auch stark pornographische Züge aufweisen, entgegenzutreten«.[305] Er rief den Deutschen Schriftstellerverband und den Deutschen Kulturbund dazu auf, sich mit diesen »Machwerken« auseinander zu setzen. Die SED-Führung beanspruchte nicht nur die politische, wirtschafts- und kulturpolitische Meinungsführerschaft, sondern entwarf – nicht das erste Mal – auch moralische Grundsätze für die Bevölkerung: »Unsere DDR ist ein sauberer Staat. In ihr gibt es unverrückbare Maßstäbe der Ethik und Moral, für Anstand und gute Sitte.« Diese Moralvorstellungen setzten sich vor allem von der westlichen, als unmoralisch abqualifizierten Gegenwelt ab, die stark überzeichnet und einseitig dargestellt wurde. Honecker verwies dabei ausdrücklich auf »Erscheinungen des Rowdytums« sowie allgemein auf Radiosendungen, Fernsehfilme und Theaterstücke. Dort werde der »amerikanischen Unmoral und Dekadenz« nicht offen genug entgegengetreten. Namentlich nannte er den Jugendsender DT 64, den DEFA-Film »Das Kaninchen bin ich« sowie ein Manuskript des Bühnenwerkes »Der Bau« von Heiner Müller, das in der Zeitschrift »Sinn und Form« veröffentlicht worden war. Kopfzerbrechen bereitete der SED-Führung offenbar auch, dass einzelne Autoren Anerkennung im Westen gefunden hatten. Aus Sicht der herrschenden Partei der Arbeiterklasse verrieten diese »Kulturschaffenden« ihre sozialistische Grundüberzeugung und machten sich zu Erfüllungsgehilfen des kapitalistischen westlichen Systems. Honecker versuchte dies am Beispiel Biermanns und Heyms deutlich zu machen: »Biermann wird systematisch vom Gegner zum Bannerträger einer so genannten literarischen Opposition der DDR, zur Stimme der ›rebellischen Jugend‹ gemacht. Davon zeugen Sendungen westdeutscher Rundfunkstationen, Berichte in der westdeutschen Presse und Rezensionen zu seinem in Westberlin erschienenen Gedichtband.« Honecker hielt dem 1953 in die DDR übergesiedelten Biermann vor, er würde die ihm zuteil gewordene »wohlwollende Unterstützung und Förderung« missbrauchen und sogar seinen von den Nationalsozialisten ermordeten Vater verraten. Stefan Heym, der 1933 aus Deutschland emigrieren musste, im Zweiten Weltkrieg in der US-Armee gegen das nationalsozialistische Regime gekämpft hatte und 1952 in die DDR gekommen war, wurde ebenfalls mit harscher Kritik bedacht. Konflikte mit der SED gab es bereits, als sein Roman über den 17. Juni in der DDR nicht erscheinen durfte. Honecker warf ihm nunmehr vor: »Er gibt vor, nur der Wahrheit das Wort zu reden, womit er aber die westlich orientierte ›Wahrheit‹ meint. Die ›Wahrheit‹, die er verkündet, ist die Behauptung, dass nicht die Arbeiterklasse, sondern nur die

Schriftsteller und Wissenschaftler zur Führung der neuen Gesellschaft berufen seien.« Darin bestand nach Ansicht der SED-Führung ein grundlegender Verstoß gegen das Selbstverständnis der Partei, den sie nicht mehr dulden wollte.

Während sich das innenpolitische Klima zusehends verschärfte, gab sich die SED nach außen vergleichsweise offen, da auf diesem Gebiet großer Nachholbedarf bestand. Der Versuch, die DDR außenpolitisch salonfähig zu machen, war bis dahin an der Hallstein-Doktrin der Bundesregierung weitgehend gescheitert, die mit diesem Instrument ihren Alleinvertretungsanspruch im Ausland gegen die DDR durchsetzen konnte. Bis auf die Mitgliedstaaten des Warschauer Paktes und andere befreundete Staaten des sozialistischen Lagers (Jugoslawien 1957 und Kuba 1963) konnte die DDR kaum diplomatische Erfolge vorweisen. Die Anerkennung in der westlichen Welt, aber auch in Ländern Asiens, Afrikas und Südamerikas wurde ihr verwehrt. Dies sollte sich erst ab Anfang der siebziger Jahre mit dem Grundlagenvertrag allmählich ändern. Außenpolitische Verbindungen unterhalb der Botschaftsebene, das heißt Generalkonsulate und offizielle Handelsvertretungen, bestanden zwar in größerer Anzahl in der arabischen Welt, in Afrika sowie in Teilen Asiens (zum Beispiel Indien), der diplomatische Durchbruch auf der internationalen Bühne blieb Ulbricht dagegen versagt. Die DDR konnte 1969, noch vor dem Regierungswechsel in Bonn, diplomatische Beziehungen lediglich mit Irak, Kambodscha, Sudan, Südjemen und Ägypten aufnehmen. In den deutsch-deutschen Beziehungen schien sich dagegen nun eine gewisse Liberalisierung anzubahnen.

Der Mauerbau hatte zunächst einen absoluten Nullpunkt bedeutet, hatte er doch die familiären Beziehungen zwischen Ost und West jäh gekappt. Verwandtschafts- und Bekanntschaftsbesuche von Westdeutschen im Ostteil Berlins waren für unabsehbare Zeit unmöglich geworden. Dies änderte sich etwas mit dem Passierscheinabkommen Ende 1963, das etwa 1,2 Millionen Westberlinern erstmals wieder die Möglichkeit gab, ihre Verwandten in Ost-Berlin über Weihnachten zu besuchen. Ein Jahr später konnten DDR-Rentner zum ersten Mal zu ihren Angehörigen in den Westen reisen.[306] Die SED, die schon in den fünfziger Jahren vorgegeben hatte, für die Einheit Deutschlands zu kämpfen, versuchte kurzfristig neue deutschlandpolitische Kontakte aufzubauen. Anfang Februar 1966 richtete Ulbricht einen »Offenen Brief« an die SPD und schlug darin vor, gesamtdeutsche Beratungen zwischen beiden Parteien zu führen. Ende März traf bei der SPD ein zweiter »Offener Brief« ein, der den Vorschlag eines Redneraustausches aufgriff.[307] Dazu kam es jedoch nicht. Die SED sagte weitere Gespräche ab, weil ihr deutlich geworden war, dass sie die SPD nicht in ihrem Sinne würde beeinflussen können. Mit der Bildung der Großen Koalition Anfang Dezember 1966 und dem Regierungseintritt der Sozialdemokraten änderte die SED ihre Politik gegenüber der SPD, die nunmehr wieder heftig kritisiert wurde. Die von Bundeskanzler Kurt Georg Kiesinger (CDU) und Außenminister Willy Brandt (SPD) verfolgte Ost- und Deutschlandpolitik irritierte offensichtlich Ulbricht und die SED-Führung und führte zu neuen Abgrenzungsbewegungen. Darüber hinaus darf nicht vergessen werden, dass die DDR Teil des Warschauer Paktes war. Rücksichtnahmen gegenüber Moskau könnten daher die SED auch dazu bewogen haben, von dem Redneraustausch mit der SPD wieder Abstand zu nehmen.[308] Die außenpolitischen Interessen der SED-Führung und der übrigen herrschenden kommunistischen Parteien in Osteuropa waren keineswegs deckungsgleich.

Der VII. Parteitag der SED (17.–22. April 1967) bestätigte den bisherigen wirtschaftspolitischen Kurs. Das »Ökonomische System des Sozialismus« sollte fortgesetzt werden. Eine gewisse Veränderung brachte die stärkere Betonung von strukturpolitischen Maßnahmen, die sich auf ausgewählte Wirtschaftszweige zu konzentrieren hatten.[309] Das wirtschaftstheoretische Verständnis der SED-Führung war nach wie vor von dynamisch klingenden Formeln wie etwa der »Wirtschaftlich-Technischen Revolution« geprägt. Die Partei glaubte, die ökonomischen Bereiche erkannt zu haben, in denen unter anderem bevorzugt Investitionen getätigt werden sollten. Ulbricht und die Wirtschaftsplaner versprachen sich auf diese Weise rasche, vorzeigbare Erfolge, um vor allem den Vergleich mit der Bundesrepublik bestehen zu können. Ulbricht betonte vor den Parteitagsdelegierten, dass »die Konzentration der Produktion auf hoch veredelte, qualitativ hochwertige Erzeugnisse mit vergleichsweise niedrigsten Selbstkosten [...] der Schlüssel [sei], um die wissenschaftlich-technische Revolution durchzuführen und einen stabilen maximalen Zuwachs an Nationaleinkommen zu erreichen«.[310] Gleichzeitig musste er aber einräumen, dass »bisher noch wenig zu verspüren ist von einer solchen Produktionskonzentration auf die entscheidenden Erzeugnisse, die den Höchststand aufweisen und auf dem Weltmarkt eine hohe Rentabilität bringen«. Die Zersplitterung des »Erzeugnissortiments« habe dagegen noch weiter zugenommen. Die Einbettung der strukturpolitischen Komponente in den bis dahin geschaffenen Lenkungs- und Steuerungsmechanismus entwickelte sich jedoch in der Folgezeit zu einem Bremsfaktor des Reformvorhabens.[311] Die Komplexität des aufgebauten Planungsapparates führte offenbar zu immer länger andauernden Entscheidungsprozessen, da die Fülle der zu beachtenden Einzelinformationen und der zu berücksichtigenden Parameter nicht schneller auf der zentralen Ebene verarbeitet werden konnte. Die Staatliche Plankommission war damit überfordert.

In sozialpolitischer Hinsicht brachte der VII. Parteitag einen Richtungswechsel, da erstmals auf der Ebene der Parteitage die DDR-Sozialpolitik charakterisiert wurde.[312] Dabei stellte Walter Ulbricht die Erhöhung der Mindestrenten und des Kindergeldes sowie die Einführung einer freiwilligen Rentenversicherung in Aussicht. Die letzte programmatische Aussage (»Sozialpolitische Richtlinien«) stammte aus dem Jahr 1946. Zweifellos betrieb die

DDR in der Zwischenzeit Sozialpolitik, in der politischen Debatte, die von der SED monopolisiert wurde, spielte dies aber keine Rolle. Sozialpolitik erschien der SED-Führung eher als ein Überbleibsel aus der kapitalistischen Vorzeit, das sich mit dem Aufbau des Sozialismus in der DDR erübrigen würde. Mitte der sechziger Jahre erkannten die Führungsgremien der SED offenbar die Notwendigkeit, die Bedeutung der Sozialpolitik stärker hervorzuheben und auch wissenschaftlich zu legitimieren. Auf dieses Politikfeld konnte demnach in der DDR nicht verzichtet werden. Das führte unter anderem zum Ausbau und zur Neugründung von soziologischen und sozialwissenschaftlichen Forschungsinstituten, die – wie bereits oben dargestellt – der Politikberatung dienen sollten. In die Vorbereitungszeit zum VII. Parteitag fiel die Habilitationsschrift von Helga Ulbricht, die mit dem Staats- und Parteichef nicht verwandt war. Sie versuchte mit ihrer Arbeit, die Besonderheiten der Sozialpolitik im Sozialismus herauszuarbeiten und den westlichen Vorstellungen gegenüberzustellen.[313] Damit begründete sie eine eigene Forschungsrichtung in der DDR.

Tief greifende Veränderungen für das politische und gesellschaftliche System der DDR brachten Ende der sechziger Jahre zwei große Gesetzeswerke: das Strafgesetzbuch und die Verfassung. Beides wurde 1968 nach langjährigen Vorarbeiten verabschiedet. Das Strafgesetzbuch beendete die bis dahin noch bestehende Rechtseinheit in Deutschland und betonte stärker die Prävention von Verbrechen gegenüber der Sanktion durch die Justizorgane.[314] Gleichzeitig erfuhr das politische Strafrecht, das zur Verfolgung von politisch Andersdenkenden diente, eine Verschärfung. Oberstes Ziel war demnach die Stärkung der DDR sowie der Schutz der sozialistischen Staats- und Gesellschaftsordnung.[315] Die Todesstrafe galt weiterhin; sie sollte aber nur bei »besonders schwere[n] Verbrechen« angewandt, nicht jedoch gegen Jugendliche und Schwangere verhängt werden.[316] Die neue Verfassung von 1968 löste die von 1949 ab, die noch deutlich in der Weimarer Tradition stand. Nun wurde der Führungsanspruch der SED bereits in Artikel 1 verfassungsrechtlich zementiert.[317] Auch in deutschlandpolitischer Hinsicht bildete diese Verfassung eine Zäsur: Die SED verabschiedete sich von der Einheit der deutschen Nation und kennzeichnete die DDR nunmehr als »sozialistischen Staat deutscher Nation«. Einzelne Grundrechte, wie die Freiheit der Persönlichkeit oder die Gewissens- und Glaubensfreiheit, blieben bestehen,[318] obwohl die Realität ganz anders aussah. Widersprüche zwischen Norm und Praxis ergaben sich auch beim Wahlrecht. So legte die Verfassung von 1968 fest, dass die Abgeordneten der Volkskammer in freier, allgemeiner, gleicher und geheimer Wahl zu bestimmen waren.[319] Die Durchführung der Volkskammerwahlen erfolgte jedoch de facto in einer offenen, das heißt nicht geheimen Abstimmung. Zudem war auch die Wahl nach einer Einheitsliste in der Verfassung nicht vorgesehen.

Der Reformeifer, den Ulbricht mit dem Wirtschaftsreformvorhaben Anfang der sechziger Jahre zu entfachen versuchte, sollte sich wie dargestellt auch auf andere Politikfelder erstrecken. Über anfängliche Versuche kam die DDR jedoch nicht hinaus. Sowohl in der Jugend- als auch in der Deutschlandpolitik war bereits Mitte der sechziger Jahre wieder ein Stillstand eingetreten. Herrschaftssicherung lautete auf ein Neues die von Ulbricht ausgegebene Marschrichtung. Die uralte Angst der SED-Führung vor dem so genannten Sozialdemokratismus setzte sich wieder durch und bestimmte die Politik der Führungspartei maßgeblich. Gesprächsangebote von Seiten der SPD, die sich ab 1966 in Regierungsverantwortung befand und 1969 führende Regierungspartei wurde, nahm die SED immer reservierter, ja ablehnend auf. Der von der sozialliberalen Bundesregierung eingeleitete Richtungswechsel in der Deutschland- und Ostpolitik wurde von Ulbricht mit Vorsicht und anfänglicher Zurückhaltung betrachtet. Die vereinbarten Treffen zwischen Willy Brandt und Willi Stoph in Erfurt und Kassel 1970 hatten in beiden deutschen Staaten hohe Erwartungen geweckt. Die Resultate blieben zunächst jedoch bescheiden, da die SED-Führung um Ulbricht bremste, fürchtete sie doch steigende Sympathiewerte in der eigenen Bevölkerung für die westdeutsche Regierung. Somit stand Ulbricht gegen die Entspannungspolitik, die sich gleichwohl international immer stärker durchsetzte: Vor allem die politischen Führungen in den USA und der UdSSR waren zunehmend um Ausgleich bemüht. Diesen Politikwandel schien Ulbricht in der Form nicht mittragen zu wollen. Kurz zuvor hatte die SED-Führung mit ihrem Verhalten während des »Prager Frühlings« eindrucksvoll demonstriert, dass sie eine Aufweichung der kommunistischen Machtstrukturen nicht akzeptieren würde.[320] Sie unterstützte, teilweise sehr viel stärker als andere »Bruderparteien«, den sowjetischen Kurs. In der Nacht vom 20. auf den 21. August 1968 marschierten Einheiten des Warschauer Paktes unter sowjetischer Führung in die ČSSR ein, besetzten das Land und beendeten das tschechoslowakische Reformvorhaben, einen »Sozialismus mit menschlichem Antlitz« zu schaffen. Die DDR marschierte zwar nicht mit eigenen Truppen in die ČSSR ein, hielt sich allerdings bereit und unterstützte den Kurs Moskaus nahezu vorbehaltlos.

Während die UdSSR ein Aufbegehren innerhalb des eigenen Herrschaftsbereiches brutal unterdrückte, ließ sie gegenüber dem Westen Kompromissbereitschaft erkennen und verunsicherte damit die SED-Führung. Nach Abschluss der Verhandlungen zwischen der Bundesrepublik und der Sowjetunion (Moskauer Vertrag) sowie Polen (Warschauer Vertrag) 1970 wurde die Position Ulbrichts immer labiler. Gegenüber Moskau hatte er sich offensichtlich mit seiner Haltung isoliert. Die Gespräche zwischen den vier Siegermächten über die Berlin-Frage, die schließlich 1971 in das Viermächteabkommen mündeten, das die Berlin-Problematik vorerst entschärfte, zeigten, dass die Moskauer Führung nach wie vor die alleinige Entscheidungsbefugnis im östlichen Paktsystem hatte und ohne weiteres bereit war, sich über die Position der SED hinwegzusetzen. Dies nutzte Honecker, um Ulbricht innerhalb der SED-Führung, aber auch gegenüber Moskau zu isolieren und somit den Machtwechsel vorzubereiten.[321] Nach Absprache mit und Rückendeckung von der sowjetischen Führung konnte Ulbricht offenbar davon überzeugt werden, dass sein Rückzug aus der Politik unumgänglich geworden war. Für die Öffentlichkeit völlig überraschend bat Ulbricht das ZK der SED auf der 16. Tagung am 3. Mai 1971, ihn »aus Altersgründen« von der Funktion des 1. Sekretärs des ZK der SED zu entbinden.[322] Gleichzeitig schlug er Honecker als Nachfolger vor, der am 24. Juni auch Vorsitzender des Nationalen Verteidigungsrates wurde. Walter Ulbricht blieb bis zu seinem Tod am 1. August 1973 Staatsratsvorsitzender. Nachfolger wurde am 3. Oktober Willi Stoph, der dieses Amt am 29. Oktober 1976 an Honecker abgab, der damit alle wichtigen Staats- und Parteifunktionen wie vor ihm Walter Ulbricht in einer Hand vereinigte. Der Machtwechsel war endgültig abgeschlossen.

Das Verhältnis zwischen Hegemonialpartei und Bevölkerung blieb auch Ende der sechziger beziehungsweise Anfang der siebziger Jahre brüchig. Es war zwar der SED-Führung gelungen, die durch den Mauerbau eingeschlossenen DDR-Bürger zu einem Arrangement mit dem Staat und dem politischen System zu bewegen. Gleichwohl bedeutete dies keineswegs vorbehaltlose Zustimmung. Die SED war sich offensichtlich dieser nach wie vor labilen Situation bewusst und verschärfte teilweise den Kurs gegen politische Gegner im Lande. Der Ausbau des MfS sowie das »Kahlschlag-Plenum« von 1965 verdeutlichen dies eindrucksvoll. Darüber hinaus forcierte die Parteiführung den bisherigen kirchenpolitischen Kurs und sorgte damit für einen weiteren Bedeutungsverlust der evangelischen Kirche. Die Bindung an die christlichen Kirchen reduzierte sich weiter; die Entchristlichung konnte beschleunigt werden. Gleichzeitig kappte die SED mit der Gründung des Bundes der Evangelischen Kirche (BEK) die bis dahin noch bestehenden gesamtdeutschen Kontakte. Der weitere Ausbau der Jugendweihe verstärkte die Auflösung der kirchlichen Bindungskräfte. Gleichwohl blieben die beiden christlichen Kirchen bestehen und verschwanden nicht. Zweifel an der Zustimmung der Bevölkerung zur SED-Herrschaft kamen im Verlauf der zweiten Hälfte der sechziger Jahre noch stärker zum Tragen. Die Unruhe unter Künstlern und Kulturschaffenden über den radikalen kulturpolitischen Kurswechsel der Partei 1965, vor allem aber die unterschwelligen Proteste gegen die gewaltsame Niederschlagung des Prager Frühlings 1968 zeigten Risse in der von der SED oft beschworenen Einheit von Bevölkerung und Avantgarde der Arbeiterklasse.

II. WANDEL UND KONTINUITÄT

1. Markante Einschnitte im politischen System der DDR

Oberster Entscheidungsträger war nach wie vor die sowjetische Besatzungsmacht, die mit der DDR-Gründung institutionell und organisatorisch umstrukturiert wurde. Aus der SMAD entwickelte sich die Sowjetische Kontrollkommission (SKK), die bis 1953 bestand und dann von der Hohen Kommission abgelöst wurde.[323] SKK-Vorsitzender war Wassili Iwanowitsch Tschujkow; zum Hohen Kommissar wurde Wladimir Semjonowitsch Semjonow ernannt. Seit 1949 existierte außerdem die Diplomatische Mission der UdSSR in der DDR beziehungsweise die sowjetische Botschaft in Ost-Berlin, an deren Spitze Georgi Maximowitsch Puschkin bis 1952 sowie von 1954 bis 1958 stand. Analog zum Aufbau der SMAD gab es auch auf Landesebene SKK-Strukturen. Die Informationslage zur Struktur und Funktionsweise der sowjetischen Besatzungsmacht ist nach wie vor als vergleichsweise schwierig zu bezeichnen, was vor allem mit dem erschwerten Zugang zu den relevanten Moskauer Archiven zusammenhängt. Insgesamt sind wir über die Phase von 1945 bis 1949 ungleich besser unterrichtet als über die Folgezeit.[324] Weitaus schwieriger ist es noch, die Stellung des sowjetischen Militär- und Sicherheitsapparates in der DDR sowie die Verbindungen zu den beteiligten Ministerien und Kommandostellen in Moskau transparent zu machen und die jeweiligen Kompetenzen voneinander abzugrenzen.

Es kann aber festgehalten werden, dass die sowjetische Einflussnahme auf vielfältige Weise gelang. Da wären zunächst die häufigen, in unregelmäßigen Abständen erfolgenden Besprechungen mit deutschen Vertretern in Karlshorst, dem Sitz der zentralen sowjetischen Militäradministration, zu nennen. Hierbei besaß die SED-Führung eine bevorzugte Position; sie erhielt in der Regel als erste Informationen und Befehle von der sowjetischen Besatzungsmacht. Daneben gab es auch direkte Kontakte von sowjetischen Vertretern zu führenden Mitarbeitern der Ministerien. Von zentraler Bedeutung waren vor allem die Reisen der SED-Führung in die Sowjetunion, die mitunter mehrere Tage beziehungsweise Wochen dauern konnten und in deren Verlauf Gespräche beispielsweise mit Vertretern des Außenministeriums, der KPdSU-Führung und sogar mit Josef Wissarionowitsch Stalin stattfanden. Dabei erhielt die deutsche Seite oftmals Anweisungen zur Korrektur des politischen Kurses, so etwa vor dem II. Parteitag 1952 und vor dem Arbeiter- und Volksaufstand am 17. Juni 1953. Zu den direkten Einflussfaktoren gehörten des Weiteren die sowjetischen Berater in den staatlichen Ministerien und Verwaltungen, über die wir bislang nur ansatzweise informiert sind.[325] Bei den indirekten Faktoren wären vor allem die Reisen von deutschen Delegationen der Massenorganisationen zu nennen, die in Absprache mit der SED-Führung in der Sowjetunion Ratschläge zu zahlreichen wirtschafts- und sozialpolitischen Fragen bei den »sowjetischen Freunden« einholen wollten.[326]

Von einer einheitlichen sowjetischen Linie kann – so viel ist zurzeit auch trotz unzureichender Quellenlage wohl schon sicher – nicht gesprochen werden. Vielmehr muss auch auf der sowjetischen Seite von einem komplexen System unterschiedlicher, mitunter divergierender, ja sogar konträrer Positionen ausgegangen werden. Dabei waren für Moskau zwei Ziele entscheidend: Sicherheit vor Deutschland und materielle Wiedergutmachung für die erlittenen Zerstörungen des Zweiten Weltkrieges. Darüber hinaus bestand auch ein gesamtdeutsches Kalkül. Die Zusammenarbeit zwischen DDR und sowjetischer Besatzungsmacht war keineswegs eine zwischen zwei gleichberechtigten Partnern und musste sich erst in der alltäglichen Herrschaftspraxis einspielen.

Mit Hilfe der sowjetischen Besatzungsmacht hatte die SED bereits vor der Staatsgründung eine zentrale Position innerhalb des politischen Systems der SBZ gefunden. Dies sollte sich nach 1949 noch weiter verstärken. Hierbei ist etwa auf die Personal- und Kaderpolitik in den Ministerien und Verwaltungen zu verweisen, die in zunehmendem Maße von der SED-Führung kontrolliert wurden. Das Politbüro sowie das Sekretariat des ZK der SED entschieden über die Besetzung von Leitungspositionen und konnten dadurch erreichen, dass sowohl in den Landesministerien als auch in den Berliner Zentralinstitutionen der Anteil von SED-Mitgliedern sukzessive gesteigert werden konnte. Gerade auf Landesebene hatte es bis 1949 zum Teil erhebliche Probleme gegeben: Da die Hegemonialpartei nicht über Kader für sämtliche Verwaltungsbereiche verfügte, musste sie auf »Experten« mit bürgerlicher Herkunft zurückgreifen, die in den entsprechenden Blockparteien (vor allem CDU und LDP) organisiert waren. Diese Entwicklung sollte jedoch wieder korrigiert werden.

Die Kaderpolitik stellte nicht nur in der DDR, sondern in sämtlichen osteuropäischen Staaten ein charakteristisches Merkmal kommunistischer Herrschaft dar. Vorbildfunktion besaß auch hier die Sowjetunion, die bereits in den dreißiger Jahren durch eine rigoros betriebene Säuberungspolitik für einen Elitenaustausch gesorgt hatte.[327] Ähnliche Säuberungswellen erfassten nach Kriegsende die Länder des sowjetischen Herrschaftsbereiches, das heißt Ostmittel- und Südosteuropa sowie die DDR.[328] Dahinter standen mitunter sicherheitspolitische Phobien und die Furcht vor westlicher Spionage und Sabotage im Zuge des sich verschärfenden Ost-West-Gegensatzes. Beides wurde jedoch durchaus innenpolitisch instrumentalisiert zur Ausschaltung vermeintlicher politischer Gegner und missliebiger Kontrahenten. Darüber hinaus traf die Säuberungswelle in der DDR ehemalige Sozialdemokraten, die nach der Zwangsvereinigung 1946 in der SED verblieben waren.[329] Die Gleichschaltung der SED-Landesverbände, die schon lange vor dem 7. Oktober 1949 eingesetzt hatte, führte dazu, dass zahlreiche Funktionsträger, die noch 1945 der SPD angehört hatten, aus der Partei entfernt beziehungsweise herausgedrängt wurden. Auch hierbei setzten die SED-Führung und die Zentrale Parteikontrollkommission (ZPKK)[330] ein breites repressives Instrumentarium ein. Aus Sicht der SED-Führung konnte dieser Prozess 1952/53 erfolgreich abgeschlossen werden. Neben der personellen Säuberung stand der organisatorische Umbau der Partei: Nachdem Anfang 1949 ein Politbüro gebildet worden war, welches das Zentralsekretariat ablöste, kam es ungefähr ein Jahr später zur Bildung des Zentralkomitees (ZK), das den Parteivorstand in seiner Funktion ersetzte. Beides lief auf eine Umformung der SED-Spitze nach dem Vorbild der KPdSU (B) hinaus und wird zusammen mit den tief greifenden Eingriffen im unteren und mittleren Parteiapparat sowie innerhalb der Parteibasis in der Forschungsliteratur gemeinhin als Stalinisierung der Partei bezeichnet.[331]

Es ist bereits darauf hingewiesen worden, dass die Säuberungen nicht nur Mitglieder und Funktionsträger der SED, sondern auch der Blockparteien betrafen.[332] So wurde etwa im April 1950 gegen den ehemaligen CDU-Vorsitzenden in Sachsen-Anhalt, Leo Herwegen, ein einwöchiger Schauprozess geführt, in dem er zusammen mit dem früheren Sozialminister des Landes, Willi Brundert (SED), beschuldigt wurde, Wirtschaftsverbrechen begangen zu haben. Das weist im Übrigen auf eine weitere Funktion der Schauprozesse in der DDR zu Beginn der fünfziger Jahre hin: die Transformation zur Planwirtschaft und die damit zusammenhängende Sequestrierung und Enteignung von Privatunternehmern, auf die weiter unten noch ausführlicher einzugehen sein wird. Beide Hauptangeklagten erhielten eine Freiheitsstrafe von je 15 Jahren. Der Prozess sollte nicht nur abschreckende Wirkung zeigen, sondern auch der Bevölkerung einen oder mehrere Schuldige für ökonomische Krisen liefern. Im Dezember 1952 wurde schließlich der Minister für Handel und

Versorgung, Karl Hamann (LDP), unter dem Vorwand verhaftet, jahrelang die Versorgung der Bevölkerung hintertrieben zu haben. Einige Wochen später traf es Mitte Januar 1953 Außenminister Georg Dertinger (CDU), dem Landesverrat vorgeworfen wurde. Obwohl die Transformation der beiden bürgerlichen Parteien schon zuvor weitgehend abgeschlossen war, an der im Übrigen sowohl Hamann als auch Dertinger einen gehörigen Anteil hatten, schien die Ausschaltung und Aburteilung von führenden Politikern vor niemandem Halt zu machen.

Für die Ausschaltung politischer Gegner und die strafrechtliche Verfolgung von mutmaßlichen Wirtschaftsverbrechern war die Transformation der Justiz eine wesentliche Voraussetzung. Die Justiz als unabhängige politische Kraft sollte ausgehöhlt und letztlich beseitigt werden.[333] Die Kehrseite dieser Marginalisierung war die Funktionalisierung der übrig gebliebenen Strukturen durch die Hegemonialpartei. Die SED-Führung sollte auch auf diesem Gebiet alleinige und unbestrittene Weisungskompetenz besitzen, so dass konkurrierende Institutionen auszuschalten waren. Dem entsprach die Konstruktion eines so genannten sozialistischen Rechtsverständnisses, das sich zum Teil eng an das sowjetische Vorbild anlehnte und sich vom bürgerlichen Rechtsverständnis grundsätzlich unterschied. Die Neuordnung der Judikative vollzog sich auf mehreren Ebenen. Als Erstes wurden die Länder auch in diesem Bereich gleichgeschaltet und zentralisiert.[334] Des Weiteren war beim Justizwesen bereits bis Ende der vierziger Jahre ein beachtlicher Personalwechsel zu konstatieren, der nicht bei der Zentralverwaltung Halt machte, sondern auch die jeweiligen Landesverwaltungen und die Gerichte mit einschloss. Dabei sollten, dem antifaschistischen Selbstverständnis folgend, NS-Belastete entlassen und durch politisch unbelastetes Personal ersetzt werden. Zentralen Stellenwert nahm dabei die Volksrichterausbildung ein, die bereits vor der DDR-Gründung eingesetzt hatte.[335] Auch hier war eine Anlehnung an das sowjetische Vorbild unübersehbar, was sich in den neu festgelegten Lehrinhalten der Volksrichterschulen niederschlug. Die Neuordnung zeigte sich drittens bei der Gesetzesausarbeitung: Die Neufassung des Strafrechts, des Strafprozessrechts, des Wirtschaftsstrafrechts oder aber auch des Arbeitsrechts diente letztlich den von der SED festgesetzten Zielen und zeigte insgesamt einen deutlichen inhaltlichen Bruch mit dem bürgerlichen Recht. Darüber hinaus schaltete sich das Politbüro der SED auch in die Rechtsprechung einzelner Gerichte ein, wenn es etwa um politisch als wichtig angesehene Verfahren ging. Todesurteile wurden teilweise innerhalb der SED-Führung vorbereitet beziehungsweise bedurften immer der Bestätigung des Führungsorgans der Hegemonialpartei.

Der Marginalisierung der Justiz als dritter Kraft im Staat entsprach nahezu komplementär der Aufbau eines Geheimdienstes, der nicht nur Teilaufgaben der Justiz übernahm, sondern im Laufe der Zeit ein gigantisches Überwachungssystem in der DDR installierte. Die Anfänge reichten bis in die Nachkriegszeit zurück und waren engstens mit dem Aufbau einer politischen Polizei in den Ländern der SBZ verknüpft.[336] 1950 erfolgte dann schließlich die Gründung des Ministeriums für Staatssicherheit (MfS).[337] Als Folge des Volksaufstands vom 17. Juni 1953 wurde das MfS zum Staatssekretariat für Staatssicherheit herabgestuft und in das Innenministerium eingegliedert; erst Ende 1955 erhielt es wieder den Rang eines Ministeriums. Eine tragende Bedeutung besaß außerdem Ende der vierziger und Anfang der fünfziger Jahre die Zentrale Kontrollkommission (ZKK), die ebenfalls einem sowjetischen Vorbild folgend gegründet worden war, um Wirtschaftsstrafsachen zu verfolgen.[338] Die ZKK, die auf zentraler Ebene und auf Landesebene organisiert war und über entsprechendes Personal verfügte, war Walter Ulbricht direkt unterstellt und bot ein machtvolles Instrument zur raschen Transformation der Eigentumsordnung in der DDR sowie zur Ausschaltung missliebiger Politiker vor allem der Blockparteien dar. Die zu Beginn der fünfziger Jahre durchgeführten Schauprozesse wurden im engen Zusammenspiel von SED-Führung (in erster Linie Ulbricht), ZKK und Justizministerium vorab geplant und sorgfältig vorbereitet. 1953 erfolgte eine Umstrukturierung und Aufgabenneuverteilung. Beides führte dazu, dass die ZKK an Bedeutung verlor, was auch mit dem Abschluss der Enteignungen und Verfolgungen zusammenhing. Nunmehr hatte sie nur noch die Funktion, Stimmungsberichte zu erstellen sowie einzelne Verwaltungen und Wirtschaftsbranchen – nach Aufforderung durch die SED-Führung – zu überprüfen und Bericht zu erstatten. Mit diesem Aufgabengebiet konkurrierte die ZKK mit anderen Organen der SED beziehungsweise staatlichen Institutionen, unter anderem auch dem MfS. Aufgrund der vergleichsweise dünnen Personalausstattung war die ZKK in den späten fünfziger Jahren nur noch von untergeordneter Bedeutung.

Einen völlig neuartigen institutionellen Charakter besaß außerdem die Staatliche Plankommission, die in der deutschen Verwaltungstradition keine Vorbilder hatte. Auch hierbei ist die Anlehnung an die Sowjetunion unübersehbar. Die Staatliche Plankommission wurde Ende 1950 errichtet und übernahm zunächst Aufgaben, die zuvor die Hauptverwaltung Wirtschaftsplanung beziehungsweise das Ministerium für Planung wahrgenommen hatte. In der Folgezeit erhielt sie Aufgaben zugewiesen, die zunächst im Zuständigkeitsbereich der einzelnen Fachministerien gelegen hatten. Diese bedeutsame Weichenstellung bei der Verwaltungsneuordnung hing aufs Engste mit der Entscheidung zusammen, die Volkswirtschaft zentral zu planen und zu lenken. Der Aufbau der Planwirtschaft zog demzufolge die Umstrukturierung der Verwaltung auf zentraler Ebene nach sich. Die Staatliche Plankommission entstand als »Organ des Ministerrates für die Ausarbeitung und für die systematische Kontrolle der Durchführung der Pläne zur Entwicklung der Volkswirtschaft«.[339] Die Kommission setzte sich zunächst aus dem Vorsitzenden, der zugleich als Stellvertreter des Ministerpräsidenten fungierte, drei Staatssekretären, dem Leiter des Statistischen

Zentralamtes und dem Leiter der Hauptabteilung Warenzirkulation zusammen. Der organisatorische Aufbau der Staatlichen Plankommission und die personelle Besetzung der einzelnen Fachabteilungen zog sich über einen längeren Zeitraum hin und war zu Beginn des ersten Fünfjahrplanes (1951–1955) noch keineswegs abgeschlossen. Mit dem Gesetz über den Volkswirtschaftsplan erhielt die oberste Planungsbehörde wichtige Aufgaben: Dazu gehörte nicht nur die Informationspflicht gegenüber dem Ministerrat, sondern auch das Recht, »zur organisierten Durchführung des Planes Instruktionen zu erteilen«.[340] Darüber hinaus sollte die Staatliche Plankommission den Volkswirtschaftsplan »aufgrund der vom Ministerrat zu bestätigenden neuen unveränderten Planpreise« umrechnen.[341] Eine Direktive von Anfang März 1951 legte fest, dass die Plankommission zuständig war für die Planung der Investitionen, Arbeitskräfte und Warenzirkulation für die Wirtschaftsbereiche Industrie, Landwirtschaft, Verkehr, Kultur und Gesundheitswesen.[342] Damit koordinierte und beeinflusste sie die Tätigkeit der zuständigen Fachministerien ganz erheblich. Schließlich war die Staatliche Plankommission den Ministerien faktisch sogar übergeordnet.

Die Errichtung der Staatlichen Plankommission brachte Kompetenzüberschneidungen mit anderen Ministerien mit sich, die diese gerade in der Frühphase nicht ohne weiteres hinzunehmen bereit waren. Der Anspruch der obersten Planungsverwaltung, sämtliche Wirtschaftsbereiche zu planen und zu lenken sowie Aufgaben an andere Ministerien zu delegieren, musste somit erst noch durchgesetzt werden. Außerdem musste die Staatliche Plankommission ihre Tätigkeitsfelder sowie die dazu gehörigen Instrumente erst noch abstecken beziehungsweise entwickeln. Zwar gab es entsprechende Vorbilder in der NS-Kriegswirtschaft,[343] vor allem aber in der Sowjetunion; angesichts der deutschen Verwaltungstradition bis 1945 konnte jedoch das sowjetische Modell nicht einfach übernommen werden. Im Verlauf der fünfziger Jahre entwickelte sich die Staatliche Plankommission zum zentralen Steuerungsinstrument der ostdeutschen Wirtschaft. Weitere ergänzende Maßnahmen folgten, die auf eine massive Erweiterung des Verwaltungsapparates hinzielten. Parallel dazu diversifizierten sich etwa die Industrieministerien: Schon bald bestanden für nahezu sämtliche Wirtschaftsbereiche eigene Ministerien beziehungsweise Staatssekretariate. Daneben vollzog sich noch der Zusammenschluss von volkseigenen Betrieben zu so genannten Vereinigungen Volkseigener Betriebe (VVB). Die Errichtung der Planwirtschaft war insgesamt gesehen mit einer stetigen Bürokratisierung verbunden. Aus diesem Grund kann dieses Wirtschaftssystem auch als Zentralverwaltungswirtschaft bezeichnet werden. Für die SED-Führung war dieser von ihr angestoßene und geleitete Prozess unter anderem auch herrschaftsstabilisierend, da sie dafür sorgen konnte, dass in den jeweiligen Verwaltungen beziehungsweise Ministerien loyale Kader eingesetzt wurden. Außerdem versuchte sie, die Aufgabenschwerpunkte jeweils einzeln festzulegen. Die Kehrseite dieser Bürokratisierung zeigte sich allerdings rasch: Der aufgeblähte Verwaltungsapparat erwies sich schon bald als schwerfällig. Außerdem führten Kompetenzstreitigkeiten zu erheblichen Reibungsverlusten bei der Zusammenarbeit zwischen einzelnen Verwaltungsstellen. Inwieweit diese Entwicklung systemimmanent war oder aber an der mangelhaften Durchführung lag, kann noch nicht abschließend beantwortet werden. Die ordnungspolitische Weichenstellung zugunsten des Aufbaus einer Planwirtschaft war zweifelsohne wegweisend, gleichwohl müssen die Handlungsspielräume und damit die Verantwortlichkeiten auf Seiten der Plankommission, der Industrieministerien und vor allem der SED mit berücksichtigt und gewichtet werden.

Die Auflösung der Länder am 23. Juli 1952 bedeutete ebenfalls einen tiefen Einschnitt für die weitere Entwicklung der Verwaltung und des politischen Kräftefeldes in der DDR, denn die noch verbliebenen Reste des Föderalismus wurden endgültig begraben.[344] Dieser war schon in den Jahren zuvor stark ausgehöhlt worden. Dazu trugen zum einen die Besetzung der führenden Positionen der fünf Landesregierungen mit linientreuen SED-Vertretern und zum anderen die sukzessive Entmachtung der Länder im Zuge der wachsenden Zentralisierung bei. Nach der Gründung der DDR bestanden die Landesverwaltungen zwar nach wie vor weiter, ihre Mitsprachemöglichkeiten waren jedoch erheblich eingeschränkt worden. Als wichtigster struktureller Einschnitt, der bereits vor 1949 erfolgte, ist dabei auf die Gründung und den Ausbau der Deutschen Wirtschaftskommission (DWK) hinzuweisen. Mit der Abschaffung der Länder verschwanden die Landesverwaltungen. Die neu gebildeten Bezirksverwaltungen[345] verfügten dagegen über noch geringere Kompetenzen und Zuständigkeiten.

Einen Transformationsprozess durchliefen auch die Massenorganisationen, allen voran der Freie Deutsche Gewerkschaftsbund (FDGB)[346] und die Freie Deutsche Jugend (FDJ).[347] Dieser hatte bereits unmittelbar nach Gründung der Organisationen eingesetzt und sich über mehrere Etappen hingezogen. Bereits 1950 erfolgte beispielsweise die Anerkennung der führenden Rolle der SED im politischen System der DDR durch die Gewerkschaften, die sich damit endgültig vom Charakter einer eigenständigen Interessenvertretung verabschiedeten. Die Massenorganisationen bekamen von der SED ihre Position im Institutionengefüge der frühen DDR zugewiesen. Auch dieser Prozess war nicht geradlinig und konfliktfrei. Durch eine gezielt betriebene Personal- und Kaderpolitik vermochte die SED jedoch die Führungsebenen des FDGB und der Einzelgewerkschaften in ihrem Sinne neu zu besetzen, das heißt, sozialdemokratische und christliche Gewerkschaftsvertreter wurden sukzessive hinausgedrängt.

Das politische System der DDR erfuhr Anfang der sechziger Jahre zwei wichtige strukturelle Veränderungen. Nach dem Tode Wilhelm Piecks am 7. September 1960 konstituierte sich der

Staatsrat. Die wesentliche Aufgabe dieses Gremiums, in dem auch die Blockparteien vertreten waren, bestand in der Repräsentation des zweiten deutschen Staates nach innen und nach außen.[348] Zu den Aufgabenfeldern gehörten außerdem Fragen des staatlichen Aufbaus und der Rechtspflege, das expandierende Eingabewesen, Angelegenheiten der Bildungs-, Kultur- und Jugendpolitik sowie sicherheitspolitische Belange.[349] Der Vorsitzende, die sechs Stellvertreter, die 16 Mitglieder und ein Sekretär wurden von der Volkskammer für den Zeitraum von vier Jahren gewählt und waren diesem Gremium gegenüber formal gesehen rechenschaftspflichtig. Bereits Anfang 1960 hatte der neu gegründete Nationale Verteidigungsrat die Sicherheitskommission des Politbüros als oberstes Koordinierungsgremium in Militär- und Sicherheitsfragen abgelöst.[350] Dieses Gremium, das sich aus einem Vorsitzenden und mindestens zwölf Mitgliedern zusammensetzte, übte formell die oberste militärische Kommandogewalt gegenüber allen bewaffneten Organen der DDR aus. Da im Nationalen Verteidigungsrat ausschließlich Mitglieder der SED-Führung saßen, handelte es sich also um kein eigenständiges Gremium.[351] Dieses war vielmehr ein weiteres Herrschaftsinstrument der SED. Beide Gremien wurden von Ulbricht geleitet, der sich damit auf dem Höhepunkt seiner persönlichen Macht befand. Die Leitung der zentralen Führungsorgane war somit in einer Person vereint.

2. Von Weimar nach Ost-Berlin? Biographische Skizzen der Politbüromitglieder

Auf die herausragende Bedeutung der SED-Führung ist bereits mehrfach hingewiesen worden. Nicht der DDR-Ministerrat, sondern das Politbüro und das Sekretariat des ZK bildeten das eigentliche Machtzentrum der zweiten deutschen Diktatur. Hier fielen die zentralen politischen, wirtschafts- und gesellschaftspolitischen, aber auch kulturpolitischen Entscheidungen; hier wurde auch die kaderpolitische Entwicklung der SED und der staatlichen Verwaltungen festgelegt. Da die wichtigsten SED-Politiker in beiden Gremien vertreten waren, erscheint die hier vorgenommene Eingrenzung auf das Politbüro vertretbar. Im folgenden Kapitel sollen die Mitglieder des Politbüros jeweils mit einer kurzen biographischen Skizze vorgestellt werden; auf eine Einbeziehung der Kandidaten des Politbüros wurde verzichtet. Der biographische Zugriff dient in diesem Zusammenhang insbesondere der Einordnung der DDR in die deutsche Geschichte des 20. Jahrhunderts. Die DDR-Geschichte wird in der Geschichtswissenschaft nach wie vor sehr stark isoliert betrachtet. Vergleichende Untersuchungen zum NS-Regime oder zum Stalinismus sind immer noch Mangelware. Auch der deutsch-deutsche Vergleich zwischen der DDR und der Bundesrepublik ist noch nicht durchgängig in Angriff genommen worden. Der biographische Ansatz, der bisher ebenfalls stiefmütterlich behandelt wurde, kann der wissenschaftlichen Abschottung des Untersuchungsgegenstandes entgegenwirken. Es wird danach gefragt, woher die einzelnen Vertreter des Politbüros kamen, welche Erfahrungen sie in der Weimarer Republik sammelten und wo sie sich während der nationalsozialistischen Herrschaft befanden.

Das Jahr 1945 als zentrale Zäsur für die politische Geschichte kann und soll dadurch nicht aufgehoben werden. In Anknüpfung an Forschungsansätze, die Ende der achtziger Jahre diskutiert wurden, soll aber nach Kontinuitätslinien gesucht werden.[352] Das folgende Kapitel kann sich dabei nur auf wenige bisher vorliegende historische Studien stützen. Obwohl die historische Erforschung der DDR immer noch Konjunktur hat, liegen uns bis heute noch keine substantiellen und wissenschaftlich seriösen Biographien zu Politikern der SED vor.[353] Bei den Kollektivbiographien hat sich dagegen das Bild etwas gewandelt: Hier konnten in den vergangenen Jahren einige wenige Studien vorgelegt werden, die wegweisenden Charakter besitzen.[354]

Das Politbüro des ZK der SED hatte zwischen 1949 und 1971 insgesamt 26 Vollmitglieder. Diese lassen sich in Anlehnung an das Modell der politischen Generationen von Detlev J. K. Peukert in fünf Gruppen einteilen.[355] Die folgende Untergliederung, die Peukerts Modell partiell übernimmt und erweitert, hat keinen repräsentativen Charakter für die DDR-Funktionseliten, sondern versucht eine erste Typologie für die Führungsriege der SED zu entwerfen, die für die Beantwortung der oben gestellten Fragen hilfreich sein soll. Dabei werden einzelne Jahrgänge zu einer Generation zusammengefasst. Die so gebildeten Gruppen stellen insofern keine eindeutig und nach objektiven Kriterien klar voneinander abzugrenzenden Einheiten dar. Der zugrunde liegende Generationenbegriff soll vielmehr das Verbindende zwischen einzelnen Geburtenjahrgängen thematisieren und hervorheben.[356] Wir unterscheiden folgende einzelne Gruppen in ihrer zeitlichen Abfolge:

· die Gründerzeitgeneration, die im Jahrzehnt nach der Reichsgründung 1871 zur Welt kam,

· die Frontgeneration, deren Vertreter in den achtziger und neunziger Jahren des 19. Jahrhunderts geboren wurden,

· die so genannte überflüssige Generation der Anfang des 20. Jahrhunderts Geborenen,

- die Generation, die kurz vor beziehungsweise während des Ersten Weltkrieges geboren wurde,
- und die Generation der während der Weimarer Republik Geborenen.

Einziger Vertreter unter den SED-Politbüromitgliedern der Gründerzeitgeneration war Wilhelm Pieck (1876–1960), der von 1949 bis zu seinem Tod 1960 Präsident der DDR war und in der Wilhelminischen Zeit sozialisiert wurde.[357] Nach einer Ausbildung zum Tischler schloss er sich 1894 dem Deutschen Holzarbeiterverband und ein Jahr später der SPD an. 1899 wurde er Stadtbezirksvorsitzender der SPD in Bremen. Innerhalb der Partei stieg er noch vor 1914 weiter auf und war von 1905 bis 1910 Mitglied der Bremer Bürgerschaft. Nach dem Ausbruch des Ersten Weltkrieges versuchte er zusammen mit Karl Liebknecht, Rosa Luxemburg und Franz Mehring die linken Kräfte innerhalb der SPD zu sammeln. Nach der Vorbereitung und Durchführung einer Frauendemonstration gegen den Krieg kam Pieck 1915 in »Schutzhaft«; anschließend wurde er zum Militärdienst bei der Infanterie an der Neiße sowie an der Westfront eingezogen. Im April 1917 nahm er am Gründungsparteitag der Unabhängigen Sozialdemokratischen Partei Deutschlands (USPD) in Gotha teil und geriet im Sommer 1917 in Untersuchungshaft. Nach der Desertion von der Truppe tauchte Pieck kurzzeitig unter und emigrierte im Februar 1918 nach Amsterdam. Noch vor Kriegsende kehrte er am 26. Oktober 1918 nach Berlin zurück und wurde Mitglied des illegalen Vollzugsausschusses der Berliner revolutionären Obleute. Seit Bildung des Spartakusbundes war er Mitglied der zentralen Führung und für die Agitationsarbeit in Berlin verantwortlich. In der Ende Dezember 1918 beziehungsweise Anfang Januar 1919 gegründeten Kommunistischen Partei Deutschlands (KPD), die sich schon früh zu einer Massenpartei entwickelte und sich dem Moskauer Führungsanspruch bereitwillig unterordnete, machte er rasch Karriere: Pieck war von Beginn an Mitglied der zentralen Parteiführung (ab 1925 Zentralkomitee). Im Herbst 1921 unternahm er im Parteiauftrag seine erste Russlandreise, um vor dem Exekutivkomitee der Kommunistischen Internationale (EKKI) Bericht zu erstatten, und um sich mit Wladimir I. Lenin und der Führung der Kommunistischen Partei Russlands (Bolschewiki) zu beraten. In den zwanziger Jahren wurde er Mitglied des Preußischen Landtags (1921–1928), des Preußischen Staatsrats (1930–1933) sowie des Deutschen Reichstags (1928–1933). Vom 18. November 1926 bis zu dessen Auflösung im März 1937 war er Mitglied des KPD-Politbüros. Auf Anweisung der Kommunistischen Internationale baute er seit Ende Mai 1933 mit Franz Dahlem und Wilhelm Florin die illegale Auslandsabteilung der KPD in Paris auf und übernahm nach der Verhaftung Ernst Thälmanns die Leitung der Partei in der Emigration. Ende 1933 häuften sich seine Reisen nach Moskau zur Teilnahme an Sitzungen des EKKI. Auf der so genannten Brüsseler Parteikonferenz 1935 bei Moskau hielt er das Hauptreferat und folgte der taktischen Neuorientierung der Kommunistischen Internationale auf die Einheits- und Volksfrontpolitik. Dort wurde er dann auch zum Parteivorsitzenden gewählt. Nach kurzen Aufenthalten in Paris 1936 und 1938/39 lebte er während des Zweiten Weltkrieges in der Sowjetunion. Die Stalinisierung der KPD vor 1933,[358] aber auch die Säuberungen unter deutschen Kommunisten im Moskauer Exil überstand Pieck nahezu unbeschadet.

Zu der zweiten Gruppe – der Frontgeneration – gehörten im SED-Politbüro insgesamt acht Personen: Franz Dahlem (1892–1981), Friedrich Ebert (1894–1979), Otto Grotewohl (1894–1964), Helmut Lehmann (1882–1959), Hermann Matern (1893–1971), Paul Merker (1894–1969), Walter Ulbricht (1893–1973) und Wilhelm Zaisser (1893–1958). Die Vertreter dieser Generation wurden Ende des 19. Jahrhunderts geboren und erlebten im vergleichsweise jungen Alter die Zeit vor dem Ersten Weltkrieg, an dem sie dann mehrheitlich als Soldaten teilnahmen. In der Weimarer Republik mussten sie sich mit einer Position in der zweiten Reihe zufrieden geben, das heißt, hohe Staats- und Regierungsämter blieben ihnen verwehrt. Das traf die beiden Arbeiterparteien im unterschiedlichen Maße: Während sich die KPD durch eine enge Bindung an Moskau und durch ihr taktisches und strategisches Vorgehen frühzeitig selber isoliert hatte, entwickelte sich innerhalb der SPD-Führung in gewisser Weise ein Generationenkonflikt zwischen den Vertretern der Gründerzeitgeneration und denen der Frontgeneration. Dies wird deutlich bei Otto Grotewohl, der zwar innerhalb der Landespartei in Braunschweig rasch aufsteigen konnte, dem aber auf Reichsebene der große Durchbruch versagt blieb. Profilierungsversuche gegen die »alte« Führungsriege der Partei führten damals nicht zum Erfolg; die nationalsozialistische Machtübernahme am 30. Januar 1933 bildete einen markanten Einschnitt, da sie auch für die SPD-Frontgeneration jegliche Karrierechancen abrupt beendete.

Einer der wichtigsten Vertreter der Frontgeneration innerhalb des SED-Politbüros war zweifelsohne der spätere SED-Generalsekretär und DDR-Staatsratsvorsitzende Walter Ulbricht, der nach dem Besuch der Volksschule eine Tischlerlehre absolvierte.[359] 1908 trat er der Sozialistischen Arbeiterjugend (SAJ) bei und erfuhr seine politische Sozialisation in den letzten Friedensjahren des Kaiserreichs. Seit 1910 war er wie Wilhelm Pieck Mitglied des Deutschen Holzarbeiterverbandes. Zwei Jahre später wurde er SPD-Mitglied und besuchte 1913/14 die SPD-Bezirksparteischule in Leipzig. Am Ersten Weltkrieg nahm Ulbricht als Soldat von 1915 bis 1918 in Polen, Serbien und Belgien teil. Im November 1918 wurde er Mitglied des Soldatenrats des XIX. Armeekorps. Nachdem er sich zunächst der USPD angeschlossen hatte, gehörte er bereits im Januar 1919 zu den Mitbegründern der KPD in Leipzig. Ulbricht wurde daraufhin Mitglied der Bezirksleitung Mitteldeutschland. In den zwanziger Jahren durchlief er rasch eine politische Karriere in der KPD: Zwischen 1921 und 1923 war er Politischer Leiter der Bezirksleitung Groß-

Thüringen. Im November/Dezember 1922 nahm er am IV. Weltkongress der Kommunistischen Internationale in Moskau teil; 1923/24 war er Mitglied der KPD-Zentrale. Im Mai 1924 besuchte Ulbricht die Lenin-Schule in Moskau und arbeitete anschließend als Instrukteur des EKKI. Ähnlich wie Pieck sammelte auch Ulbricht parlamentarische Erfahrungen: als Landtagsabgeordneter in Sachsen von 1926 bis 1929 und danach als Reichstagsabgeordneter. 1927 wurde er Kandidat und 1929 Mitglied des Politbüros des ZK der KPD; von 1928 bis 1943 war er Mitglied des EKKI, ab August 1928 sogar Mitglied der KPdSU. 1929 übernahm er die Funktion des Politischen Leiters des KPD-Bezirks Berlin-Brandenburg-Lausitz-Grenzmark, die er bis zur gewaltsamen Auflösung der Partei 1933 ausfüllte. Wenige Monate vor der nationalsozialistischen Machtübernahme wurde er Mitglied des Sekretariats des ZK der KPD. In der Folgezeit musste er untertauchen und wurde mit Haftbefehl gesucht. Im Oktober 1933 emigrierte er nach entsprechender Beschlusslage durch die Partei nach Paris; dort war er bis 1935 Mitglied der KPD-Auslandsabteilung. Ulbricht nahm 1935 am VII. Weltkongress der Kommunistischen Internationale sowie an der so genannten Brüsseler Parteikonferenz teil. Im Auftrag der Partei leitete er von 1935 bis 1938 die Operative Abteilung beziehungsweise das Sekretariat des ZK in Prag beziehungsweise Paris. In den folgenden Jahren vertrat er bis 1943 das ZK der KPD beim EKKI in Moskau. Zwischen 1941 und 1945 war er unter anderem Vertreter der KPD bei der Politverwaltung der Roten Armee, Mitglied des Nationalkomitees »Freies Deutschland« (NKFD)[360] und Leiter ihrer operativen Abteilung. Dabei war er an der Ausarbeitung zentraler programmatischer Nachkriegsplanungen wesentlich beteiligt.[361] Hervorzuheben ist, dass Ulbricht – wie auch Pieck – bereits in den zwanziger Jahren zum Teil enge Kontakte nach Moskau geknüpft hatte. Dort verbrachten beide auch im Kreise anderer Kommunisten das Exil, nachdem sie sich noch bis 1938 um den Aufbau der Exil-Partei in Prag und Paris bemüht hatten.

Bei zwei weiteren Politbüromitgliedern lässt sich ein in vielen Punkten vergleichbarer Lebensverlauf feststellen, nämlich bei Hermann Matern und Wilhelm Zaisser. Matern, der ab 1948 die Zentrale Parteikontrollkommission der SED leitete, absolvierte nach der Volksschule zunächst eine Ausbildung als Gerber.[362] 1907 trat er der SAJ, 1909 dem deutschen Lederarbeiterverband und 1911 der SPD bei. Aus Protest gegen die Bewilligung der Kriegskredite trat er aus der SPD aus. Während des Ersten Weltkriegs war Matern Soldat an der Westfront. 1918 wurde er Mitglied der USPD, ein Jahr später wechselte er zur KPD. Zwischen 1926 und 1928 war er KPD-Gewerkschaftssekretär und besuchte 1928/29 die Internationale Lenin-Schule in Moskau. Innerhalb der KPD konnte er – im Vergleich zu Ulbricht – keinen Karrieresprung vorweisen. Gleichwohl übte er auf Bezirksebene leitende Funktionen aus. So war Matern von 1929 bis 1931 Politischer Leiter in Magdeburg sowie anschließend in Ostpreußen (1931–1933). 1932/33 war er außerdem Mitglied des Preußischen Landtags. Ab April 1933 arbeitete er als Leiter der illegalen Bezirksparteiorganisation Pommern, bis er am 14. Juli 1933 verhaftet wurde. Im September 1934 gelang ihm die Flucht aus dem Gefängnis Altdamm (Stettin), und er emigrierte nach Rücksprache mit der Partei in die Tschechoslowakei. Im Mai 1935 reiste er nach Paris. Dort blieb Matern bis Februar 1936 und emigrierte anschließend nach Norwegen, wo er sich bis April 1940 aufhielt. Nach einem kurzen Zwischenaufenthalt in Stockholm erfolgte im Frühjahr 1941 die Übersiedlung nach Moskau, wo er Mitglied des NKFD und Lehrer an der Zentralen Antifa-Schule in Krasnogorsk wurde.

Wilhelm Zaisser, der zwischen 1950 und 1953 das Ministerium für Staatssicherheit leitete, besuchte nach der Volksschule ein evangelisches Lehrerseminar in Essen (1910–1913) und war anschließend Volksschullehrer.[363] Mit Ausbruch des Ersten Weltkriegs wurde er zum Militärdienst eingezogen. Im November 1916 wurde er zum Leutnant befördert. 1919 trat er der KPD bei.

Da sich Zaisser während des Kapp-Putsches 1920 als einer der militärischen Leiter der Roten Ruhrarmee betätigt hatte, wurde er Anfang 1921 verhaftet und von einem Militär-Sondergericht zu vier Monaten Gefängnis verurteilt. Kurz darauf wurde er aus dem Schuldienst entlassen. Daraufhin wurde er Parteiangestellter der KPD, zunächst als Zeitungsredakteur, ab August 1923 im Nachrichtendienst der Partei. Von Juli 1923 bis Juni 1924 war er Mitglied der KPD-Bezirksleitung Ruhrgebiet. Im Frühjahr 1924 absolvierte er schließlich einen militärpolitischen Lehrgang an der Militär-Schule der Kommunistischen Internationale in Moskau. In der Folgezeit arbeitete er unter anderem im Auftrag des Generalstabs der Roten Armee, des militärischen Nachrichtendienstes der UdSSR (GRU) und des EKKI. Zu seinen Einsatzgebieten gehörten bis 1932 Syrien, China und die Tschechoslowakei. Diese Auslandsreisen wurden immer wieder unterbrochen durch kürzere Aufenthalte in Moskau. Von Januar 1932 bis August 1936 war Zaisser Lehrer an der Internationalen Lenin-Schule in Moskau. Am Spanischen Bürgerkrieg nahm er als militärischer Berater auf Seiten der spanischen Volksarmee teil. Während dieser Zeit wurde er zum Brigadegeneral befördert und war schließlich Kommandeur der XIII. Internationalen Brigade. Noch vor dem Sieg Francos kehrte er 1938 nach Moskau zurück und erhielt 1940 die sowjetische Staatsbürgerschaft. Zaisser wurde 1943 Lehrer an der Antifa-Schule in Krasnogorsk, wo er schließlich Leiter des deutschen Sektors wurde. Seine zum Kriegsende geplante Rückkehr nach Deutschland zögerte sich bis Februar 1947 hinaus.

Während die bisher vorgestellten KPD-Mitglieder ihre Exilzeit während der NS-Herrschaft zu großen Teilen in Moskau verbrachten, trifft dies für die beiden folgenden Politbüromitglieder nicht zu: Franz Dahlem und Paul Merker. Dahlem, der bis zum Volksaufstand am 17. Juni 1953 als Rivale Ulbrichts in der SED-Führung galt, ließ sich nach dem Besuch der Volks- und Mittelschule in Vic sur Seille und in Chateau-Salins (Frankreich) zum

Exportkaufmann in Saarbrücken ausbilden.[364] 1913 wurde er Mitglied und Vorsitzender der SAJ in Köln; von 1913 bis 1917 gehörte er der SPD als Mitglied an. Auch er war Soldat während des Ersten Weltkriegs. 1917 trat er der USPD bei, 1920 wechselte er zur KPD. Mitglied des Preußischen Landtags war er zwischen 1920 und 1924. Seine enge Bindung an Frankreich zeigte sich auch in seiner Beratertätigkeit für die KPF in Paris 1922. Ein Jahr später wurde er Instrukteur des ZK der KPD für die Bezirke Hessen, Baden, Pfalz und Saarland. 1923/24 war er Mitarbeiter der Abteilung Organisation des ZK der KPD. 1928 wurde er Abgeordneter des Reichstags, dem er bis 1933 angehörte. Seit 1928 gehörte er zum Politbüro der KPD. Im April 1933 emigrierte Dahlem nach Paris und war dort bis 1937 Mitglied der KPD-Leitung. 1934 erhielt er die französische, 1941 die sowjetische Staatsbürgerschaft. 1937 war er Mitglied der Delegation der Exekutive der KI beim Generalstab der Internationalen Brigaden in Spanien. Dahlem wurde 1939 in Frankreich interniert und 1942 der Gestapo übergeben. Ein Jahr später kam er als Häftling ins Konzentrationslager Mauthausen, wo er Mitglied des illegalen Internationalen Lagerkomitees wurde.

Paul Merker arbeitete nach dem Besuch der Volksschule als Kellner und Hotelangestellter.[365] Am Ersten Weltkrieg nahm er als Soldat teil. 1918 trat er der USPD, im Dezember 1920 der KPD bei. Innerhalb der KPD stieg er vergleichsweise zügig auf: 1923/24 war er Sekretär des KPD-Bezirks Westsachsen und seit 1927 Mitglied des ZK der KPD und des Politbüros. Für die KPD saß er zwischen 1924 und 1932 als Abgeordneter im Preußischen Landtag. Im Auftrag der Kommunistischen Internationale reiste er in die USA und hielt sich nach der nationalsozialistischen Machtübernahme illegal in Deutschland auf. Merker emigrierte 1935 nach Frankreich und wurde im Februar 1937 Mitglied des Sekretariats des ZK der KPD-Auslandsleitung in Paris. Aus einem französischen Internierungslager, in dem er sich seit 1940 befand, konnte er 1942 fliehen und emigrierte nach Mexiko. Dort war er Sekretär des Lateinamerikanischen Komitees der Bewegung Freies Deutschland (BFD) und kehrte erst im Juli 1946 nach Deutschland zurück. Die Emigration in ein westliches und nicht kommunistisch geführtes Land sollte beiden Politikern nach 1945 zum Verhängnis werden. Sowohl Dahlem als auch Merker verloren im Zusammenhang mit der Field-Affäre Anfang der fünfziger Jahre ihre Parteiämter. Merker wurde sogar in einem Geheimprozess zu acht Jahren Zuchthaus verurteilt.

Zu der letzten Teilgruppe der Frontgeneration im Politbüro gehörten diejenigen, die Anfang der zwanziger Jahre nicht zur KPD übergetreten, sondern in der SPD verblieben waren: Otto Grotewohl, Helmut Lehmann und Friedrich Ebert. Diese sozialdemokratische Gruppe war innerhalb der SED-Führung anfangs noch sehr viel größer gewesen. Bei der Zwangsvereinigung von KPD und SPD war bekanntlich vereinbart worden, dass die Leitungsebenen paritätisch besetzt werden sollten. Das traf auch für das wichtige Zentralsekretariat zu, das 1949 durch das Politbüro ersetzt wurde. Doch bereits Ende der vierziger Jahre führte der innerparteiliche Säuberungsprozess dazu, dass immer mehr Sozialdemokraten aus der Partei gedrängt oder entfernt wurden. Dieser Kampf gegen den »Sozialdemokratismus« lässt sich auf der Ebene der Landesleitungen und schließlich auch auf zentraler Ebene, das heißt bei der SED-Führung, beobachten. Im Politbüro des ZK der SED saßen somit Anfang 1949 nur noch die drei oben genannten früheren SPD-Mitglieder. Wichtigster Exponent war zweifellos der spätere DDR-Ministerpräsident Grotewohl, der gelernter Buchdrucker war und 1910 der SAJ sowie 1912 der SPD beitrat.[366] Am Ersten Weltkrieg nahm er als Infantrist an der West- und Ostfront teil und wurde zweimal verwundet. 1918 wurde Grotewohl Mitglied der USPD und trat mit der Vereinigung von MSPD und USPD 1922 erneut der SPD bei. Er durchlief eine klassische Karriere innerhalb der SPD: Von 1919 bis 1921 war er Angestellter der Ortskrankenkasse Braunschweig, von 1921 bis 1925 saß er für die USPD/SPD im Braunschweigischen Landtag.

1921 wurde er Minister für Inneres und Volksbildung, 1923 Minister für Justiz. Damit war er einer der jüngsten Landesminister in Deutschland. 1925 wechselte er von der Landesebene auf die Reichsebene und wurde Reichstagsabgeordneter. Diese Funktion behielt er bis 1933. Zeitgleich leitete er den SPD-Bezirk Braunschweig. Von 1928 bis 1933 war er Präsident der Landesversicherungsanstalt Braunschweig. Die nationalsozialistische Herrschaft überlebte er in der inneren Emigration, das heißt, er verließ Deutschland nicht und begab sich auch nicht in den aktiven sozialdemokratischen Widerstand gegen das NS-Regime. Gleichwohl befand sich Grotewohl aufgrund seiner Funktion als früherer SPD-Reichstagsabgeordneter im Visier der Gestapo und des Sicherheitsdienstes (SD). 1938 wurde er zusammen mit anderen Sozialdemokraten aus Braunschweig verhaftet und befand sich neun Monate in Untersuchungshaft, aus der er 1939 aus Mangel an Beweisen wieder entlassen wurde. Die Kriegsjahre verbrachte er in Berlin als kaufmännischer Angestellter einer Firma, die Heißluftherde herstellte und von seinem Freund und politischen Weggefährten Erich W. Gniffke geleitet wurde.

Helmut Lehmann, der nach 1945 die ostdeutsche Sozialversicherung aufbaute und Präsident der Volkssolidarität war, absolvierte nach dem Besuch der Volksschule eine Ausbildung zum Zimmermann.[367] Diesen Beruf übte er jedoch nicht lange aus, denn er arbeitete bereits mit 18 Jahren als Stenotypist bei Rechtsanwälten und ab 1903 bei der Allgemeinen Ortskrankenkasse Berlin. Der SPD trat er 1903 bei. Ein Jahr später wurde er Leiter der Rechtsabteilung der Kasse. Von 1914 bis 1933 war er geschäftsführender Vorsitzender des Hauptverbandes Deutscher Krankenkassen in Dresden beziehungsweise Berlin und avancierte rasch zum »Krankenkassenkönig« der Weimarer Republik. Im Zuge der nationalsozialistischen Machtübernahme wurde er gemaßregelt und inhaftiert. Er schloss sich einer Widerstandsgruppe aus Sozialdemokraten und Gewerkschaftern in Berlin an. Nach dem missglückten Attentat auf Hitler am 20. Juli 1944 wurde er erneut verhaftet und zu einem Jahr Gefängnis verurteilt.

Friedrich Ebert, Oberbürgermeister von Berlin (1948–1967) und gleichnamiger Sohn des ersten Reichspräsidenten, war wie Grotewohl gelernter Buchdrucker.[368] Der SAJ trat Ebert 1910, der SPD 1913 bei. Zwischen 1915 und 1918 war auch er Soldat im Ersten Weltkrieg. Während der Weimarer Republik arbeitete er als Redakteur verschiedener sozialdemokratischer Zeitungen. Von 1928 bis 1933 war er Reichstagsabgeordneter der SPD. 1933 wurde er verhaftet und befand sich mehrere Monate in verschiedenen Konzentrationslagern (unter anderem Oranienburg). Ebert wurde 1939 zur Wehrmacht eingezogen; ab 1940 war er im Reichsverlagsamt beschäftigt. Bis zum Kriegsende befand er sich unter Polizeiaufsicht.

Zu einer Generation, und damit zur dritten Gruppe im SED-Politbüro, können folgende neun Personen zusammengefasst werden: Bruno Leuschner (1910–1965), Erich Mückenberger (1910–1998), Alfred Neumann (geb. 1909), Albert Norden (1904–1982), Fred Oelßner (1903–1977), Heinrich Rau (1899–1961), Karl Schirdewan (1907–1998), Paul Verner (1911–1986) und Herbert Warnke (1902–1975). Die Vertreter dieser Generation wurden fast alle im ersten Jahrzehnt des 20. Jahrhunderts geboren. Sie kann – in Anlehnung an Peukert – als »überflüssige Generation« bezeichnet werden. Die Jugendzeit fiel in den Ersten Weltkrieg: Die Mitglieder dieser Generation mussten häufig die Erfahrung machen, dass ihre Väter zum Waffendienst eingezogen wurden und aus dem Krieg nicht zurückkehrten. Die Demobilisierung nach Kriegsende und die Inflation führten zur zunehmenden Verarmung vor allem der Arbeiterschaft, die prägend wirkte für die heranwachsende Generation. Von der Weltwirtschaftskrise und der damit zusammenhängenden Massenarbeitslosigkeit waren sie in besonderem Maße betroffen. Bruno Leuschner, der in den fünfziger Jahren die Staatliche Plankommission leitete, absolvierte eine Ausbildung zum

Industriekaufmann.[369] 1928 wurde er Mitglied des Zentralverbandes der Angestellten und 1931 der KPD in Berlin. Dort war er nach 1933 am Aufbau einer illegalen Parteiorganisation beteiligt. Leuschner wurde 1936 verhaftet und zu sechs Jahren Zuchthaus verurteilt. Die Haftzeit verbrachte er im Zuchthaus Brandenburg-Görden, wo er Kontakte zu anderen kommunistischen Mitgefangenen aufbaute. Nachdem er denunziert worden war, kam er ins Zuchthaus Sonnenburg, ab 1942 ins Arbeitslager Wuhlheide, später ins Konzentrationslager (KZ) Sachsenhausen. Er wurde 1944 strafweise ins KZ Mauthausen überstellt. Erich Mückenberger, gelernter Maschinenschlosser, trat 1924 der SAJ und 1927 der SPD bei.[370] Damit war er innerhalb dieser Generation des späteren SED-Politbüros der einzige SPD-Vertreter. Im August 1935 wurde er verhaftet und in das Konzentrationslager Sachsenburg eingeliefert, in dem er ungefähr zehn Monate gefangen gehalten wurde. 1938 verurteilte ihn die große Strafkammer Chemnitz zu zehn Monaten Gefängnis wegen Hochverrats. Im September 1942 wurde Mückenberger erneut inhaftiert und geriet in ein Strafbataillon der Wehrmacht. Zwischen April und August 1945 befand er sich in britischer Kriegsgefangenschaft. Anfang der siebziger Jahre übernahm Mückenberger von Matern die Funktion des Vorsitzenden der Zentralen Parteikontrollkommission. Alfred Neumann, der 1961 Minister und Vorsitzender des Volkswirtschaftsrates wurde, war gelernter Tischler und trat 1929 der KPD bei.[371] Während der Weimarer Republik engagierte er sich im Deutschen Holzarbeiterverband. Im Oktober 1934 emigrierte er zunächst nach Dänemark, anschließend über Schweden und Finnland in die UdSSR. Von dort wurde er im Februar 1938 ausgewiesen und reiste über Frankreich nach Spanien, wo er Mitglied der Internationalen Brigaden wurde. Seine Odyssee setzte sich weiter fort: Anfang 1939 wurde er in Frankreich inhaftiert und 1941 an die Gestapo ausgeliefert. Der Volksgerichtshof verurteilte ihn im Februar 1942 wegen Hochverrats zu acht Jahren Zuchthaus. In den letzten Kriegswochen floh er aus einem Strafbataillon und schloss sich der Roten Armee an. Bis 1947 war er in diversen sowjetischen Kriegsgefangenenlagern in Deutschland und in der UdSSR. Der SED-Chefideologe Albert Norden – er leitete in der SED die ZK-Abteilung Agitation und Propaganda sowie die Westkommission – trat 1919 dem KJVD und zwei Jahre später der KPD bei.[372] Zwischen 1920 und 1923 absolvierte er eine Lehre als Schreiner. In den zwanziger Jahren arbeitete er als Redakteur bei verschiedenen, zumeist kommunistischen Presseorganen. Im März 1933 emigrierte er nach Dänemark, wenige Monate später nach Frankreich, das er 1935 verließ, um nach Prag zu ziehen. Während dieser Zeit arbeitete er bei mehreren Exilzeitungen. 1938 kehrte er nach Paris zurück und wurde 1939/40 in Frankreich interniert. Er arbeitete in der Illegalität für die KPD und reiste 1941 in die USA aus, wo er bis zum Kriegsende als Fabrikarbeiter tätig war. Parallel dazu setzte er seine journalistischen Arbeiten fort und war in den USA 1944 Mitbegründer des Council for a Democratic Germany.

Fred Oelßner, gelernter Kaufmann und Müller, trat 1917 der SAJ und ein Jahr später der Freien Sozialistischen Jugend (FSJ) bei.[373] Im Mai 1919 wurde er Mitglied der USPD, im Dezember 1920 der KPD. Ähnlich wie Norden arbeitete auch Oelßner als Zeitungsredakteur. Im April 1926 wurde er von der Partei nach Moskau delegiert. Dort war er Schüler und Aspirant an der Lenin-Schule und kehrte 1932 nach Deutschland zurück. Im KPD-Apparat war er anschließend Mitarbeiter der Abteilung für Agitation und Propaganda sowie Lektor an der KPD-Schule »Rosa Luxemburg« in Fichtenau bei Berlin. Er emigrierte Ende 1933 ins Saarland und danach nach Frankreich, wo er als persönlicher Sekretär von Walter Ulbricht arbeitete. Oelßner wurde Leiter von Parteischulungskursen in Amsterdam, Zürich und Prag. Ab März 1935 hielt er sich in der UdSSR auf, wo er Dozent an der Lenin-Schule wurde. Nach seiner Entlassung – wegen angeblicher ideologischer Abweichungen – arbeitete er in einer Papierfabrik in Moskau. Zwischen Juni 1941 und Herbst 1944 war er Redakteur, schließlich Chefredakteur der deutschen Redaktion des Moskauer Rundfunks. Er beteiligte sich an der Ausarbeitung der kommunistischen Nachkriegsprogramme und wurde 1944 Lehrer an der KPD-Parteischule bei Moskau. Innerhalb der späteren SED-Führung verfügte er wohl über die besten Russisch-Sprachkenntnisse und fungierte deshalb bei den diversen Moskau-Reisen der SED-Führung in den Jahren nach 1946 als Dolmetscher. Seine enge persönliche Verbindung zu Ulbricht beruhte offensichtlich auf der gemeinsamen Exilzeit in Frankreich. Heinrich Rau, der Anfang der fünfziger Jahre Vorsitzender der Staatlichen Plankommission war, ließ sich zum Stanzer und Metallpresser ausbilden und wurde 1913 Mitglied der SAJ.[374] 1916 trat er der USPD, 1919 der KPD bei. Rau war – als einziger Vertreter dieser Politbürogruppe – noch 1917/18 Soldat im Ersten Weltkrieg. Er war Mitarbeiter des ZK der KPD und von 1928 bis 1933 Abgeordneter des Preußischen Landtags. Am 23. Mai 1933 wurde Rau verhaftet und vom Volksgerichtshof Ende 1934 unter dem Vorwurf der Vorbereitung zum Hochverrat zu zwei Jahren Zuchthaus verurteilt. Nach der Haft emigrierte er in die Tschechoslowakei und anschließend in die UdSSR. Im Spanischen Bürgerkrieg wurde er 1938 Kommandeur der XI. Internationalen Brigade. Zu Beginn des Zweiten Weltkrieges erfolgte seine Verhaftung durch die französische Polizei. 1942 wurde er an die Gestapo ausgeliefert. Von März 1943 bis zum Ende des Krieges war er Häftling im Konzentrationslager Mauthausen, wo er sich an kommunistischen Widerstandsaktivitäten beteiligte. Karl Schirdewan, der spätere Leiter der ZK-Abteilung Leitende Organe der Partei und der Massenorganisationen und zeitweilige Gegenspieler Ulbrichts im Politbüro, absolvierte zunächst eine kaufmännische Ausbildung und trat 1923 dem KJVD, 1925 der KPD bei.[375] Innerhalb des kommunistischen Jugendverbandes stieg er in den zwanziger Jahren rasch auf. Ende 1933/Anfang 1934 war er im ZK des illegalen KJVD verantwortlich für »Agitation und antimilitaristische Arbeit«. Nach seiner Verhaftung verurteilte ihn der

Volksgerichtshof wegen Vorbereitung zum Hochverrat zu drei Jahren Zuchthaus, die er in Coswig verbrachte. Anschließend war er bis zum Kriegsende Häftling im Konzentrationslager Sachsenhausen und Flossenbürg. Paul Verner, gelernter Maschinenschlosser, trat 1925 dem KJVD und 1929 der KPD bei.[376] Von 1932 bis 1934 hielt er sich in Moskau auf und arbeitete als Korrespondent bei einer sowjetischen Zeitung. Für die kommunistische Jugendinternationale (KJI) war er nach 1933 in Skandinavien und Westeuropa tätig. Ende 1936 kam er nach Spanien und kämpfte für die Internationalen Brigaden. Anfang 1939 reiste er wiederum im Parteiauftrag über Frankreich, Amsterdam und Kopenhagen nach Schweden, wo er im Oktober 1939 verhaftet wurde. Die folgenden zwei Jahre musste er in einem Internierungslager verbringen. Ab August 1943 konnte er unter Auflagen als Metallarbeiter in Schweden arbeiten. In den fünfziger Jahren war Verner unter anderem Leiter der Westabteilung des ZK der SED. Herbert Warnke, der den FDGB von 1948 bis zu seinem Tod 1975 leitete, übte nach einer Nieterlehre verschiedene Parteifunktionen innerhalb der KPD aus, der er 1923 beigetreten war.[377] 1932/33 war er Mitglied des Reichstags und hielt sich nach Hitlers Machtübernahme 1933 in Saarbrücken, Paris, Moskau und Dänemark auf. 1938 emigrierte er im Parteiauftrag nach Schweden, wo er bereits 1939 verhaftet und bis Ende 1943 interniert wurde. Anschließend betätigte er sich in Gewerkschafts- und Emigrantengruppen. An der vorgestellten Generation fällt auf, dass alle Mitglieder bis auf Mückenberger frühzeitig dem kommunistischen Jugendverband beitraten und bis Anfang der dreißiger Jahre eine kommunistische Jungfunktionärskarriere vorweisen konnten. Diese wurde 1933 jäh unterbrochen. Die NS-Zeit verbrachten die Vertreter dieser Gruppe entweder im Exil in West- und Nordeuropa sowie in der Sowjetunion oder im Zuchthaus beziehungsweise im Konzentrationslager.

Zur vierten Gruppe zählten: Hermann Axen (1916–1992), Paul Fröhlich (1913–1970), Kurt Hager (1912–1998), Erich Honecker

(1912–1994), Horst Sindermann (1915–1990) und Willi Stoph (1914–1999). Die Gemeinsamkeit dieser Gruppe bestand darin, dass ihre Mitglieder kurz vor beziehungsweise während des Ersten Weltkriegs geboren wurden. Sie verbrachten ihre Jugend in der Weimarer Republik, das heißt, sie waren zum Zeitpunkt der nationalsozialistischen Machtübernahme höchstens Anfang zwanzig. Wichtigster Vertreter war zweifelsohne der spätere SED-Generalsekretär und Staatsratsvorsitzende Erich Honecker, der Anfang der dreißiger Jahre seine Dachdeckerlehre abbrach, um eine politische Laufbahn beginnen zu können.[378] Bereits 1926 wurde er Mitglied des KJVD; 1930 trat er der KPD bei. Seit 1929 war er zudem hauptamtlicher KJVD-Funktionär. 1930/31 besuchte er die Internationale Lenin-Schule in Moskau. Seit Ende 1930 war er Politischer Leiter der Bezirksleitung des KJVD im Saargebiet und zugleich Mitglied des Sekretariats der KPD-Bezirksleitung. Nach der nationalsozialistischen Machtübernahme war er im Auftrag der Partei Instrukteur für den illegalen Wiederaufbau der kommunistischen Jugendorganisation im Ruhrgebiet. Nach kurzzeitiger Festnahme und anschließender Flucht nach Holland kehrte er im Herbst 1934 ins Saarland zurück und beteiligte sich am Kampf gegen den Anschluss des Saargebiets an das Deutsche Reich. Honecker wurde am 4. Dezember 1935 verhaftet und vom Volksgerichtshof Anfang Juni 1937 zu zehn Jahren Haft verurteilt. Während der Verhöre durch die Gestapo belastete Honecker andere Kommunisten durch seine Aussagen, was er später teilweise widerrief. Er war im Zuchthaus Brandenburg-Görden inhaftiert und einer Baukolonne zugeteilt. Aus diesem Arbeitskommando floh er im März 1945, kehrte jedoch wenig später wieder zurück und wurde zusammen mit den anderen Häftlingen durch die Rote Armee befreit.

Die übrigen Mitglieder dieser Politbürogruppe waren ebenfalls KJVD- und/oder KPD-Mitglieder. So trat etwa Hermann Axen, der von 1956 bis 1966 Chefredakteur des »Neuen Deutschland« und seit 1962 Leiter der Außenpolitischen Kommission beim Politbüro war, dem KJVD 1932 bei.[379] Er wurde im November 1934 verhaftet und vom Oberlandesgericht Dresden wegen Vorbereitung zum Hochverrat zu drei Jahren Zuchthaus verurteilt. Axen floh 1937 nach Paris und wurde 1940 interniert. Zwei Jahre später lieferten ihn die französischen Behörden an die Gestapo aus. Er wurde in das Konzentrationslager Auschwitz III eingeliefert und dann in das Konzentrationslager Buchenwald verlegt. Dort war er Mitglied der illegalen KPD-Leitung. Paul Fröhlich arbeitete nach einer Ausbildung zum Koch als Bergarbeiter in Oelsnitz und trat 1929 dem KJVD sowie 1930 der KPD bei.[380] Im März 1933 wurde er für einige Wochen inhaftiert. Zwischen 1935 und 1939 war Fröhlich Gelegenheitsarbeiter beim Autobahnbau und ab September 1939 Feldkoch bei der Wehrmacht. Ende 1944 desertierte er und wurde von der Schweizer Grenzpolizei interniert. Von Februar bis Juni 1945 befand er sich in amerikanischer Kriegsgefangenschaft. Kurt Hager wurde ebenfalls 1929 Mitglied des KJVD und 1930 der KPD.[381] 1932 war er Mitarbeiter der Abteilung Agitation und Propaganda der KPD-Bezirksleitung Württemberg. Anfang März 1933 wurde Hager verhaftet und kam kurzzeitig ins Konzentrationslager Heuberg. Ein Jahr später reiste er in die Schweiz und wurde Kurier des ZK des KJVD in der Schweiz sowie in der Tschechoslowakei. Nach einem Aufenthalt in Paris 1936 nahm er von 1937 bis 1939 am Spanischen Bürgerkrieg teil. Anschließend hielt er sich wieder in Frankreich auf, wo er interniert wurde. 1939 ging er ins Exil nach Großbritannien, wo er sich bei der KPD-Auslandsorganisation auf der Insel engagierte. Hager wurde Politischer Leiter dieser KPD-Gruppe. 1940/41 wurde er in Großbritannien interniert, konnte aber schon bald seine politischen Aktivitäten in der KPD wieder aufnehmen. Mitte der fünfziger Jahre avancierte Hager zum ZK-Sekretär für Wissenschaft, Volksbildung und Kultur und leitete ab 1963 die Ideologische Kommission beim Politbüro. Auch Horst Sindermann, der von 1976 bis 1989 Präsident der Volkskammer und von 1973 bis 1976 Vorsitzender des Ministerrates war, wurde 1929 KJVD-Mitglied.[382] Im Juni 1933 wurde er verhaftet und acht Monate inhaftiert. Ab September 1934 war er Politischer Leiter des KJVD in Dresden, wurde ein halbes Jahr später erneut verhaftet und zu sechs Jahren Gefängnis verurteilt. Von 1935 bis 1941 befand sich Sindermann im Zuchthaus Waldheim in Einzelhaft und anschließend in »Schutzhaft« im Konzentrationslager Sachsenhausen. In den letzten Kriegsjahren kam er noch in das Konzentrationslager Mauthausen. Der spätere Vorsitzende des Ministerrates (1964–1973 und 1976–1989) und des Staatsrates (1973–1976) Willi Stoph, ein gelernter Maurer, trat dem KJVD 1928 und der KPD 1931 bei.[383] Zwischen 1931 und 1934 war er Gelegenheitsarbeiter, zeitweise arbeitslos sowie Mitarbeiter des KPD-Nachrichtendienstes. Von 1935 bis 1937 sowie von 1940 bis 1945 war Stoph Soldat, zuletzt im Dienstgrad eines Unteroffiziers. Stoph unterhielt Verbindungen zu einer Widerstandsgruppe und befand sich von April bis Juli 1945 in sowjetischer Kriegsgefangenschaft.

Zur fünften und letzten Generation im SED-Politbüro gehörten Gerhard Grüneberg (1921–1981) und Günter Mittag (1926–1994). Beide wurden während der Weimarer Republik geboren und erlebten ihre Jugendzeit während der NS-Herrschaft. Im Gegensatz zu den vorherigen Generationen konnten sich beide nicht im kommunistischen Jugendverband betätigen. Grüneberg, der gelernter Maurer war, wurde im Februar 1941 zur Wehrmacht eingezogen.[384] Bei Kriegsende geriet er für einige Monate in britische Kriegsgefangenschaft. Zwischen 1960 und 1981 war Grüneberg Sekretär für Landwirtschaft des ZK der SED. Mittag wurde nach dem Schulbesuch 1943 Luftwaffenhelfer und absolvierte von 1943 bis 1945 eine Ausbildung bei der Reichsbahn.[385] Mittag hatte maßgeblichen Einfluss auf die Gestaltung der SED-Wirtschaftspolitik, war von 1976 bis 1989 Sekretär des ZK für Wirtschaft und leitete zeitgleich die Wirtschaftskommission beim Politbüro.

Auch wenn kein direkter kausaler Zusammenhang zwischen der biographischen Prägung der vorgestellten Politbüromitglieder vor 1945 und ihrer politischen Ausrichtung sowie ihrer Funktion innerhalb der SED nach 1946 auszumachen ist, so bleibt doch abschließend festzuhalten, dass die Jahre der Weimarer Republik und des Dritten Reiches prägenden Einfluss auf jeden Einzelnen gehabt haben. Bis auf die Generation, die in den zwanziger Jahren geboren wurde, standen die ersten vier Generationen unter dem unmittelbaren Eindruck der Weltwirtschaftskrise ab 1929, dem Aufstieg der NSDAP sowie der Machtübernahme Hitlers am 30. Januar 1933. Der Aufbau der Planwirtschaft in der SBZ/DDR lässt sich teilweise auch auf diesen Erfahrungshorizont zurückführen. Die Forderung nach Planbarkeit und zentraler Steuerung der Wirtschaft sowie nach Übernahme der Schlüsselindustrien durch den Staat begründeten die Kommunisten stets mit dem Hinweis auf das Versagen des Staates. Zweifelsohne spielten auch die sowjetischen Vorbilder eine tragende Rolle. Die frühzeitig aufgebauten Kontakte zum Land der Oktoberrevolution und zu den Bolschewiki sowie die zahlreichen Besuchsreisen in die Sowjetunion bestärkten offenbar die KPD-Vertreter schon vor 1933 in der Gewissheit, eine Lösung für die ökonomischen Probleme der Zeit gefunden zu haben. Auffallend ist ebenso die Selbstunterwerfung der KPD gegenüber der KPdSU (B). Dieses einseitige Verhältnis überdauerte nicht nur die Zäsur von 1933, sondern verstärkte sich in den Folgejahren noch weiter. Vor allem die Exilzeit in Moskau während des Zweiten Weltkriegs führte letztlich dazu, dass ein Großteil der deutschen Kommunisten auch unter Androhung physischer Gewalt bereit war, Stalin bedingungslos zu folgen. Vermeintliche Opposition konnte sogar tödlich sein, wie die Verhaftung und Ermordung zahlreicher Kommunisten durch den sowjetischen Geheimdienst zeigte. Von den insgesamt 26 Politbüromitgliedern verbrachten sieben die Zeit des Exils in der Sowjetunion, sechs befanden sich während des Zweiten Weltkriegs in Nordeuropa oder Amerika, sechs Personen saßen im Zuchthaus oder im Konzentrationslager, sieben weitere Personen waren Soldaten der Wehrmacht oder hatten sich in die »innere« Emigration zurückgezogen. Die wichtigsten SED-Funktionäre gehörten entweder der ersten oder der dritten Gruppe an. Westemigranten hatten dagegen nach der Gründung der DDR – darauf ist mehrfach hingewiesen worden – einen äußerst schweren Stand. Sie sahen sich oftmals den Säuberungswellen innerhalb der SED ausgesetzt. In der letzten Gruppe befanden sich vor allem Sozialdemokraten. Der Karriereverlauf in der SED hing somit auch von der Zugehörigkeit zu einer der genannten Gruppen ab. Der individuelle Aufenthaltsort vor 1945 konnte also mit entscheidend sein für den politischen Aufstieg oder Absturz Anfang der fünfziger Jahre. Über die engsten Netzwerkbeziehungen scheinen die Vertreter der ersten Gruppe, das heißt die Emigranten in der Sowjetunion, verfügt zu haben. Sie wurden von der sowjetischen Besatzungsmacht häufig bevorzugt behandelt. Unmittelbar vor Kriegsende wurden sie von der Roten Armee nach Deutschland gebracht (zum Beispiel die Gruppe Ulbricht).

Die Unterteilung der Politbüromitglieder in einzelne Generationengruppen beziehungsweise Emigrantengruppen macht die Heterogenität der Gesamtgruppe deutlich. Vor allem die Generationeneinteilung kann zur Erklärung des Machtwechsels Anfang der siebziger Jahre herangezogen werden. Auf die langfristige Bedeutung des Aufenthaltsorts jedes Einzelnen zwischen 1939 und 1945 (Deutschland versus Exil; Exil in der UdSSR versus Exil im Westen) ist bereits eingegangen worden. Zuletzt sei noch einmal auf die Teilgruppe der früheren SPD-Mitglieder hingewiesen (Ebert, Grotewohl, Lehmann, Mückenberger). Im Gegensatz zu den Kommunisten, die ausschließlich in der Partei verwurzelt waren und nur eine Funktionärslaufbahn durchliefen, nahmen die Sozialdemokraten schon in den zwanziger Jahren Ämter im Staat (zum Beispiel Grotewohl) oder in der Selbstverwaltung (zum Beispiel Lehmann) ein. Innerhalb der

SED-Führung verloren die früheren SPD-Mitglieder spätestens ab Anfang der fünfziger Jahre immer mehr an Einfluss. Sie wurden sukzessive an den Rand gedrängt und konnten dem Machtbewusstsein Ulbrichts kaum noch etwas entgegensetzen.

3. Von der Zwangsbewirtschaftung zur Planwirtschaft

Eines der zentralen Elemente, mit denen die SED-Führung die DDR-Gesellschaft nach den eigenen Vorstellungen umbauen wollte, war zweifellos die Planwirtschaft. In diametraler Abgrenzung zum privatkapitalistischen Wirtschaftssystem im Westen, das auf der Einzelinitiative der diversen Marktteilnehmer und somit auf einer dezentralen Struktur basierte, sollte die Wirtschaft in der DDR zentral geplant und gesteuert werden. Der Ressourceneinsatz sowie die Verteilung der knappen Güter hatte ebenfalls von einer zentralen Stelle aus zu erfolgen. Die SED konnte dabei auf einige historische Vorläufer zurückgreifen. Wesentliche Vorbildfunktion besaß auch in diesem Bereich zweifelsohne die Sowjetunion, die in den zwanziger Jahren damit begonnen hatte, eine Zentralverwaltungswirtschaft aufzubauen. Auf diese Weise erhofften sich die Bolschewiki, die in Russland 1917 die Macht erobert hatten, das wirtschaftlich im Vergleich zu Westeuropa rückständige Riesenreich binnen kurzer Zeit von einem Agrar- in ein Industrieland zu transformieren. Dieser gewaltsam herbeigeführte sozio-ökonomische Wandel war mit erheblichen sozialen und wirtschaftlichen Kosten verbunden. Der Kollektivierung in der Landwirtschaft, die 1928 massiv einsetzte, fielen in den folgenden Jahren Millionen Menschen zum Opfer, da im Zuge der Bildung von Produktionsgenossenschaften eine Versorgungs- und Ernährungskrise entstanden war. 1928 begann der erste Fünfjahrplan, der erstmals für die 1922 gegründete UdSSR eine genaue Planung für die wirtschaftliche Entwicklung des Landes in einem festgesetzten Zeitraum vorsah. Historische Vorläufer gab es aber auch in Deutschland selber: Im Verlauf des Ersten Weltkrieges versuchte die deutsche Führung, die begrenzt verfügbaren Ressourcen für die eigene Kriegsführung effizient und optimal einzusetzen. Außerdem sollte das Vaterländische Hilfsdienstgesetz vom 5. Dezember 1916 die Steuerung des Arbeitsmarktes erleichtern.[386] Auch im Zweiten Weltkrieg war der Wandel der Wirtschaftsordnung in Richtung Zentralisierung und allgemeine Steuerung dem Kriegsverlauf geschuldet. Nach der Niederlage von Stalingrad Ende Januar 1943 ging es der NS-Führung darum, Wirtschaft und Gesellschaft für den »Totalen Krieg« zu mobilisieren, um doch noch den »Endsieg« erzwingen zu können.[387] Diese kriegsbedingten Eingriffe in das Wirtschaftssystem unterschieden sich jedoch von der Planwirtschaft in der UdSSR und der DDR in mehrfacher Hinsicht. Neben dem hier nur kurz skizzierten äußeren Handlungsrahmen (Erster und Zweiter Weltkrieg), der wesentlichen Einfluss auf die wirtschaftspolitischen Veränderungen hatte, ist vor allem darauf zu verweisen, dass die private Verfügungsgewalt über die Produktionsmittel in Deutschland vor 1945 unangetastet blieb. Eine wichtige Ausnahme bildete allerdings die Arisierung jüdischen Vermögens durch das NS-Regime, die jedoch schon vor dem Kriegsausbruch einsetzte.

Der Übergang vom System der kriegsbedingten Zwangsbewirtschaftung zur Zentralverwaltungswirtschaft vollzog sich in der SBZ/DDR nicht geradlinig und nicht sofort nach Ende des Zweiten Weltkrieges. Es gab zwar schon in den ersten Nachkriegsjahren einige Weichenstellungen für die weitere Entwicklung der ostdeutschen Wirtschaft: Dazu zählten unter anderem die Bodenreform, die Sequestrierung und Beschlagnahmung von Bankguthaben sowie die »Industriereform«, bei der die Schwerindustrie den Privatbesitzern entzogen und dem Staat zugeführt wurde. Gleichwohl war damit nicht automatisch die Ausformung des planwirtschaftlichen Systems verbunden, das sich erst im Verlauf der fünfziger Jahre zu einem komplexen und ausdifferenzierten Lenkungssystem herausbildete. Um die Entstehung und Entwicklung, aber auch die Auswirkungen der

DDR-Zentralverwaltungswirtschaft anschaulich zu machen, wird im Folgenden ein Produktionsfaktor eingehender untersucht, und zwar die Arbeit. Arbeitskräfte waren wie die übrigen Faktoren (Boden und Kapital) begrenzt zur Verfügung stehende Ressourcen. Die DDR-Planwirtschaft stand wie die anderen osteuropäischen Volksdemokratien, aber auch wie die privatwirtschaftlich organisierten westlichen Industrienationen, vor der Aufgabe, für die Allokation, also für die Zuteilung dieser Faktoren innerhalb der eigenen Volkswirtschaft, zu sorgen. Im Mittelpunkt des folgenden Abschnitts stehen daher Planung und Steuerung der Arbeitskräfte zwischen der DDR-Gründung 1949 und dem Machtwechsel 1971.

Von besonderer Bedeutung hierfür war das System der Zwangsbewirtschaftung: Die sowjetische Besatzungsmacht besaß in ihrer Besatzungszone die uneingeschränkte Herrschaftsgewalt und legte die Rahmenbedingungen für die politische, wirtschaftliche und soziale Entwicklung in der SBZ fest. Dies galt im Übrigen auch für die drei westlichen Besatzungsmächte in den Westzonen. Für die Wirtschaftsordnung in der SBZ bedeutete dies: Die SMAD erließ unmittelbar nach Kriegsende einen Lohn- und Preisstopp. Darüber hinaus nahm sie beträchtliche Eingriffe in die Eigentumsordnung vor, indem sie zahlreiche Betriebe demontieren und in die Sowjetunion abtransportieren ließ. Große Teile der Schwerindustrie gingen vorübergehend in den Besitz der sowjetischen Besatzungsmacht über. Die nun gegründeten Sowjetischen Aktiengesellschaften (SAG) arbeiteten vorwiegend für die UdSSR. Die Reparationsforderungen erstreckten sich auch auf Arbeitskräfte, die beispielsweise in die SAG-Betriebe abgezogen oder direkt in die Sowjetunion deportiert wurden. Dies wiederum hatte Auswirkungen für die Betriebe, die nicht der direkten Leitung durch sowjetische Kommandeure unterstanden: Vor allem Facharbeiter und qualifiziertes Leitungspersonal wurden knapp. Der wirtschaftliche Aufbau geriet ins Stocken. In den ersten Nachkriegsjahren bestand »Arbeitsmarktpolitik«[388] in der SBZ primär aus Ad-hoc-Maßnahmen, die den wirtschaftlichen Folgelasten des Krieges und der sowjetischen Reparationspolitik geschuldet waren. Während in den ersten Nachkriegsjahren die Kommunalverwaltungen Enttrümmerungs- und Aufräumarbeiten in Auftrag gaben und auf diese Weise Arbeitskräfte einstellten, sind auf zentraler Ebene erste Ansätze zu einer aktiven Beschäftigungspolitik erst 1948 festzustellen. So war eine Arbeitsgruppe des SED-Parteivorstandes 1948 zu dem Ergebnis gekommen, dass die eingeleitete und noch nicht abgeschlossene Verstaatlichung der Wirtschaft »eine gewisse Freistellung von Arbeitskräften ergeben« habe.[389] Damit wurde indirekt zugegeben, dass die bestehende Arbeitslosigkeit (Dezember 1948: 211 000) teilweise auf die wirtschaftliche Neuordnung durch die SED zurückzuführen war. Nach Ansicht der SED-Wirtschaftsexperten mussten zur Senkung der Arbeitslosenzahlen Investitionsprogramme gestartet werden. Ein zentral im SED-Apparat erstellter Investitionsplan sollte daher zur Schaffung neuer Arbeitsplätze führen. Auf diese Weise erhoffte man sich eine langfristige Stabilisierung und Steuerung des Arbeitsmarktes. Die Arbeitsgruppe schlug vor, ein Beschäftigungsprogramm aufzulegen, das zunächst 67 000 neue Arbeitsplätze schaffen sollte. Davon entfielen allein 30 000 auf Meliorationsarbeiten, 8000 auf Aufforstungstätigkeiten, 8000 auf den Bau neuer Wohnungen, 12 000 auf die Wiederherstellung von zerstörtem Wohnraum sowie 9000 auf die Ziegelherstellung. Das Kleine Sekretariat des SED-Politbüros billigte diesen Vorschlag am 18. März 1949.[390]

Bei der Durchführung dieses Sofortprogramms zeigten sich rasch Meinungsverschiedenheiten zwischen der zuständigen Berliner Hauptverwaltung für Arbeit und Sozialfürsorge (HVAS), die an der Spitze der ostdeutschen Arbeitsverwaltung stand, und den ihr nachgeordneten Landesverwaltungen. Diese sprachen sich nämlich dafür aus, die anfallenden Kosten auf die Sozialversicherung abzuwälzen. Da dies wiederum mit einer

»wertschaffenden Arbeitslosenunterstützung« einherging, lief der Vorschlag auf eine Arbeitsverpflichtung für Arbeitslose hinaus. Das Instrument der Arbeitsverpflichtung war jedoch höchst unpopulär. In den ersten Jahren war die sowjetische Besatzungsmacht dazu übergegangen, Erwerbstätige zur Arbeit in SAG-Betrieben gegen deren ausdrücklichen Willen zu verpflichten. Bekanntestes Beispiel war, wie bereits erwähnt, die Wismut AG in Sachsen. Der Uranbergbau, an dem die Sowjetunion ein großes Interesse hatte, um den Vorsprung der USA beim Atombombenbau rasch abbauen zu können, verschlang Tausende von Arbeitskräften. Die Beschäftigten der Wismut AG arbeiteten in der Regel ein halbes Jahr in den sächsischen Schachtanlagen. Eine Verlängerung des Beschäftigungsverhältnisses um ein weiteres halbes Jahr war möglich. In den ersten Nachkriegsjahren wies der Uranbergbau eine hohe Fluktuationsrate auf. Arbeitseinweisungen fanden auch in anderen Zweigen der Grundstoff- und Schwerindustrie statt. In der zweiten Hälfte des Jahres 1947 lagen sie – in Relation zur Anzahl der Gesamtvermittlungen – zwischen 12,7 (Juli) und 7,7 Prozent (Dezember).[391] Diese Zahlen zeigen zwar, dass die Arbeitseinweisung nicht das vorherrschende Instrument der Arbeitsbehörden war, sondern vielmehr die klassische Arbeitsvermittlung. Dennoch sollten die sozialen und wirtschaftlichen Folgen des Zwangsinstruments nicht unterschätzt werden: Familienväter mussten teilweise ihre Familien verlassen, und Betriebe sahen sich gezwungen, Beschäftigte an die sowjetische Besatzungsmacht abzugeben. Darüber hinaus waren die psychologischen Folgen enorm. Die Stimmungslage in der SBZ wandelte sich: Die Rekrutierung für den Uranbergbau sowie die in den ersten Nachkriegsjahren katastrophalen Beschäftigungsverhältnisse in den Gruben der Wismut AG sprachen sich durch die heimkehrenden Arbeiter schnell herum. Die negative Stimmung gegenüber der sowjetischen Besatzungsmacht, die durch andere Maßnahmen und Praktiken einzelner Kommandeure beziehungsweise Soldaten der Roten Armee zusätzlich angefacht wurde, übertrug sich auf die Hegemonialpartei SED, die als »Russenpartei« abgestempelt wurde. Dies wiederum bewog die zuständigen deutschen Stellen, einen Politikwechsel einzuleiten und die sowjetischen Besatzungsbehörden davon zu überzeugen, dass es ökonomisch sinnvoller sei, Beschäftigungsanreize zu schaffen und von der Arbeitsverpflichtung Abstand zu nehmen. Ende der vierziger Jahre setzte sich der Wandel der arbeitsmarktpolitischen Instrumente – weg von harten Maßnahmen und hin zu weicheren – weitgehend durch. Dies hatte aber Folgen für die sich langsam etablierende Planwirtschaft, da für den Bereich der Arbeitskräftelenkung in zunehmendem Maße marktähnliche Bestandteile eingebaut wurden. Zu den Beschäftigungsanreizen gehörten beispielsweise zusätzliche Löhne und Prämien, bessere Versorgung mit Wohnraum und Kleidung sowie zusätzliche Lebensmittelkontingente für Beschäftigte in ausgewählten Wirtschaftszweigen.

Doch zurück zu den ersten Beschäftigungsprogrammen der SED: Aufgrund der offen gebliebenen Finanzierungsprobleme misslang das Sofortprogramm der SED-Führung von 1949. Zentral- und Landesverwaltungen schoben sich die Schuld gegenseitig zu. Da die Landesministerien zudem mit dem Aufbau der Arbeitsämter und der Schulung von entsprechendem Personal beschäftigt waren, zog sich die Durchführung des Sofortprogramms zusätzlich in die Länge. Die HVAS verfolgte sehr aufmerksam die Durchführungsarbeiten der einzelnen Landesministerien. Besonders das zuständige Ministerium in Mecklenburg-Vorpommern musste sich deutliche Kritik gefallen lassen: Dort sei die Tätigkeit des Landesministeriums »völlig ungenügend«.[392] Obwohl im Januar 1949 insgesamt 39 320 Personen Arbeit gesucht hätten, seien im Beschäftigungsprogramm der mecklenburgischen Landesregierung nur 7420 neue Stellen vorgesehen. Damit habe die Landesregierung die auf einer Konferenz der Arbeitsminister gestellten Aufgaben nicht erfüllt. Die HVAS verfügte allerdings über keine Sanktionsmittel, um die

Landesministerien zur Einhaltung ihrer Beschäftigungsquoten zu bewegen. Da die angespannten Landeshaushalte wenig Spielraum für zusätzliche Investitionstätigkeiten und damit weitere Arbeitsplätze boten, konnte auch die SED-Führung nur tatenlos zusehen.

Kompetenzstreitigkeiten gab es aber nicht nur zwischen Zentral- und Landesverwaltungen, sondern auch zwischen einzelnen Zentralverwaltungen in Berlin. So betrachtete die DWK-Hauptverwaltung Wirtschaftsplanung die von der HVAS diagnostizierte Entlassung von Arbeitern im Zuge der wirtschaftlichen Umgestaltung aus einer primär makroökonomischen Perspektive und gelangte dabei zu einer vollkommen gegensätzlichen Schlussfolgerung: »Die Erscheinung, dass durch die Produktivitätssteigerung Arbeitskräfte frei werden, ist durchaus positiv und als Gesundungsmerkmal der Wirtschaft zu werten.« Die Hauptverwaltung verlangte sogar die gezielte Fortsetzung dieses Prozesses, der »mit allen Mitteln voranzutreiben [sei] und nicht durch die Sorge um gegebenenfalls frei werdende Arbeitskräfte gehemmt werden« dürfe. Probleme bei der beruflichen Unterbringung der dabei anwachsenden Gruppe der Erwerbslosen sah sie nicht. Im Gegenteil: Beschäftigungsmöglichkeiten seien »im reichlichen Umfange vorhanden«.[393] Somit standen sich zwei wirtschaftspolitische Konzepte innerhalb der DWK gegenüber: Während die HVAS an einer raschen Beseitigung der Arbeitslosigkeit interessiert war, legte die Hauptverwaltung Wirtschaftsplanung den Schwerpunkt auf die Steigerung der Produktivitätsraten in den volkseigenen Betrieben. Die dabei einsetzende Entlassung von Arbeitern nahm sie in Kauf; der Anstieg der Arbeitslosenzahlen wurde von ihr als temporäres Problem betrachtet. Dieses würde sich – so die Annahme der Hauptverwaltung Wirtschaftsplanung – im Zuge der langfristigen Wirtschaftsplanung automatisch lösen.

Das Sofortprogramm wurde jedoch nicht fallen gelassen. Auf Druck der SED-Führung mussten sich die Arbeitsverwaltung und die sie führende HVAS auch weiterhin intensiv mit der Durchführung dieses Beschäftigungsprogramms beschäftigen. Ende April 1949 herrschte nach wie vor ein Planungschaos zwischen den Landesministerien und der zuständigen Hauptverwaltung in Berlin. Karl Litke, der stellvertretende Leiter der HVAS, stellte ohne Umschweife fest: »Unsere Pläne haben unsichtbare Mängel, es gibt aber sichtbare Lenkungsmängel.«[394] Wenige Tage später zog Litke desillusioniert ein vorläufiges Resümee: »Diese Aktion war ein Fehlschlag.«[395] Im Rahmen des Sofortprogramms I hätten 80 900 Arbeitskräfte neu eingestellt werden sollen. Stattdessen meldeten die Landesverwaltungen aber nur 20 479 neue Beschäftigungsverhältnisse. Litke sah den Hauptgrund für diesen Misserfolg wiederum in der unzureichenden finanziellen Ausstattung der Landeshaushalte. Außerdem habe die Investitionsbank die angeforderten Mittel nicht bereitgestellt. Für das geplante Sofortprogramm II, bei dem 115 819 neue Arbeitsplätze eingeplant wurden, sprach der stellvertretende Leiter der HVAS die Warnung aus, dass auch diese Aktion scheitern werde, »wenn nicht mit äußerster Energie an [die] Durchführung dieser Maßnahmen herangegangen wird«.[396] Er schlug in dem Zusammenhang vor, »lohnintensive Maßnahmen mit geringem Materialaufwand« durchzuführen.[397] Eine Kehrtwende auf dem Arbeitsmarkt erwartete er davon aber auch nicht. Vielmehr müssten – so seine Schlussfolgerung – Großprojekte mit einem hohen Arbeitskräftebedarf konzipiert werden, »sonst wird an Symptomen herumkuriert, wie der zurzeitige Stand des Sofortprogramms I ausweist«. Damit näherte sich die HVAS der Position der Hauptverwaltung Wirtschaftsplanung an. Das bisher eingeleitete Beschäftigungsprogramm hatte keinen durchschlagenden Erfolg gezeigt. Die Hoffnung der HVAS richtete sich nunmehr auf die von den SED-Wirtschaftsplanern ins Spiel gebrachten wirtschaftlichen Großprojekte. Doch dies setzte wiederum eine umfassende Wirtschaftsplanung voraus, für die der Zweijahrplan 1949/50 immerhin eine wichtige Zwischenetappe darstellte. Doch erst der Fünfjahrplan von 1950 bot die Voraussetzung zur zentralen Lenkung der Produktionsfaktoren, die den raschen Aufbau der industriellen Schwerpunktbetriebe ermöglichte. Die Zuteilung der Investitionsmittel, Rohstoffe und Zwischenprodukte war zuvor in dem Maße nicht möglich gewesen. Insofern fiel das Sofortprogramm I in eine ordnungspolitische Übergangsphase, welche die Etablierung der Planwirtschaft für die gesamte DDR-Wirtschaft vorbereitete. Die Auseinandersetzung zwischen beiden DWK-Hauptverwaltungen zeigte außerdem, dass sich bereits zu diesem Zeitpunkt die Arbeitsverwaltung gegen die von der SED dominierte, sich noch im Aufbau befindende Wirtschaftsverwaltung nicht mehr durchzusetzen vermochte.

Nachdem erkennbar geworden war, dass sich das Sofortprogramm nicht in dem erhofften Maße realisieren ließ, gerieten schließlich die Planungsarbeiten ins Stocken. Hinzu kam, dass ab 1948/49 die allgemeine und zentrale Wirtschaftsplanung immer mehr an Bedeutung gewann. Ihr wurden andere Ziele untergeordnet. Das traf wiederum das Sofortprogramm, das primär der Versorgung von Erwerbslosen mit Arbeit dienen sollte. Der anlaufende Zweijahrplan verfolgte in erster Linie andere Ziele, nämlich den Ausbau der Schwerindustrie sowie die Steigerung der Arbeitsproduktivität. Der sich dabei herausbildende Zielkonflikt wurde letztlich zugunsten der allgemeinen Wirtschaftsplanung entschieden. Insofern hatte die HVAS auch rasch das Nachsehen gegenüber der Hauptverwaltung Wirtschaftsplanung. Um das Ziel einer einheitlichen und zentralen Lenkung der DDR-Wirtschaft zu erreichen, wurde sogar ein befristetes Ansteigen der Arbeitslosenzahlen in Kauf genommen. Aus Sicht der Arbeitsverwaltung ließ sich im Übrigen auf diese Weise ein anderes Problem lösen, dem man bisher hilflos gegenüberstand: die Hortung von Arbeitskräften. Entsprechende Anweisungen der sowjetischen Besatzungsmacht an die volkseigenen Betriebe und die SAG-Betriebe, rentabel zu produzieren, führten dazu, dass »alle bis dahin gehorteten Arbeitskräfte entlassen« wurden.[398] Gleichzeitig mussten einige Arbeitsämter aber feststellen, dass die Betriebe »bei den Entlassungen nicht die besten Arbeitskräfte den Ämtern für Arbeit zur Verfügung« stellten. Die Betriebe behielten demnach ihre Facharbeiter und gaben diese Arbeitskräfte nicht ab, die für den Aufbau der Grundstoffindustrie und damit für die Erfüllung der Wirtschaftspläne dringend benötigt wurden. Damit behinderte ein weiterer Faktor den Aufbau der Zentralverwaltungswirtschaft: die Betriebe. Diese versuchten im Rahmen ihrer Möglichkeiten einen gewissen Handlungsspielraum zu behalten und ließen sich von der Wirtschaftsverwaltung nicht in die Karten schauen. So lehnten zahlreiche Betriebsleiter die Abgabe von eigenen Facharbeitern für übergeordnete Wirtschaftsprojekte ab. Entsprechende Vorstöße der zuständigen DWK-Hauptabteilungen beziehungsweise ab Oktober 1949 der DDR-Ministerien lehnten selbst volkseigene Betriebe ab.

Der von der DWK-Hauptverwaltung Wirtschaftsplanung bewertete »Gesundungsprozess« hatte im Februar und März 1949 zu einem Ansteigen der Zahl der Empfänger von Arbeitslosenunterstützung sowie von Fürsorgeleistungen geführt. Im März 1949 registrierten die Arbeitsämter 390 000 Erwerbslose.[399] Diese Gesamtzahl war zuletzt im Februar 1946 höher gewesen (435 000). Als wichtigste Ursachen für den Anstieg 1948/49 lassen sich vor allem folgende Faktoren ausmachen: die statistische Verschiebung von Unterstützungsempfängern zu den meldepflichtigen Arbeitslosen[400] sowie die anhaltende Entlassung von Kriegsgefangenen aus den sowjetischen Lagern. Außerdem führten Versorgungsengpässe bei der Rohstoffzulieferung und Schwierigkeiten beim Wiederaufbau der Infrastruktur (Eisenbahnnetz) zu Produktionseinbrüchen und Stellenabbau. Auch der prozentuale Anteil der Erwerbslosen an der Erwerbsbevölkerung erreichte im März 1949 einen neuen Höchststand und lag bei 4,9 Prozent. Zwischen 1950 und 1955 sanken die Erwerbslosenzahlen rapide. Verzeichnete die Statistik im Januar 1950 noch rund 395 000 Arbeitslose, so wurden drei Jahre später nur noch rund 104 000 Personen gezählt. Der größte Rückgang war im Verlauf des Jahres 1951 zu beobachten: von etwa 343 000 im Januar auf 159 000 im Dezember. Diese Entwicklung setzte sich trotz saisonaler Schwankungen weiter fort. Im Jahr 1955 lagen die Arbeitslosenzahlen zwischen 25 000 (August) und 66 000 (März). Das Phänomen »Arbeitslosigkeit« wurde für die DDR bis zu ihrem Untergang nahezu bedeutungslos: Auf den ersten Blick war Vollbeschäftigung erreicht. Die Arbeitslosenversicherung wurde faktisch überflüssig, existierte jedoch noch bis 1977.

Von der Erwerbslosigkeit war die Bevölkerung nicht in gleichem Maße betroffen. Alters- und geschlechtsspezifische Faktoren spielten eine entscheidende Rolle. Einen sehr großen Anteil machten die Frauen aus. Der vorhin angesprochene Anstieg der Arbeitslosenzahlen 1948/49 traf vor allem die weibliche Erwerbsbevölkerung. Deren Anteil an der Gesamterwerbslosenquote, die ohnehin stets über der der Männer lag, erhöhte sich nunmehr noch einmal. Unter den als erwerbsbeschränkt eingestuften Arbeitslosen befanden sich zu ganz erheblichen Teilen die Flüchtlinge und Vertriebenen. Unter den »Umsiedlern« lag der Anteil der erwerbsfähigen Personen vermutlich unter dem vergleichbaren prozentualen Wert der eingesessenen Bevölkerung, was mit der zahlenmäßig großen Gruppe der Alten und Kinder unter den Flüchtlingen und Vertriebenen sowie den Folgen der Vertreibung zusammenhing. Insgesamt fällt auf, dass ein spürbarer Rückgang der Arbeitslosenzahlen erst einsetzte, als mit dem 1. Fünfjahrplan Anfang der fünfziger Jahre der Aufbau der Grundstoff- und Schwerindustrie begann. Darüber hinaus bleibt festzuhalten, dass die Bevölkerung in unterschiedlichem Ausmaße von der Erwerbslosigkeit getroffen wurde. Frauen und »Umsiedler« verloren als Erste ihren Beschäftigungsplatz. Das bedeutete auch, dass Frauen und »Umsiedler« als Letzte vom Rückgang der Erwerbslosigkeit profitierten.

Im Frühjahr 1949 wurden in der DWK erste Besprechungen zur Vorbereitung von »Großprojekten« mit dem Ziel geführt, zahlreiche Arbeitsplätze für die registrierten Erwerbslosen anzubieten. Bereits Ende Mai sicherte das Kleine Sekretariat des Politbüros die Finanzierung des Sofortprogramms II durch einen entsprechenden Beschluss ab.[401] Dieser sah die Bereitstellung von zunächst 207 Millionen Mark (Ost) vor. Ende Mai lief dieses Beschäftigungsprogramm allerdings nicht mehr unter der Bezeichnung »Sofortprogramm II«, sondern als Zusatzplan zum Investitionsplan.[402] Auf diese Weise war die Einordnung der Arbeitsmarktpolitik in die allgemeine Wirtschaftsplanung und damit ihre Unterordnung dokumentiert. Da die DWK in der Folgezeit dazu überging, für sämtliche Wirtschaftsbereiche Planziffern zu erstellen und auszugeben, war es nur zwangsläufig, dass die Verteilung der Arbeitskräfte davon nicht ausgenommen wurde. Die HVAS mussten erneut eine Niederlage gegen die Hauptverwaltung Wirtschaftsplanung einstecken.

Für die weitere Einbettung der Arbeitskräftelenkung in die im Aufbau befindliche Planwirtschaft der SBZ/DDR hatten der Halbjahrplan 1948 sowie der mehrfach angesprochene Zweijahrplan 1949/50 eine herausragende Bedeutung.[403] Darüber hinaus war mit der Gründung der DWK, die schon 1947 erfolgt war, eine zentralstaatliche Institution ins Leben gerufen worden.[404] Zusammen mit den zuständigen Hauptverwaltungen beanspruchte sie die wirtschaftspolitische Koordinierungs- und Steuerungsfunktion allein für sich, natürlich in enger Abstimmung mit der SED-Führung. Damit waren die institutionellen Voraussetzungen für eine zunehmende Zentralisierung weitgehend gegeben. Eine Folge dieser Maßnahmen bestand in der Zurückdrängung des Einflusses der Länder, die kaum noch über Mitsprache- und Gestaltungsmöglichkeiten verfügten. Für die Lenkung des Produktionsfaktors Arbeit bleibt festzuhalten, dass etwa zeitgleich die Frage des strukturellen Aufbaus der Arbeitsverwaltung endgültig entschieden wurde: Die Arbeitsämter wurden im Sommer

1951 aufgelöst. In Anlehnung an das sowjetische Vorbild sollten die Industrieministerien für die Arbeitskräfteplanung und -lenkung zuständig sein. In der Folgezeit wurden bei den Bezirksverwaltungen Abteilungen für Arbeit und Berufsausbildung gebildet, die einen Teil der Aufgaben wahrzunehmen hatten, die zuvor von den Arbeitsämtern ausgefüllt worden waren. Mit dieser Maßnahme verabschiedete sich die DDR von einer eigenständigen Arbeitsverwaltung, die seit Ende des 19. Jahrhunderts ein fester Bestandteil der öffentlichen Verwaltung in Deutschland gewesen war. Aus Sicht der SED und der Wirtschaftsverwaltung sollte dies die Effektivität der Planung und Lenkung erhöhen. Tatsächlich zeigte sich aber schon rasch, dass sich etwa der zwischenbezirkliche Ausgleich von Arbeitskräften noch schwieriger gestaltete, da nun die Städte und Kreise die ihnen neu zugewiesenen Aufgaben mitunter dazu nutzten, um eigene Interessen und Ziele zu verfolgen. Damit wirkte sich die Auflösung der Arbeitsämter nachteilig auf die Entwicklung der Arbeitskräfteplanung und -lenkung aus. Für die Erarbeitung der Arbeitskräftepläne wurde ab Anfang der fünfziger Jahre die Staatliche Plankommission (SPK) immer wichtiger. Sie stellte in Absprache mit den Industrieministerien und der SED-Führung die Jahresplanungen für den Einsatz des Arbeitskräftepotentials auf. Auf die Kompetenzstreitigkeiten zwischen den beteiligten Institutionen sei an dieser Stelle nochmals hingewiesen.

Mit dem ersten Fünfjahrplan wandelte sich die Planungstätigkeit erneut: Die Aufstellung eines zentralen Wirtschaftsplanes zog die Planung des Arbeitskräfteeinsatzes zwingend nach sich. Damit verloren die Monats- und Quartalsberichte der deutschen Arbeitsverwaltung aus den ersten Nachkriegsjahren ihre ursprüngliche Bedeutung. Die in den jährlichen Volkswirtschaftsplänen integrierten Arbeitskräftepläne dienten nicht mehr ausschließlich zur Weitergabe von Informationen an die sowjetische Besatzungsmacht sowie an andere DWK-Hauptverwaltungen beziehungsweise DDR-Ministerien, sondern besaßen nunmehr richtungweisende Funktion für sämtliche nachgeordneten Verwaltungen auf Landes-, Bezirks- und Kommunalebene. Der erste Fünfjahrplan markierte auch in inhaltlicher Hinsicht eine Weichenstellung. Der massive Auf- und Ausbau der Schwerindustrie[405] legte automatisch für die Wirtschafts- und Arbeitsverwaltung die Schwerpunkte bei der Arbeitskräfteplanung und -lenkung neu fest. Die Gewinnung von Arbeitskräften für den Bergbau, die Eisenhütten- und Stahlindustrie sowie den Allgemeinen Maschinenbau hatte somit eindeutig Priorität gewonnen.

Mit der Durchführung des ersten Fünfjahrplanes verfolgte die SED-Führung auch das Ziel, die Wirtschaftspolitik mit anderen Politikfeldern stärker zu verzahnen. Auf die Ein- und Unterordnung der klassischen Arbeitsmarktpolitik ist bereits aufmerksam gemacht worden. Im Verlauf der fünfziger Jahre erhielt nun die Berufsaus- und Berufsweiterbildung einen immer größeren Stellenwert innerhalb der ostdeutschen Planwirtschaft, nachdem sich abgezeichnet hatte, dass die Arbeitslosigkeit in absehbarer Zeit bedeutungslos werden würde. Die Arbeitsverwaltung und die Staatliche Plankommission konnten sich daher neuen Aufgaben zuwenden. Da der übereilte Aufbau schwerindustrieller Standorte die Nachfrage nach Facharbeitern erhöhte und die fast gleichzeitig einsetzende Flucht in den Westen Deutschlands auch zu einer Abwanderung von qualifizierten Arbeitskräften führte, sahen sich die SED-Führung und die zentrale Wirtschaftsverwaltung mit dem Problem der Arbeitskräfteknappheit konfrontiert. Dies wurde zum Dauerproblem der DDR, das durch die Hortung von Arbeitskräften in den Betrieben zusätzlich verschärft wurde. Die Planungsbehörden mussten das Kunststück vollbringen, mit dem richtigen Arbeitskräftekontingent zum richtigen Zeitpunkt am richtigen Ort zu sein. Da zusätzliche Arbeitskräfte von außen nicht zu erwarten waren, bestand eine vordringliche Aufgabe der Planungsbehörden darin, das zur Verfügung stehende Arbeitskräftepotential so weit wie möglich auszuschöpfen. Dazu zählten zu Beginn des ersten Fünfjahrplanes die bis dahin nicht erwerbstätigen Frauen. Außerdem sollten mit einer gezielt verstärkten Berufsausbildung und Berufsweiterbildung die in den Wirtschaftsplänen angesetzten Beschäftigungszahlen erreicht werden. Um das Arbeitskräftepotential bedarfsgerecht steuern zu können, sollte nach den Vorstellungen der SED und der Staatlichen Plankommission der berufliche Nachwuchs für die einzelnen Wirtschaftszweige direkt ausgebildet und anschließend in ein Beschäftigungsverhältnis übernommen werden. Dadurch erhöhten sich die Anforderungen an eine bedarfsorientierte und vorausschauende Planung nochmals.

Die SED-Führung schien die Steuerungsprobleme bei der beruflichen Aus- und Weiterbildung erkannt zu haben und befürchtete offenbar negative Auswirkungen auf den Fünfjahrplan. So wies beispielsweise einer der beiden SED-Vorsitzenden, Wilhelm Pieck, anlässlich seines Besuches beim Stahlwerk Brandenburg am 17. August 1950 auf den Zusammenhang von Berufsausbildung und Planwirtschaft hin.[406] Zur Erfüllung der wirtschaftlichen Ziele würde man landesweit fast eine Million Arbeitskräfte benötigen. Es seien allerdings »keine Reserven mehr von beruflich qualifizierten Menschen« vorhanden, so Pieck weiter. Als Ausweg schlug er vor, das Aus- und Weiterbildungssystem zu verbessern und vor allem innerbetrieblich zu verankern: »Wir müssen die heutigen Hilfsarbeiter schulen, damit sie morgen qualifizierte Arbeiter sind. Wer soll diese Schulung durchführen? Das können und müssen die bereits qualifizierten Arbeiterinnen und Arbeiter, die technische Intelligenz als ihre Aufgabe betrachten.« Ob diese Mobilisierung zur betrieblich organisierten Qualifizierung eine Lösung des Facharbeitermangels mit sich bringen würde, schien fraglich. Schnelle Erfolge waren jedenfalls auch auf diese Weise nicht zu erwarten. Hinzu kam, dass die Stahl- und Walzwerke bereits Lehrlinge ausbildeten und personell nicht in der Lage waren, dieses Angebot entsprechend auszuweiten. Vor allem verkannte Piecks Vorschlag die nach wie vor bestehenden Qualifizierungsschranken, die bereits vor 1945 zwischen Facharbeitern, angelernten und ungelernten Arbeitern bestanden. Der SED gelang es in den fünfziger und sechziger Jahren kaum, diese Ausbildungsbarrieren zu beseitigen.

In den fünfziger Jahren wurden die wichtigsten Konzepte und Instrumente für die Planung und Steuerung des Arbeitskräftepotentials entwickelt und erprobt. Wesentliche Veränderungen sollten im nachfolgenden Jahrzehnt nicht mehr erfolgen. Auch das zaghafte Wirtschaftsreformvorhaben NÖSPL, das über ein Planungsstadium kaum hinauskam, brachte keine Richtungsänderung für die Lenkung des Produktionsfaktors Arbeit.[407] Das Schwergewicht des Reformprojektes lag auf der Industriepreisreform. Zwar sollten die Handlungsspielräume der Betriebe erweitert und das Anreizsystem zur Allokation der Arbeitskräfte verbessert werden – ein grundsätzlicher Wandel im Vergleich zu den fünfziger Jahren war jedoch nicht erkennbar. Hinzu kam, dass neue Wege der Arbeitskräfterekrutierung nur zaghaft verfolgt wurden. Der Einsatz von ausländischen Arbeitskräften – beschränkt auf die osteuropäischen Nachbarstaaten sowie »befreundete« Länder in Afrika und Asien – blieb in seinen quantitativen Ausmaßen bescheiden. Die SED-Führung schreckte aus unterschiedlichen Gründen davor zurück, die Anwerbung von Arbeitskräften im Ausland zu forcieren. Die Zusammenarbeit innerhalb des RGW hatte gezeigt, dass die DDR nur ein begrenztes Entgegenkommen der übrigen Mitgliedstaaten des östlichen Wirtschaftssystems erwarten konnte. Darüber hinaus dürften sicherlich auch Ressentiments innerhalb der DDR gegenüber ausländischen Arbeitskräften eine wichtige Rolle für die SED gespielt haben. Da sich die DDR von der Bundesrepublik dezidiert abzusetzen versuchte, mussten sie auch den von der Bundesregierung in den sechziger Jahren eingeschlagenen Weg der massiven Anwerbung von ausländischen Arbeitskräften ablehnen.

Und schließlich glaubte die SED, die stets ihre antifaschistischen Wurzeln betonte, eine entsprechende Beschäftigungspolitik aufgrund der Tatsache des millionenfachen Einsatzes von ausländischen Zwangsarbeitern in der NS-Zeit nicht verfolgen zu können.

Abschließend seien noch einmal einige zentrale Bestandteile der DDR-Planwirtschaft genannt, die nicht nur für die Arbeitskräfteplanung und -lenkung relevant waren. Dazu zählte vor allem die grundlegende und gewaltsame Neuordnung der Besitzverhältnisse in der SBZ/DDR. Hier fielen schon in den ersten Nachkriegsjahren wesentliche Entscheidungen, so zum Beispiel die Bodenreform, die Verstaatlichung der Schlüsselindustrien sowie die Sequestrierung von privatem Vermögen. Der verstaatlichte Sektor wurde bis Ende der sechziger Jahre stark ausgebaut, der private Wirtschaftssektor dagegen stark geschwächt und auf wenige Wirtschaftsbereiche begrenzt. Des Weiteren erfolgte in unserem Untersuchungszeitraum eine frühzeitig einsetzende und sich rasch beschleunigende Zentralisierung der Entscheidungsbefugnisse. Die SED-Führung beanspruchte das alleinige Recht für sich, die Wirtschaftspolitik zu bestimmen. Ihr zur Seite standen in erster Linie die Staatliche Plankommission und die Industrieministerien. Diese Zentralisierung ging einher mit einer Entmachtung anderer wirtschaftspolitischer Akteure. Dabei wäre zum einen auf die Ausschaltung der entsprechenden Landesministerien zu verweisen, die bereits vor der Auflösung der Länder 1952 stattfand. Zum anderen verdrängte die SED die Interessenverbände beziehungsweise unterband deren Neugründung. Letzteres betraf etwa die Unternehmerverbände, die sich in der SBZ nicht mehr bilden durften. Sie fielen als wirtschaftspolitischer Akteur aus und konnten, was die Arbeitskräfteplanung und -lenkung betraf, nicht als Tarifpartei auftreten und ihre Interessen artikulieren. Die Gewerkschaften – als Gegenpol zu den Arbeitgeberorganisationen – wurden zwar neu gegründet. Ihre klassische Funktion als Sprachrohr der Arbeitnehmerinteressen trat jedoch rasch in den Hintergrund. Der FDGB und die Industriegewerkschaften sollten schon Ende der vierziger beziehungsweise Anfang der fünfziger Jahre die Funktion eines Transmissionsriemens zur SED erfüllen. In wirtschaftspolitischer Hinsicht war somit die Autonomie der Tarifparteien beseitigt. Unabhängig davon entstanden vor allem auf betrieblicher Ebene neue Handlungsspielräume, die von den jeweiligen betrieblichen Gewerkschaftsfunktionären durchaus im Sinne der Belegschaftsmitglieder und zuweilen auch gegen den Kurs der herrschenden Partei artikuliert wurden. Diese institutionelle Veränderung korrespondierte mit inhaltlichen Weichenstellungen. Die für eine Volkswirtschaft entscheidende Frage nach der Preisbildung beantwortete die SED eindeutig und setzte den von der sowjetischen Besatzungsmacht eingeschlagenen Kurs fort. Die staatliche Festsetzung von Löhnen und Preisen machte deutlich, dass sich die DDR von einem privatkapitalistischen Wirtschaftsmodell dezidiert absetzte und ein eigenes, am sowjetischen Vorbild orientiertes Modell aufzubauen versuchte, nämlich die Zentralverwaltungswirtschaft. Trotzdem baute die SED im Laufe der Zeit einzelne Elemente eines quasi marktwirtschaftlich ausgerichteten Anreizsystems ein. Dazu zählten beispielsweise eine bessere oder zusätzliche Entlohnung, Prämienzahlungen, eine bessere Wohnraumversorgung oder aber auch erhöhte Lebensmittelkontingente. Die SED ging damit zu einer Strategie des wirtschaftspolitischen Improvisierens über, ohne aber die Grundsäulen der Planwirtschaft zu gefährden oder in Frage zu stellen. Für die Hegemonialpartei war entscheidend, dass keine wirtschaftspolitischen Freiräume entstehen durften. Das Primat der Politik wurde daher immer beachtet und durchgesetzt, wie sich bei den Wirtschaftsreformen der sechziger Jahre gezeigt hatte.

4. Soziale und wirtschaftliche Entwicklungen

Die DDR war in den fünfziger und sechziger Jahren einem enormen sozio-ökonomischen Strukturwandel unterworfen, der von der SED-Führung zu großen Teilen bewusst herbeigeführt und forciert wurde. Gleichwohl müssen bei der Darstellung der sozialen und wirtschaftlichen Entwicklung der DDR auch Bereiche thematisiert werden, die dem Gestaltungswillen der Hegemonialpartei nicht oder kaum unterlagen und insofern säkulare Entwicklungslinien darstellen. Das gilt etwa für den Bevölkerungsstand und seine Veränderungen: Bei der Volkszählung am 29. Oktober 1946 wurde eine Gesamtbevölkerung von 18,355 Millionen Personen registriert; knapp vier Jahre später zählten die zuständigen Behörden am 31. August 1950 insgesamt 18,388 Millionen Personen.[408] In den fünfziger Jahren setzte ein spürbarer Bevölkerungsrückgang ein. Am Ende des Jahres 1952 wurden 18,3 Millionen Menschen registriert. Diese Zahl sank jährlich; der Rückgang lag prozentual – jeweils gemessen am Ergebnis des Vorjahres – zwischen 0,1 und 2,3 Prozent. Ende 1955 wurde erstmals die 18-Millionen-Marke unterschritten (17,832 Millionen); sechs Jahre später lebten nur noch 17,079 Millionen Menschen in der DDR.[409] Die dramatisch ausufernde Westwanderung – die so genannte Republikflucht – konnte durch den Zuzug in die DDR und einen Geburtenüberschuss nicht ausgeglichen werden. Erst mit dem Mauerbau konnte dieser Bevölkerungsverlust gestoppt werden. Im Verlauf der sechziger Jahre gab es keine vergleichbaren Einbrüche bei der Bevölkerungsentwicklung wie in dem Jahrzehnt zuvor: Die Gesamtzahl schwankte – jeweils am Ende des Jahres betrachtet – zwischen 17,004 (1964) als tiefster und 17,181 Millionen (1963) als höchster Wert.[410]

Bei der Betrachtung der zur Verfügung stehenden Statistiken fällt des Weiteren auf, dass die DDR einen erheblichen Frauenüberschuss hatte, und zwar in allen Altersgruppen ab dem 24. Lebensjahr (Stand: 31. Dezember 1956).[411] Aufgrund der beiden Weltkriege war es bekanntlich zu ernormen Einbrüchen in einzelnen Generationsjahrgängen der männlichen Bevölkerung gekommen. Interessant ist die Tatsache, dass der Rückgang der Gesamtbevölkerung geschlechtsspezifisch unterschiedlich verlief. Bei den Frauen ist sowohl in absoluten als auch in relativen Zahlen ein stärkerer Rückgang zu beobachten als bei den Männern. Die natürliche Bevölkerungsentwicklung wandelte sich Ende der vierziger Jahre von einem Geburtendefizit hin zu einem Geburtenüberschuss: Standen 1946 noch 188 679 Geburten 413 240 Todesfällen gegenüber, so betrug dieses Verhältnis im Jahr der Staatsgründung 274 022 zu 253 658.[412] In den fünfziger Jahren lag der Überhang an Geburten zwischen 50 292 (1958) und 101 972 (1951). Erwähnenswert ist außerdem die Tatsache, dass der Geburtenüberschuss seit 1951 langfristig betrachtet zurückging und erst 1961 wieder anstieg (78 079).[413] In den sechziger Jahren schien sich diese Entwicklung fortzusetzen. Einen Einbruch gab es hier jedoch 1967, als die Differenz zwischen Geburten und Todesfällen nur noch 25 749 betrug und damit nur knapp über dem Ergebnis von 1949 lag. In den folgenden Jahren sollte sich dieser Negativtrend fortsetzen. 1968 meldeten die statistischen Ämter der DDR nur noch einen Überschuss von 2670 und im folgenden Jahr lag die Gesamtzahl der Gestorbenen erstmals über der der Geburten.[414] In den siebziger Jahren sollte sich dieser Trend noch weiter verstärken; ein Geburtenüberschuss konnte erst wieder 1979 gemeldet werden.

Die mittlere Lebenserwartung stieg im Untersuchungszeitraum ebenfalls kontinuierlich an. Sie lag bei Männern niedriger als bei Frauen. Während die Lebenserwartung 1952 bei männlichen Personen bei durchschnittlich 63,9 Jahren lag, betrug sie 1961 bereits 67,07 Jahre. In den sechziger Jahren erhöhte sie sich nur unwesentlich auf 68,35 (1967).[415] Bis 1969 war sie leicht rückläufig (67,77 Jahre) und steigerte sich bis 1971 auf 68,52 Jahre.[416] Bei den weiblichen Personen ergaben sich folgende Vergleichswerte: 67,96 (1952), 72,02 (1961), 73,43 (1967), 73,13 (1969)[417] und 73,61 (1971).[418]

Die DDR-Gesellschaft stellte bis 1989/90 eine besonders stark ausgeprägte Arbeitsgesellschaft dar. Die Grundlagen dafür bildeten sich in den fünfziger Jahren bereits heraus und sollten für die folgenden drei Jahrzehnte wirkungsmächtig bleiben. Zunächst einmal ist zu betonen, dass in der DDR der Anteil der Bevölkerung im arbeitsfähigen Alter an der Wohnbevölkerung anfangs etwas anstieg und 1950 seinen Höhepunkt hatte (64,1 Prozent). In den nachfolgenden Jahren sank der Anteil kontinuierlich bis auf 60,3 (1961). Dieser prozentuale Anteil konnte in der Folgezeit nicht gehalten werden und sank in den sechziger Jahren weiter: 59,0 (1963) und 57,8 (1967–1970).[419] Zur erwerbsfähigen Bevölkerung zählten Männer zwischen 15 und 65 sowie Frauen zwischen 15 und 60 Jahren. Der Anteil der Bevölkerung im nicht arbeitsfähigen Alter, das heißt der Kinder und Rentner, stieg dementsprechend zwischen Staatsgründung und Mauerbau stetig an: Von 35,9 (1950) über 39,7 (1961) auf 42,2 Prozent (1967). Nicht zu übersehen war dabei die schleichende Überalterung: Der Anteil der Rentner an der Wohnbevölkerung erhöhte sich von 13,8 (1950) über 18 (1961) auf 19,5 Prozent (1970). Im Gegensatz dazu sank der Kinderanteil (unter 15 Jahren) von 22,1 (1950) auf 19,9 Prozent (1956); anschließend ist ein leichter Aufwärtstrend zu beobachten, so dass der Anteil im Jahr des Mauerbaus bei 21,8 Prozent lag. Bis 1966 stieg der Anteil der Kinder an der Wohnbevölkerung auf 23,2 Prozent und sank in den folgenden Jahren auf 22,6 Prozent (1970).

Die Vermehrung der Erwerbsbevölkerung erfolgte auch durch Eingriffe in das System sozialer Sicherheit, das vor allem in den fünfziger Jahren radikal umgebaut wurde. Die Zugangsvoraussetzungen zur Sozialfürsorge[420] und zur Arbeitslosenversicherung wurden erheblich erschwert, die sozialen Leistungen enorm reduziert. Empfänger von Sozialfürsorge oder Arbeitslosengeld sollten in die Arbeitswelt gedrängt werden. Insgesamt wurde die Sozialversicherung in Richtung Einheitsversicherung grundlegend umgebaut.[421] Die Leistungen der neu geschaffenen Einheitsversicherung wurden etwa bei den Renten langfristig auf niedrigem Niveau gehalten. Daran konnte auch die Einführung der Zusatzversicherung Ende der sechziger Jahre wenig ändern. Das Gesundheitswesen wurde verstaatlicht.[422] Trotz radikaler Brüche kann jedoch nicht einfach von einer Sowjetisierung gesprochen werden.[423] Die DDR-Sozialpolitik[424] unterlag zwar auch hier prinzipiell sowjetischen Einflüssen. Sehr viel dominanter dürften aber in diesem Bereich Vorstellungen gewesen sein, die innerhalb der Arbeiterbewegung vor 1933 entwickelt worden waren. Dies betraf beispielsweise die Forderung nach Vereinheitlichung des zersplitterten Sozialversicherungswesens.

Es gehörte zu den Leistungen der DDR-Wirtschafts- und Sozialpolitik, das Potential der erwerbsfähigen Bevölkerung zu einem im internationalen Vergleich hohen Prozentsatz ausgeschöpft zu haben. Auf die einzelnen Instrumente wird im Folgenden noch näher einzugehen sein. Festzuhalten bleibt an dieser Stelle schon einmal, dass die SED-Führung sowie die Arbeits- und Wirtschaftsverwaltung auf vielfältige Weise Druck auf die nichterwerbstätige Bevölkerung ausübten beziehungsweise zahlreiche Anreize anboten. Die männliche Erwerbsbeteiligung stieg von 82,1 (1950) auf 85,3 Prozent (1960). Bis Anfang der siebziger Jahre war diese Quote leicht rückläufig und lag 1973 bei 80,7 Prozent. Der Anstieg war bei der weiblichen Erwerbsbeteiligung besonders stark: von 44,1 (1950) auf 61,9 Prozent (1960).[425] Im Gegensatz zur männlichen Erwerbsbeteiligung konnte die weibliche im folgenden Jahrzehnt weiter ausgebaut werden und betrug 1973 immerhin schon 77,5 Prozent. Bei diesen Zahlenangaben fehlten allerdings die Beschäftigten aus dem so genannten

Sicherheitsbereich, das heißt die NVA sowie die Sicherheits- und Polizeikräfte. Nicht berücksichtigt waren außerdem die Lehrlinge. Insgesamt gesehen ist der Anstieg der Frauenerwerbsquote, die für die DDR-Arbeitsgesellschaft ein wesentliches Merkmal war, nicht zu übersehen. Sie erhöhte sich bis zum Untergang der DDR auf 82,4 Prozent (1989).[426]

Für die DDR ist in den fünfziger und sechziger Jahren ein Wandel in der Erwerbsstruktur zu beobachten, der sowohl Parallelen als auch Sonderentwicklungen im Vergleich zur Bundesrepublik Deutschland aufwies. Zu den Ähnlichkeiten gehört vor allem der Abbau des primären Sektors: Die Zahl der in der Land- und Forstwirtschaft Beschäftigten sank erheblich von 2,242 Millionen (1949) auf 974 000 (1971).[427] Dieser Prozess vollzog sich jedoch nicht linear, da die Beschäftigtenzahl im Vergleich zum jeweiligen Vorjahr 1954, 1955 und 1962 geringfügig anstieg (+24 000, +69 000 beziehungsweise +2000). Dennoch war der unaufhaltsame Niedergang der Erwerbszahlen im primären Sektor unübersehbar. Im Gegensatz dazu wuchs die Anzahl der Beschäftigten im sekundären Sektor, der in den DDR-Statistiken in Industrie, Bauwirtschaft und produzierendes Handwerk (ohne Bauhandwerk) aufgeteilt wurde, von anfänglich 3,094 Millionen (1949) auf 3,801 Millionen (1971). Der Anstieg der Beschäftigtenzahlen war nicht nur auf eine deutliche Ausweitung der Gesamtbeschäftigung zurückzuführen, sondern auch auf eine Verschiebung zwischen den einzelnen Wirtschaftssektoren und -branchen. So stieg etwa die Anzahl der Beschäftigten in der Industrie von 1,990 Millionen (1949) auf 2,867 Millionen (1971). Diese Entwicklung verlief nahezu stetig nach oben und hatte im Vergleich zum jeweiligen Vorjahr nur 1955 (−8000) und 1962 (−26 000) leichte Einbußen. Während die Beschäftigtenzahl in der Bauwirtschaft gehalten beziehungsweise geringfügig ausgebaut werden konnte (1949: 474 000; 1971: 536 000), gab es im produzierenden Handwerk gravierende Einbrüche (1949: 630 000; 1971: 398 000). Ein Wachstum der Beschäftigtenzahlen hatten im

Verlauf der fünfziger und sechziger Jahre auch die Wirtschaftsbereiche Verkehr, Post- und Fernmeldewesen (1949: 448 000; 1971: 582 000) sowie Handel (1949: 620 000; 1971: 847000) zu vermelden.

Bei der Aufzählung von Unterschieden zwischen der DDR und der Bundesrepublik fallen vor allem drei Entwicklungen auf: Als Erstes ist das Anwachsen der so genannten sozialistischen Wirtschaft zu nennen. Verstaatlichung und Sequestrierung hatten zu einem drastischen Rückgang der Privatwirtschaft geführt, die bis Anfang der siebziger Jahre in die Bedeutungslosigkeit gedrängt wurde. Vor allem in der Grundstoff- und Schwerindustrie, aber auch ab Ende der fünfziger Jahre in der Landwirtschaft wurde der staatliche und genossenschaftliche zu Lasten des privaten Sektors forciert ausgebaut. Eine Folge davon war das rasante Ansteigen der Beschäftigtenzahlen in der volkseigenen beziehungsweise verstaatlichten Wirtschaft. Der Anteil der Berufstätigen in der sozialistischen Wirtschaft stieg daher unaufhörlich von zunächst 53 Prozent (1949) auf 85,7 Prozent (1971).[428] Mit dem Rückgang des privaten Wirtschaftssektors war auch ein Rückgang der Selbständigen verbunden, die aus nahezu sämtlichen Wirtschaftsbereichen, vor allem aus der Landwirtschaft und dem Handwerk, fast verdrängt wurden. In dieser Entwicklung unterschied sich die DDR in einem zweiten wichtigen Punkt von der Bundesrepublik Deutschland. Deutlich wird dies bei der Entwicklung der Zahlen derjenigen Berufstätigen, die als Arbeiter oder Angestellte beschäftigt waren. Die schon bald zu einer Gruppe zusammengefassten Arbeiter und Angestellten wuchs von ursprünglich 4,9 Millionen (1949) auf 6,546 Millionen (1971) an.[429] Diese eklatante Steigerung war Folge einer inhaltlichen Ausdehnung des Arbeiterbegriffes, die vornehmlich politischen Zielvorgaben der SED geschuldet war und die jene in Deutschland sozialgeschichtlich bedeutsamen Unterschiede zwischen Arbeitern und Angestellten radikal einzuebnen versuchte. Gleichwohl bestanden weiterhin Unterschiede im Steuerrecht.

Darüber hinaus legte die DDR bis Ende der sechziger Jahre – und dies ist das dritte Unterscheidungsmerkmal im Vergleich zu Westdeutschland – keinen Grundstein für die Entwicklung einer Dienstleistungsgesellschaft. Der tertiäre Sektor schien sich zwar durch das Aufblähen der staatlichen Verwaltung, unter anderem durch den Ausbau der Zentralverwaltungswirtschaft, zu vergrößern. In anderen Wirtschaftsbranchen, die zum Dienstleistungsbereich gezählt werden, blieb die DDR im Gegensatz zur Wirtschaft in der Bundesrepublik und in Westeuropa indes rückständig. Das betraf die Banken und Versicherungen, die bereits vor 1949 größtenteils verstaatlicht worden waren und als Wirtschaftsfaktor an Bedeutung stark verloren hatten.

Wirtschaftlich betrachtet setzte sich der in den ersten Nachkriegsjahren begonnene Rekonstruktionsprozess während der fünfziger Jahre weiter fort. Auf die ökonomischen Rahmenbedingungen ist bereits mehrfach hingewiesen worden. Die Reparationslasten zugunsten der Sowjetunion, die einsetzende Abschottung von den Weltmärkten und die damit verknüpfte Einbindung der DDR in das osteuropäische Wirtschaftsgeflecht sowie die ordnungspolitische Entscheidung für die Etablierung einer Zentralverwaltungswirtschaft engten zweifelsohne den Gestaltungsspielraum der SED-Führung und der von ihr angeleiteten Wirtschaftsverwaltung nicht unwesentlich ein. Gleichwohl muss festgehalten werden, dass die Hegemonialpartei bereitwillig wirtschaftspolitische Grundentscheidungen der sowjetischen Besatzungsmacht übernahm. Über die ordnungspolitische Weichenstellung zugunsten der Planwirtschaft bestand Einigkeit. Insofern kann die SED-Wirtschaftspolitik nicht nur aus der politischen Inferiorität der SED-Führung gegenüber Moskau hergeleitet werden. Es geht vielmehr darum, die politische Verantwortung der SED für die ökonomische Entwicklung der DDR zu betonen. Zentrales Kernstück der SED-Wirtschaftspolitik war der rasche Aufbau industrieller Strukturen, das heißt vor allem einer Schwerindustrie. Gemessen an den selbst gesetzten Erwartungen verlief der Anstieg der industriellen Produktion in der DDR eher schleppend: 1950 waren erst 87 Prozent des Standes von 1936 erreicht, wobei das hierzu verfügbare Zahlenmaterial nicht unbeträchtliche Differenzen offenbart.[430] In der offiziellen und amtlichen Verlautbarung waren zum selben Zeitpunkt bereits 110 Prozent erreicht; ein zeitgenössischer Beobachter (Wolfgang F. Stolper) kam dagegen nur auf 75,3 Prozent. Schon Anfang der fünfziger Jahre machte sich offensichtlich eine Produktivitätslücke gegenüber der Bundesrepublik bemerkbar. Albrecht Ritschl verweist in dem Zusammenhang darauf, dass dieser Umstand nicht so sehr auf einen technologischen Rückstand als vielmehr auf ein bereits vor dem Zweiten Weltkrieg bestehendes Gefälle zurückzuführen sei.[431] Seiner Einschätzung nach übte in der Folgezeit vor allem der Übergang zur zentralen Planwirtschaft »einen bleibenden Schock auf die Produktivität der Industrie der DDR« aus. Die Gewichtung der einzelnen Faktoren, die für das ausbleibende »Wirtschaftswunder« in der DDR verantwortlich waren, ist unter den Wirtschaftshistorikern jedoch nach wie vor umstritten. Das oftmals unzureichend erstellte statistische Material der DDR-Wirtschaftsverwaltung ist hierfür eine nicht unwesentliche Ursache. Dennoch ist eine kritische Auswertung dieses Materials unumgänglich für die Analyse der Wirtschafts- und Sozialpolitik der DDR.[432]

Trotz vielfältiger Anstrengungen verlief der Aufbau der Schwerindustrie nicht in den gewünschten Bahnen. Wirtschaftlich gesehen kam es sogar zu Überinvestitionen, die wiederum zu abnehmenden Grenzerträgen führten.[433] Der Wachstumsverlauf der Grundstoffindustrie blieb somit aus Sicht der SED enttäuschend. Der zweite Schwerpunkt der SED-Wirtschaftspolitik war die Steigerung der Arbeitsproduktivität, die sich ebenfalls nicht im erhofften Maße realisieren ließ.[434] Dennoch hielt die Staats- und Parteiführung an ihrem Wirtschaftskonzept fest. Etwa zeitgleich fand in Westeuropa der bis heute andauernde

Umstrukturierungsprozess statt, der langfristig zum Abbau der traditionellen Industriezweige (Bergbau, Eisen- und Stahlindustrie sowie Textilindustrie) führen sollte. Diesem Entwicklungstrend schloss sich die DDR wie auch die übrigen RGW-Staaten nicht an, sondern verfestigte mit ihrer Wirtschaftspolitik die bis 1945 ausgebildete Industriestruktur. Überraschend ist die Tatsache, dass die Investitionsquote in der DDR während der fünfziger Jahre auf vergleichsweise niedrigem Niveau blieb. Sie stieg von 14,17 (1949), mit einem Einbruch 1953 und 1957, auf 24,27 Prozent (1961). Während der sechziger Jahre kletterte sie nach einem kurzfristigen Rückgang 1962 (23,96 Prozent) stetig und erreichte 1969 immerhin 31,67 Prozent. Im Jahr des Machtwechsels von Ulbricht zu Honecker (1971) war dieser Wert leicht auf 30,69 Prozent gefallen. In den Statistiken zerfällt die Investitionsquote vor allem in zwei Hauptteile: die Industrie sowie die so genannten nichtindustriellen produzierenden Bereiche. Dabei betrug die Investitionsquote bei der Industrie 6,09 (1949), 10,95 (1961) und 15,27 Prozent (1971). Auf die nichtindustriellen produzierenden Bereiche entfielen 3,8 (1949), 7,67 (1961), 10,9 (1969) und 9,49 Prozent (1971).[435] Besonders im Vergleich zur Bundesrepublik hatte die DDR in den fünfziger Jahren eine niedrige Investitionsquote. Nicht nur auf diesem Feld öffnete sich im Untersuchungszeitraum die Schere zwischen West- und Ostdeutschland. Die deutsch-deutsche Systemkonkurrenz beeinflusste das Verhalten der SED-Führung sehr viel stärker als umgekehrt. Die Hegemonialpartei versuchte deshalb, diesen Rückstand immer wieder aufzuholen und in einen eigenen strukturellen Vorteil umzuwandeln, was jedoch zu keinem Zeitpunkt gelang.

5. Die DDR-Gesellschaft zwischen Wandel und Beharrung

In den fünfziger Jahren war die DDR-Gesellschaft in hohem Maße eine mobile Gesellschaft. Mehrere Faktoren spielten hierbei eine entscheidende Rolle. Zunächst ist die Flucht und Vertreibung der Deutschen aus den deutschen Ostgebieten sowie generell aus Osteuropa zu nennen. Dieser gewaltsam herbeigeführte Bevölkerungszustrom setzte noch vor dem Ende des Zweiten Weltkrieges ein und war letztlich auch eine Folge des deutschen Vernichtungskrieges in der Sowjetunion. Bevölkerungsverschiebungen schienen den alliierten Siegermächten schon nach dem Ende des Ersten Weltkrieges ein probates Mittel zu sein, um ethnischen Konfliktlagen, die vor allem in Südosteuropa mit dem Untergang des Habsburgerreiches sowie des Osmanischen Reiches offen zu Tage getreten waren, Einhalt zu gebieten. Für zahlreiche Deutsche waren Flucht und Vertreibung am 8. Mai 1945 keineswegs beendet. Während bis zur Unterzeichnung der bedingungslosen Kapitulation so genannte »wilde« Vertreibungen von der vorrückenden Roten Armee sowie den von ihr befreiten osteuropäischen Staaten praktiziert wurden, versuchten die vier Siegermächte auf der Potsdamer Konferenz (17.7.–2.8.1945), diese unkontrollierte Bevölkerungsverschiebung gen Westen zu ordnen und – soweit dies überhaupt möglich war – eine geregelte »Umsiedlung« durchzuführen. Der Alliierte Kontrollrat verabschiedete am 21. November 1945 einen »Umsiedlungsplan«,[436] der von einer deutschen Restbevölkerung in den ehemals deutschen Ostgebieten und Österreich von etwa 6,65 Millionen ausging. Von dieser Gesamtgruppe sollten 2,75 Millionen in der SBZ, 2,25 Millionen in der amerikanischen, 1,5 Millionen in der britischen und 150 000 in der französischen

Zone aufgenommen werden.[437] Der Plan ließ sich anfangs aber nicht realisieren, da sich erst ab 1946 die Praxis der geregelten Transporte mit der Eisenbahn langsam durchsetzte.[438]

In der SBZ erfolgte die Verteilung der Flüchtlinge und Vertriebenen, die offiziell schon bald als »Umsiedler«[439] bezeichnet wurden, ungeregelt. Zwar lag bereits am 19. Juli 1945 ein Befehl von Marshall Schukow zur regionalen Verteilung vor,[440] dessen Realisierung stieß aber vor Ort, das heißt in den Städten und Gemeinden, auf zunächst ungeahnte Schwierigkeiten und Widerstände. Dem sowjetischen Befehl zufolge sollten sämtliche Zuwanderer aus den Ostgebieten nördlich der Warthe nach Mecklenburg, jene aus den Gebieten südlich der Warthe und östlich der Oder in vier Kreise des östlichen und südöstlichen Brandenburg weitergeleitet werden.[441] Für die Vertriebenen aus der Tschechoslowakei und Jugoslawien war das Gebiet um Torgau und in der Lausitz bestimmt worden. Es war also das Bestreben der sowjetischen Militäradministration, die Neuankömmlinge in die dünn besiedelten Räume der SBZ zu lenken, wobei die konkrete Arbeitsmarktlage keine entscheidende Rolle spielen sollte. Die Kanalisierung des Vertriebenenstroms ließ sich jedoch nur schwer verwirklichen und hing oftmals von der Mitarbeit der lokalen Behörden ab, welche die »Umsiedler« in benachbarte Kreise abschieben konnten. Im Juli 1945 gab sogar die sächsische Landesregierung die Anweisung, sämtliche Neuankömmlinge nach Mecklenburg weiterzuleiten.[442] Daraufhin ordneten die Sowjets einen allgemeinen Stopp der Wanderungsbewegung in der SBZ an. Die Anweisung der Besatzungsmacht richtete sich jedoch primär gegen das »planlose« Umherziehen der »Umsiedler«. Bei der provisorischen Volkszählung am 1. Dezember 1945 wurden knapp 2,5 Millionen Vertriebene (ohne Kinder unter fünf Jahren) gezählt, das heißt weit mehr als die Hälfte der Zuwanderer (am 31.12.1946: 3,9 Millionen) war bis zu diesem Zeitpunkt in die SBZ gelangt und von den zuständigen Behörden zum größten Teil »planlos« verteilt worden.

Die Volkszählung vom Oktober 1946, bei der dann 3,5 Millionen »Umsiedler« registriert wurden, machte deutlich, dass die angestrebte Ansiedlung nach dem Herkunftsgebiet gescheitert war. Darüber hinaus war die Verteilung der Vertriebenen besonders stark in die dünn besiedelten Gebiete erfolgt. Nach Berechnungen von Wolfgang Zank waren sogar 86 Prozent der Gesamtgruppe in Landkreisen angesiedelt worden.[443] Relativ zur Wohnbevölkerung war der Zuwandereranteil auf dem Land etwa doppelt so hoch wie in den Städten, in Sachsen sogar fast dreimal so hoch. Hierfür dürften sicherlich die katastrophale Lage in den ausgebombten Großstädten und die vergleichsweise bessere Versorgung mit Lebensmitteln auf dem Lande eine ausschlaggebende Rolle gespielt haben. Nach einer statistischen Erhebung der Zentralverwaltung für deutsche Umsiedler mit dem Stichtag vom 31. Dezember 1946 hatten Mecklenburg und Sachsen-Anhalt die meisten Zuwanderer aufgenommen, nämlich 980 773 beziehungsweise 961 733. Sachsen lag mit 781 455 an mittlerer Position; dagegen wurden in Brandenburg und Thüringen 580 571 beziehungsweise 607 390 »Umsiedler« gezählt.[444] Aufschlussreich sind nun die prozentualen Angaben, das heißt der Vertriebenenanteil an der Gesamtbevölkerung. Demzufolge war Mecklenburg mit weitem Abstand am stärksten belastet: 45,7 Prozent der dortigen Wohnbevölkerung waren Vertriebene. Es folgten Brandenburg, Sachsen-Anhalt und Thüringen mit einem Anteil zwischen 20,5 und 22,8 Prozent. Im bereits zuvor stärker besiedelten Sachsen machten die Zuwanderer nur 13,9 Prozent aus. Mit dem massiven Aufbau neuer Werke der Eisen- und Stahlindustrie beabsichtigte das Politbüro, unter anderem der rasch einsetzenden Landflucht vorzubeugen. Neben den Betriebsanlagen wurden daher umgehend Wohnsiedlungen errichtet. Als markantestes Beispiel kann in diesem Zusammenhang Eisenhüttenstadt gelten. Der Strukturpolitik und der damit verbundenen Bevölkerungspolitik waren jedoch Grenzen gesetzt. Viele Beschäftigte suchten unabhängig von den Arbeitsämtern

Arbeitsplätze und ließen sich von beruflichen und privaten Interessen leiten, die oftmals nicht im Einklang standen mit den Zielen der Hegemonialpartei. Diese beklagte in den fünfziger Jahren häufig die Fluktuation von Arbeitskräften und versuchte, diesem Phänomen vergebens Einhalt zu gebieten.

Die Anzahl der »Umsiedler« und ihr Anteil an der Gesamtbevölkerung blieb bis Anfang der fünfziger Jahre nahezu konstant. Mitte 1953 registrierte das Staatssekretariat für Innere Angelegenheiten rund 4,3 Millionen Vertriebene, was einem Bevölkerungsanteil von 24,4 Prozent entsprach.[445] Da jedoch für die DDR umfassende und vor allem regelmäßige statistische Berichte zu den Neuankömmlingen nicht vorliegen, können nur einige Andeutungen zum Integrationsverlauf gemacht werden. Es spricht einiges für die Vermutung, dass – ähnlich wie im Westen – die Integration in die DDR-Gesellschaft nur allmählich erfolgte und von zahlreichen Faktoren abhängig war, zum Beispiel Alter, Geschlecht, berufliche Ausbildung, lokale Arbeitsmarktsituation etc. Wie in der Bundesrepublik muss man wohl auch in der DDR von einem partiellen Unterschichtungsprozess ausgehen, das heißt, die »Umsiedler« konnten ihre in der verlorenen Heimat angestammte soziale Position innerhalb der Gesellschaft nicht halten, sondern mussten etwa bei der Berufswahl minderqualifizierte Tätigkeiten aufnehmen.[446] Flüchtlinge und Vertriebene konkurrierten nämlich mit der alteingesessenen Bevölkerung in der DDR um die Verteilung von knappen Gütern: Nahrung, Kleidung, Wohnraum und eben auch Arbeit.[447] Soziale Aufstiegsmöglichkeiten boten sich oftmals erst den nachrückenden Generationen. Auf der anderen Seite muss betont werden, dass die DDR-Gesellschaft in den fünfziger Jahren auch zahlreiche Aufstiegschancen bot, die eben auch von »Umsiedlern« wahrgenommen werden konnten. Im Zusammenhang mit den Neuordnungsmaßnahmen in Staat und Wirtschaft und durch die damit bedingte Flucht in den Westen Deutschlands waren zahlreiche berufliche Positionen frei geworden. Darüber hinaus schuf die SED mit den bereits erwähnten wirtschaftlichen »Schwerpunktbetrieben« in der Grundstoffindustrie zahlreiche Beschäftigungsmöglichkeiten, die zum Beispiel beim Eisenhüttenkombinat Ost von vielen Vertriebenen genutzt wurden. Die DDR hob in internen Berichten vor allem die berufliche Eingliederung der »Umsiedler« in die öffentliche Verwaltung hervor: So waren nach Angaben des Staatssekretariats für Innere Angelegenheiten am 31. März 1949 insgesamt 72 865 Flüchtlinge und Vertriebene in der Verwaltung beschäftigt, davon 8734 bei der Post, 35 350 bei der Reichsbahn sowie 23 411 als Lehrer.[448] Eine systematische Erhebung in den anderen Wirtschaftssektoren beziehungsweise Berufsgruppen wurde allerdings nicht durchgeführt; vielmehr handelte es sich nur um Einzelergebnisse. Die Innenverwaltung übte zum Teil auch Kritik am schleppenden Integrationsverlauf und sprach die Schwierigkeiten der SED-»Umsiedler«-Politik vergleichsweise offen an. Dennoch blieb die Gesamtbeurteilung unzweideutig: Aus Sicht der DDR-Regierung war die Eingliederung der Flüchtlinge und Vertriebenen in der DDR bereits zu Beginn der fünfziger Jahre erfolgreich abgeschlossen worden. Daraus folgte, dass unterstützende sozial- und wirtschaftspolitische Maßnahmen und eine weitere kontinuierliche Untersuchung dieses keineswegs reibungslos verlaufenden Prozesses als nicht notwendig erachtet wurden. Das führte wiederum dazu, dass die »Umsiedler« schon bald aus dem offiziellen Sprachgebrauch und damit aus den Akten der zuständigen Behörden und Verwaltungen verschwanden. Durch diese politisch motivierte Maßnahme sollte das Thema Flucht und Vertreibung auch gesellschaftlich verdrängt und tabuisiert werden. Einen abschließenden Höhepunkt erlebte die Politik der SED gegenüber den Vertriebenen und Flüchtlingen mit dem Gesetz »über die weitere Verbesserung der Lage der ehemaligen Umsiedler in der DDR« vom 8. September 1950.[449] Die mit diesem Gesetz verbundenen staatlichen Kreditmaßnahmen zogen sich bis ungefähr 1952/53 hin und brachen dann ab.

Neben den Flüchtlingen und Vertriebenen sind des Weiteren die von der SED ab ungefähr 1953 offiziell so bezeichneten »Republikflüchtlinge« zu nennen. Die Westwanderung erfasste nahezu sämtliche Bevölkerungs- und Altersgruppen, wenn auch in unterschiedlichem Ausmaß. Bis zum Mauerbau verließen auf diese Weise mindestens 2,7 Millionen Menschen die DDR. Die gezielte Anwerbung von Bürgerinnen und Bürgern der Bundesrepublik und die Rückführung von enttäuschten »Republikflüchtigen« betrug dagegen nur etwa 603 000.[450] Die Flucht zahlreicher DDR-Bürger in den Westen Deutschlands öffnete nicht nur den Zurückgebliebenen in der DDR neue, ungeahnte berufliche Einstiegs- und Aufstiegsmöglichkeiten, musste doch der Verlust an ausgebildetem Fachpersonal rasch ausgeglichen werden. Die »Republikflucht« war mit einer Vielzahl von sozialen und ökonomischen Folgelasten verbunden. So ging zum Beispiel Sachverstand von flüchtenden Facharbeitern etwa in Großbetrieben verloren, der nicht ohne Weiteres zu ersetzen war. Darüber hinaus muss der Verlust von Aus- und Weiterbildungskosten in Rechnung gestellt werden, die bei der massenhaften Abwanderung nicht mehr der DDR, sondern der Bundesrepublik zugute kamen. Aus Sicht der Bundesrepublik stellten die DDR-Flüchtlinge nach den Vertriebenen die zweite große Arbeitsreserve dar, ohne die der wirtschaftliche Aufschwung in den fünfziger Jahren vermutlich anders verlaufen wäre. Im Auftrag von Walter Ulbricht machte sich die Staatliche Plankommission daran, die gesamtwirtschaftlichen Kosten der »Republikflucht« zu berechnen und kam dabei auf eine Gesamtsumme von 120 Milliarden Mark (Ost).[451] Dabei handelte es sich um geschätzte Produktionsausfälle aus der Zeit von 1951 bis 1961; hinzu kamen noch Verluste durch die für die DDR verloren gegangenen Ausbildungskosten, die mit 16,3 Milliarden Mark (Ost) angegeben wurden.[452] Zwischen 1951 und dem 13. August 1961 hatten nach Angaben der Staatlichen Plankommission 2,1 Millionen Berufstätige die DDR verlassen.[453]

Darüber hinaus gab es in der DDR eine Binnenwanderung, die in den ersten Nachkriegsjahren besonders stark war und bis Mitte der fünfziger Jahre nicht auf das von der SED-Führung erhoffte »natürliche Maß« abgesunken war. Dies hing wiederum mit den Folgen der Vertreibung und der Zerstörung städtischer Ballungsgebiete zusammen. In den fünfziger Jahren setzte sich außerdem die schon vor 1933 zu beobachtende Landflucht fort. Unterschiedliche Gehaltsgruppen und divergierende Einkommenslagen bewogen offensichtlich zahlreiche Beschäftigte in der Landwirtschaft dazu, ihr Glück in den von der SED massiv geförderten Betrieben der Schwerindustrie zu suchen. Die Binnenwanderung behinderte letztlich die langfristigen Planungen der Wirtschaftsverwaltung und erschwerte eine vorausschauende Arbeitskräfteplanung. Aus diesem Grunde strebte die SED die Bildung von so genannten Stammbelegschaften in den größeren Betrieben an, um Produktionseinbußen zu vermeiden.

Zu den Faktoren, welche die soziale Mobilität beschleunigten, gehörten zweifellos auch die durchgeführten Umstrukturierungen in Staat, Wirtschaft und Gesellschaft, die Folgen hatten für die Bildung und Rekrutierung der Funktionseliten. Durch die Bodenreform, Sequestrierung und Verstaatlichung zahlreicher Betriebe kam es auch zu einem bewusst herbeigeführten Elitenwechsel. Mit dem Kriegsende und der Durchführung der Bodenreform verschwand die Gruppe der ostelbischen Großbesitzer und Junker, welche die Entwicklung der ländlichen Gesellschaft, aber auch die politische Geschichte bis 1945 mit geprägt hatten. Die Beseitigung des freien Unternehmertums zog sich dagegen noch etwas länger hin, war aber in den Bereichen der Schwerindustrie Anfang der fünfziger Jahre weitgehend abgeschlossen. Die Zahl der Selbständigen sank bis Anfang der siebziger Jahre ebenfalls dramatisch, auch dies war eine gezielte Maßnahme der SED-Führung. Gleichwohl gab es in einzelnen Wirtschaftsbereichen, in erster Linie im Mittelstand (Handwerk), Freiräume, die erst Anfang der siebziger Jahre beseitigt wurden. Der Beamtenstatus war schon vor der DDR-Gründung abgeschafft worden, auch wenn sich die sozial- und arbeitsrechtliche Anpassung bis in die zweite Hälfte der fünfziger Jahre noch hinzog. Es gehörte zu den zentralen Zielvorgaben der SED, die Gruppe der Arbeiter und Angestellten, auf denen angeblich die Herrschaft der führenden Partei, das heißt der SED, beruhte, zahlenmäßig zu vergrößern. Dies wurde unter anderem durch den zuvor beschriebenen Auflösungsprozess zahlreicher traditioneller Berufe erzielt. Gleichzeitig musste eine neue so genannte Intelligenz »geschaffen« werden. Den Elitenwechsel, der sich nicht konfliktfrei vollzog, musste man teilweise abbrechen. In vielen Bereichen konnte auf das Fachwissen der alten Funktionseliten nicht ohne weiteres verzichtet werden. Insofern begann die SED frühzeitig damit, neue Funktionseliten in vergleichsweise kurzen Ausbildungsgängen für den neuen Staat heranzubilden. Die so genannten Volksrichter und Neulehrer sind dafür ein anschauliches Beispiel. Daneben versuchte die Hegemonialpartei frühzeitig Einfluss zu nehmen auf die Ausbildung von Medizinern und Angehörigen der technischen Berufe. Fachwissen wurde gekoppelt mit gesellschaftspolitischer Ideologisierung zahlreicher Studiengänge im Sinne der SED. Das betraf im besonderen Maße die Gesellschaftswissenschaften. Insgesamt gesehen war dieser Neuordnungsprozess also durchaus mit zahlreichen Karrierechancen verbunden. Abgesehen von einzelnen neueren Studien ist der Forschungsstand jedoch noch nicht so weit fortgeschritten, um bereits ein ausgewogenes Gesamturteil in dieser Frage abgeben zu können.[454] Gleiches gilt auch für die soziale Entwicklung der Arbeiter in der DDR.[455] Die These, dass die gesellschaftspolitischen Umwälzungen nach 1945 generell gute Aufstiegschancen für Arbeiter boten, wie dies jüngst für die Neptunwerft vermittelt wurde, muss allerdings stark relativiert werden.[456] Sozialer Aufstieg in bestimmten Arbeiterberufen war nur die eine Seite;

zugleich war der soziale Abstieg anderer beruflicher Gruppen teilweise erheblich. Zudem zählten die Werften zu den Reparationsobjekten der sowjetischen Besatzungsmacht und zogen in diesem Zusammenhang eine spezifische Arbeitskräftenachfrage nach sich.

Gesellschaftliche Veränderungen hatte die SED-Führung auch mit ihrer Frauenpolitik im Blick. Auf die ungewöhnlich starke und rasche Ausdehnung der Frauenbeschäftigung ist bereits hingewiesen worden. Diente dies ausschließlich der Ausdehnung der DDR-Arbeitsgesellschaft, um die ökonomischen Planziele erreichen zu können, oder steckten dahinter auch emanzipatorische Vorstellungen? Die demographischen Verwerfungen durch den Zweiten Weltkrieg, die sowjetischen Arbeitskräfteanforderungen in den ersten Nachkriegsjahren und die arbeitsintensive Planwirtschaft erhöhte stetig die Nachfrage nach Arbeitskräften. Aus Sicht der SED war deshalb der wirtschaftliche Aufbau der DDR nur über die Erhöhung der Erwerbstätigenrate zu erreichen. Dabei stellten die Frauen wiederum ein großes Arbeitskräftepotential dar, das es auszuschöpfen galt. Für die SED war Frauenpolitik somit in erster Linie Arbeitsmarktpolitik. Diese primär ökonomische Sichtweise verknüpfte sich mit emanzipatorischen Zielvorstellungen. Aus Sicht der SED war mit der »antifaschistisch-demokratischen Umwälzung« zwischen 1945 und 1949 der Grundstein für eine neue, sozialistische Gesellschaftsordnung gelegt, in der die Frauen wirtschaftliche und soziale Unabhängigkeit erlangen sollten. Die Gleichberechtigung der Frau sollte deshalb in erster Linie über die rasche Eingliederung in die Arbeitsgesellschaft erfolgen. Diese Integration verlief allerdings nicht konfliktlos und erfüllte vor allem nicht die von der SED-Führung proklamierten Ziele. Vielmehr taten sich alte und neue soziale Ungleichheiten auf, zunächst im Blick auf die berufsgruppenspezifische Eingliederung von Frauen. Hierbei ist auffallend, dass die Schwerpunkte nach wie vor die Textilindustrie, die Landwirtschaft und die Heimarbeit blieben. In diesen

Wirtschaftsbranchen war nämlich bereits vor 1933 der Frauenanteil überproportional groß gewesen. Daran hatte sich offensichtlich nach 1945 kaum etwas geändert. Es hat vielmehr den Anschein, als ob sich schon in der frühen DDR die klassische Aufteilung in so genannte Männer- und Frauenberufe verfestigte und sogar vertiefte. Einer Statistik der Hauptabteilung Arbeit im Arbeitsministerium vom 27. September 1951 ist zu entnehmen, dass 99,9 Prozent der hauswirtschaftlichen Berufe von Frauen besetzt wurden.[457] Bei den Reinigungsberufen lag der Frauenanteil bei 92 Prozent. Zu den Berufen mit überwiegendem Frauenanteil zählten außerdem: Textilhersteller und -verarbeiter (77,3 Prozent) sowie Gesundheitsdienst und Körperpflegeberufe (69,6 Prozent). In den ersten Nachkriegsjahren hatten bekanntlich zahlreiche Frauen klassische Männerberufe etwa in der Grundstoff- und Schwerindustrie eingenommen, da die Männer aufgrund der Kriegsgefangenschaft nicht sofort an ihren Arbeitsplatz zurückkehren konnten. Mit deren Rückkehr ab Ende der vierziger Jahre wandelte sich die Arbeitsmarktsituation für die beschäftigten Frauen: Es kam in der SBZ, aber auch in Westdeutschland zu einer Verdrängung der Frauen und zu einer beruflichen Wiedereingliederung der heimgekehrten Männer. Die angestrebte Emanzipation in der DDR-Arbeitsgesellschaft wurde zudem erschwert durch Betriebsleiter, die sich beispielsweise weigerten, Frauen einzustellen oder Qualifizierungsmaßnahmen für Frauen durchzuführen. Auch die angespannte Finanzlage des DDR-Staatshaushalts verhinderte in den fünfziger Jahren eine Umsetzung der SED-Beschäftigungspolitik zugunsten von Frauen. Die Ende der fünfziger Jahre verstärkt einsetzende Debatte um Teilzeitarbeit für Frauen zeigte das Dilemma auf, in dem sich die Hegemonialpartei befand.[458]

Auch die Aufteilung der berufstätigen Frauen auf die einzelnen Lohngruppen macht deutlich, dass die angestrebte Gleichberechtigung von Frauen in der DDR auf Hindernisse stieß und sich nicht in der von der SED erhofften Weise realisieren ließ.

Nach Mitteilung des Ministeriums für Arbeit von Mitte Januar 1953 waren in den Betrieben, die zum Zuständigkeitsbereich der Hauptverwaltung Allgemeiner Maschinenbau gehörten, jeweils rund 80 Prozent der Arbeiter und Angestellten in den beiden untersten Lohngruppen Frauen.[459] Bei der Hauptverwaltung Steine und Erden lag der Anteil bei 75,8 Prozent (Lohngruppe I) beziehungsweise 77,4 Prozent (Lohngruppe II). Im Bereich der Hauptverwaltung Elektrotechnik waren dies 91,3 beziehungsweise 89,9 Prozent; bei der Hauptverwaltung Chemie 91,9 beziehungsweise 91,6 Prozent. Im DDR-Lohngefüge, das anfangs aus acht, später nur noch aus sechs Lohngruppen bestand, waren bei den genannten Wirtschaftsbranchen nur 0,5 bis maximal 3,6 Prozent der Lohn- und Gehaltsempfänger der obersten Lohngruppen VII und VIII Frauen. Vor allem in der Grundstoffindustrie, in der die SED-Führung den Frauenanteil erhöhen und die Löhne für Frauen verbessern wollte, blieben die Erfolge aus. Frauen waren somit vor allem in den Niedriglohngruppen vertreten. Darüber hinaus gab es noch in den fünfziger Jahren für Frauen, die vergleichbare Funktionen und Positionen wie ihre männlichen Arbeitskollegen einnahmen, niedrigere Lohnzahlungen. Bereits die sowjetische Militäradministration (SMAD) hatte daran mit einem Befehl (Nr. 253 vom 17. August 1945: »Gleiche Entlohnung für gleiche Arbeit«) nichts ändern können.[460]

Der SED-Führung gelang es – so darf man festhalten –, die Erwerbsquote von Frauen in den fünfziger und sechziger Jahren erheblich zu steigern. Damit verband sich auch wirtschaftliche Unabhängigkeit für die berufstätigen Frauen. Dagegen bereitete die Durchsetzung von Gleichberechtigung in der sozialistischen Arbeitswelt große Schwierigkeiten. Chancengleichheit bei der Entlohnung und beim beruflichen Aufstieg ließ sich kaum durchsetzen. Zu stark waren offensichtlich die Beharrungskräfte. Das traditionelle Rollenverständnis zwischen den Geschlechtern dominierte nach wie vor: Demzufolge hatte der Mann die Ernährerposition zu übernehmen und die Frau für den Haushalt und die Kindererziehung zu sorgen. Letztlich sahen sich die berufstätigen Frauen in der DDR schon frühzeitig einer Doppelbelastung ausgesetzt, da neben der Erwerbstätigkeit die Arbeit in der Familie bestehen blieb. Staatliche sozialpolitische Maßnahmen, vor allem der Ausbau von Kindergärten und Horten, führten vermutlich erst Ende der sechziger Jahre zu einer spürbaren Entlastung der Frauen. Doch auch hier hat es beträchtliche Unterschiede zwischen einzelnen Wirtschaftsbranchen und Berufsgruppen gegeben. So setzte sich etwa in der Landwirtschaft die Doppelbelastung weiter fort.[461] Außerdem waren die beruflichen Qualifizierungsmaßnahmen für Frauen in den fünfziger Jahren noch weitgehend unzureichend. Die SED-Führung erkannte dieses Problem zwar frühzeitig und versuchte, entsprechende Aus- und Weiterbildungsprogramme zu starten. Dafür fehlten allerdings Haushaltsmittel, entsprechende Berufsschulen sowie qualifiziertes Ausbildungspersonal. Deshalb konnte die Erhöhung des Anteils von Facharbeiterinnen nicht im erhofften Maße erreicht werden, was wiederum dazu führte, dass zahlreiche Frauen vornehmlich in ungelernten oder angelernten Berufspositionen eingestellt wurden.

Schlussbetrachtung

Eine Gesamtbilanz der DDR in den fünfziger und sechziger Jahren fällt zwiespältig aus. Auf der einen Seite hatte die SED-Führung um Walter Ulbricht ihren Hegemonialanspruch durchgesetzt und behauptet. 1971 war die Neuordnung von Staat, Wirtschaft und Gesellschaft nach kommunistischen Vorstellungen nahezu abgeschlossen, ohne dass jedoch die kommunistische Gesellschaft erreicht werden konnte. Im Mittelpunkt der Umstrukturierung stand die Zentralisierung von Entscheidungsbefugnissen und Kompetenzen beim Politbüro und Sekretariat des ZK der SED. Konkurrierende Institutionen wurden ausgehöhlt, die Länder 1952 abgeschafft und die Blockparteien endgültig zu »Blockflöten« degradiert. Außerdem erfolgte der Auf- und Ausbau der Planwirtschaft unter weitgehender Zurückdrängung des privaten Wirtschaftssektors. Selbständige durften Ende der sechziger Jahre nur noch in einzelnen ausgewählten Bereichen tätig sein. Verstaatlichung, Enteignung und Sequestrierung waren die Kernbestandteile dieses gigantischen ökonomischen Transformationsprozesses. Zur Bündelung und Zentralisierung der wirtschaftlichen Einzelentscheidungen wurde die Staatliche Plankommission geschaffen. Der Machtsicherung diente das Ministerium für Staatssicherheit, das zutreffend als »Schwert und Schild der Partei« bezeichnet wurde. Das Institutionengefüge wurde also zwischen DDR-Gründung 1949 und Machtwechsel 1971 grundlegend umgebaut und auf die SED-Führung ausgerichtet.

Auf der anderen Seite verlief dieser Neuordnungsprozess nicht gewaltlos und konfliktfrei. Im Gegenteil: Im Zuge der beiden Kollektivierungswellen in der Landwirtschaft setzte die SED die Privatbauern massiv unter Druck. In den fünfziger Jahren nahm sie sogar zeitweise die massenhafte Flucht von Bauern, die sich den neu zu bildenden Landwirtschaftlichen Produktionsgenossenschaften nicht anschließen wollten, in den Westen Deutschlands in Kauf. Auch wenn die bürgerlichen Blockparteien und die Massenorganisationen immer mehr in die Abhängigkeit der SED gerieten, auch wenn die staatliche Verwaltung im Sinne der herrschenden Partei weiter umgebaut wurde, so konnte sich die SED doch zu keinem Zeitpunkt sicher sein, die Gesellschaft vollständig erfassen und steuern zu können. Die DDR-Gesellschaft war keineswegs »stillgelegt«.[462] Die Reaktionen der Bevölkerung auf die SED-Politik reichten von Anpassung bis hin zum offenen Widerstand. Der Volksaufstand vom 17. Juni 1953 unterstrich die fehlende Akzeptanz und löste offenbar einen begrenzten Lernprozess aus. Da der Aufstand nur mit massivem Einsatz der sowjetischen Armee niedergeschlagen werden konnte, musste die Hegemonialpartei in der Folgezeit auf die einzelnen Bevölkerungsgruppen Rücksicht nehmen und konnte ihre Umgestaltungspläne nicht sofort und vollständig realisieren. Der Abbruch etwa der ersten Kollektivierungswelle, der vermutlich in enger Absprache mit Moskau vollzogen wurde, belegt dies eindrucksvoll. Die SED-Herrschaft blieb brüchig und letztlich von der Sowjetunion abhängig. Darüber hinaus gelang es kaum, die DDR-Bevölkerung über die Massenorganisationen an die SED zu binden. Die ländliche Gesellschaft, die Ärzteschaft und einige akademische Eliten an den Universitäten wiesen im Gegenteil ein großes Beharrungsvermögen auf. Wie das Verhältnis zwischen Herrschaft und Gesellschaft in der DDR genau zu beschreiben ist, welchen Veränderungen es im Laufe der Zeit unterworfen war, wird in der Geschichtswissenschaft heftig diskutiert. Diese Debatte steht erst noch an ihrem Anfang. So viel lässt sich aber zweifellos festhalten: Die SED-Führung hatte in den fünfziger Jahren mit zahlreichen wirtschaftlichen und gesellschaftlichen Krisen zu kämpfen, die ihre Herrschaft gefährdeten. Neben dem Volksaufstand vom 17. Juni 1953 sind die Phase nach dem

XX. Parteitag der KPdSU 1956, der Konflikt Ulbrichts mit Schirdewan im Politbüro 1958 sowie als permanentes Problem die »Republikflucht« zu nennen. Der Mauerbau am 13. August 1961 als heimlicher »Gründungstag« der DDR schien für die SED einen Neuanfang zu ermöglichen. Vieles deutet darauf hin, dass die SED-Herrschaft allerdings auch in den sechziger Jahren auf tönernen Füßen stand. Der Ausbau der Sicherheitsorgane verhinderte zwar einen weiteren Volksaufstand; die negativen Reaktionen in der Bevölkerung auf den Einmarsch in die Tschechoslowakei verweisen jedoch auf ein kritisches Potential gegenüber der SED-Politik.

Die SED war stets mit dem Anspruch angetreten, in der DDR ein besseres politisches, wirtschaftliches und gesellschaftliches System als das in der Bundesrepublik aufgebaut zu haben. Der Bundesrepublik Deutschland hielt die SED-Führung stets vor, militaristisch, revanchistisch und reaktionär zu sein. Darüber hinaus glaubten die Politbüromitglieder aber offensichtlich auch, eine grundlegende ökonomische Krise in Westdeutschland ausmachen zu können, die automatisch zum Zusammenbruch des dortigen Systems führen werde. Anfang der fünfziger Jahre schienen zumindest einige Indikatoren diese These zu belegen. So waren in der Bundesrepublik die Arbeitslosenzahlen massiv angestiegen. Von einem »Wirtschaftswunder« konnte noch keine Rede sein; spürbare Verbesserungen für die Bevölkerung waren noch nicht in Sicht. Insofern fiel der deutsch-deutsche Vergleich für die DDR 1949/50 nicht ganz so schlecht aus. Daraus zog die SED-Führung weitreichende Schlüsse: Sie prognostizierte einen rasanten wirtschaftlichen Aufstieg für die DDR, einen raschen Aufbau der Schwerindustrie und eine Modernisierung der Wirtschaftsstruktur. So sollte etwa der enorme Unterschied zwischen dem primär agrarisch geprägten Norden (Mecklenburg) und dem stärker industriell geprägten Süden (Sachsen) ausgeglichen werden. Doch bereits Mitte der fünfziger Jahre öffnete sich die Schere zwischen West- und Ostdeutschland. Die wirtschaftlichen

Wachstumszahlen der Bundesrepublik lagen nunmehr deutlich über denen der DDR. Die westdeutsche Investitionstätigkeit übertraf schon bald die der DDR, was wiederum langfristige ökonomische Folgen hatte. Die anfängliche Planungseuphorie der SED-Führung verflog; die im ersten Fünfjahrplan enthaltenen Wachstumsprognosen konnten nicht eingehalten werden. Die ordnungspolitische Entscheidung zugunsten einer Zentralverwaltungswirtschaft hatte auch Konsequenzen für die Innovationstätigkeit in der DDR-Wirtschaft, die hinter jener der Bundesrepublik weit zurückblieb. All dies führte dazu, dass die DDR ihre vermeintliche Magnetwirkung schon Mitte der fünfziger Jahre weitgehend verloren hatte. Die Fluchtbewegung in den Westen Deutschlands belegte diese Feststellung eindrucksvoll. Die von der SED-Führung angestrebte Modernisierung der DDR scheiterte somit schon frühzeitig, ohne dass dieser Entwicklung ein Automatismus unterstellt werden muss. Das lag zum Teil an den unvorteilhaften wirtschaftlichen Rahmenbedingungen für die DDR: Die sowjetischen Reparationsforderungen und die korsetthafte Einbettung in den RGW schränkten den geringen Handlungsspielraum der SED-Führung ein. Zu einem größeren Teil lag der Fehler jedoch im System. Denn auch die Wirtschaftsreformen in den sechziger Jahren brachten keine grundlegende Strukturreform für die ostdeutsche Wirtschaft, mit der das System der zentralen Wirtschaftsplanung und -lenkung aufgebrochen worden wäre. Das Reformvorhaben scheiterte kläglich und wurde letztlich auch von Ulbricht gestoppt, als dieser unkalkulierbare Folgen für das politische System befürchtete.

Die DDR verblieb letztlich in den Strukturen einer alternden Industriegesellschaft.[463] Das zeigt die eindeutige Bevorzugung der Grundstoff- und Schwerindustrie bei der Allokation der Produktionsfaktoren. Die SED-Führung suchte zwar Ende der fünfziger Jahre den Anschluss an die gesamtwirtschaftliche Entwicklung der westlichen Industrieländer und startete den weiteren Ausbau der chemischen Industrie. Im folgenden Jahrzehnt kam die Elektrotechnik hinzu. Gleichwohl hinkte die DDR der allgemeinen wirtschaftlichen Entwicklung immer hinterher. Hierfür spielten sicherlich auch die Absprachen innerhalb des RGW sowie die Abhängigkeit von der Sowjetunion eine nicht unbeträchtliche Rolle. Daneben fällt aber auch auf, dass von Seiten der SED-Führung und ihrer Wirtschaftsexperten kaum Innovationsschübe ausgingen. Die DDR verpasste den Sprung in die Dienstleistungsgesellschaft: Der staatliche Verwaltungsapparat blähte sich zwar enorm auf, in anderen Wirtschaftsbranchen (Banken, Versicherungen) gab es jedoch aufgrund der grundlegenden Wirtschaftsentscheidungen in der zweiten Hälfte der vierziger Jahre keine Veränderungen. Die wachsende Frauenbeschäftigung, die ihre Wurzeln ebenfalls in den fünfziger Jahren hatte, stellte letztlich nur eine vorgetäuschte Modernisierung dar, da die Frauen oftmals in angelernte beziehungsweise ungelernte Positionen oder in langfristig absterbende Industriezweige (Textilindustrie) gedrängt wurden.

Wie kaum einem anderen Politiker gelang es Walter Ulbricht, die DDR in den fünfziger und sechziger Jahren prägend zu gestalten. Ausgestattet mit einem beachtlichen und oftmals rücksichtslosen Machtinstinkt schaltete er in der SED-Führung einen potentiellen Konkurrenten nach dem anderen aus. Die zahlreichen Krisen des politischen Systems (zum Beispiel 1953 und 1956) überstand er unbeschadet, obwohl seine Position des Öfteren gefährdet schien. Der Machtwechsel in Moskau nach Stalins Tod und – Ironie der Geschichte – der Volksaufstand am 17. Juni 1953 sicherten sein politisches Überleben. Erst Ende der sechziger und Anfang der siebziger Jahre manövrierte er sich ins politische Abseits. Die gegnerische Fraktion um Erich Honecker konnte den Kreml auf ihre Seite ziehen und Ulbricht letztlich zum Machtverzicht bewegen. Der Mann, der seine Herrschaft vor allem den sowjetischen Machthabern verdankte, musste einer neuen Generation innerhalb der SED Platz machen.

Anmerkungen

1 Protokoll des III. Parteitages. Bd. 1, 338.
2 Ebd., 339.
3 Ebd., 341.
4 Ebd., 341 f.
5 Vgl. etwa Staritz, Geschichte der DDR; Weber, Die DDR 1945–1990.
6 Vgl. dazu auch die anregenden Analysen bei: Ritter, Die DDR in der deutschen Geschichte; ders., Über Deutschland.
7 Dahrendorf, Gesellschaft und Demokratie, 453.
8 Vgl. vor allem Kaiser, Machtwechsel von Ulbricht zu Honecker.
9 Ebd., 457.
10 Zum zeitlichen Ablauf der Reise nach Moskau die Notizen Piecks: Wilhelm Pieck – Aufzeichnungen zur Deutschlandpolitik 1945–1953, 293 f.
11 Staritz, Die SED, Stalin und die Gründung der DDR, 10.
12 Ebd., 10 f.
13 Ebd., 11.
14 Ebd.
15 Ebd.
16 Ebd., 11 f.
17 Wilhelm Pieck – Aufzeichnungen zur Deutschlandpolitik, 302–306, hier 302.
18 Ebd., 302–304.
19 SBZ-Handbuch, 289 f.
20 Protokolle der Provisorischen Volkskammer 1949/50, 21–25.
21 Vgl. dazu das Schreiben der SED-Führung an Molotow bezüglich einer geplanten Sondernummer des »Neuen Deutschland« zum 70. Geburtstag Stalins. In: Die DDR vor dem Mauerbau, 52.
22 Protokolle der provisorischen Volkskammer 1949/50, 22.
23 Vgl. Malycha, »Wir haben erkannt, dass die Oder-Neiße-Grenze die Friedensgrenze ist«.
24 Vgl. Aktennotiz für den CDU-Landesgeschäftsführer in Thürin-

gen vom 6.2.1950 über eine Inspektionsreise von SKK-Offizieren. In: Die DDR vor dem Mauerbau, 56f.

25 Vgl. zur Entwicklung der Blockparteien bis Anfang der fünfziger Jahre: »Bürgerliche« Parteien in der SBZ/DDR; Richter, Die Ost-CDU 1948–1952.

26 Die DDR vor dem Mauerbau, 46–48, hier 46.

27 Ebd., 47f.

28 Notizen Wilhelm Piecks vom 11.11.1949 über die Aufgaben der SKK. In: ebd., 51. Vgl. zur Struktur der SKK: Das SKK-Statut.

29 Vgl. Karlsch, Allein bezahlt? Eine dazu konträre Position nimmt ein: Buchheim, Kriegsfolgen und Wirtschaftswachstum in der SBZ/DDR.

30 Vgl. Karlsch/Bähr, Die Sowjetischen Aktiengesellschaften.

31 Vgl. Karlsch, »Ein Staat im Staate«.

32 Vgl. »Strahlende Vergangenheit«.

33 Vgl. Karlsch, Der Aufbau der Uranindustrien in der SBZ/DDR und ČSR.

34 Vgl. Roesler, Handelsgeschäfte im Kalten Krieg; Nakath, Zur politischen Bedeutung des Innerdeutschen Handels.

35 Vgl. Buchheim, Wirtschaftliche Folgen der Integration der DDR in den RGW; Herbst, Die DDR und die wirtschaftliche Integration des Ostblocks.

36 Vgl. Buchheim, Kriegsfolgen und Wirtschaftswachstum in der SBZ/DDR; ders., Die Wirtschaftsordnung als Barriere des gesamtwirtschaftlichen Wachstums in der DDR.

37 Vgl. »Junkerland in Bauernhand«?

38 Vgl. als erste Einführung: Kaminsky, Wohlstand, Schönheit, Glück.

39 2. FDGB-Vorsitzender Bernhard Göring am 25.11.1949 über Arbeitsproduktivität und Sozialversicherung. In: Die DDR vor dem Mauerbau, 53.

40 Vgl. Aktenvermerk des Ministeriums für Arbeit und Sozialwesen des Landes Brandenburg vom 31.12.1949. In: ebd., 54f.

41 Vgl. Kühr, Die Reparationspolitik der UdSSR.

42 Vgl. Bericht des SED-Landesvorstandes Mecklenburg an das SED-Zentralsekretariat vom 25.11.1949. In: Die DDR vor dem Mauerbau, 53f.

43 Vgl. Braun, Die Zentrale Kommission für Staatliche Kontrolle.

44 Die DDR vor dem Mauerbau, 55.

45 Braun, Die Zentrale Kommission für Staatliche Kontrolle, 181. Einen ersten Schauprozess hatte es bereits 1948 gegen Unternehmer der sächsischen Textilindustrie gegeben. Vgl. ebd., 169–171; Klawitter, Die Rolle der ZKK bei der Inszenierung von Schauprozessen, 27–37.

46 Vgl. Kos, Politische Justiz in der DDR.

47 Weber, Justiz und Diktatur, 209–216.

48 Vgl. zu den innerparteilichen Kontrollen die jüngst erschienene Gesamtdarstellung: Klein, »Für die Einheit und Reinheit der Partei«.

49 Hodos, Schauprozesse, 66–75, 79–90, 101–115.

50 Ebd., 36–56.

51 Kaplan/Svátek, Die politischen Säuberungen in der KPČ, 523–549.

52 Merker wurde 1955 vom Obersten Gericht zu acht Jahren Zuchthaus verurteilt. Vgl. Herf, Antisemitismus in der SED, 643–650.

53 Weber, Schauprozessvorbereitungen in der DDR, 475–481.

54 Vgl. Sowjetische Speziallager in Deutschland.

55 Werkentin, Politische Strafjustiz in der Ära Ulbricht, 176.

56 Vgl. Eisert, Die Waldheimer Prozesse; Werkentin, Die Waldheimer »Prozesse«.

57 Schroeder, Der SED-Staat, 109. Vgl. zu den Prozessen auch die Darstellung bei Fricke, Politik und Justiz in der DDR, 205–215.

58 Werkentin, Politische Strafjustiz in der Ära Ulbricht, 194.

59 Wentker, Ein deutsch-deutsches Schicksal, 486–502.

60 Ebd., 489, Anm. 135. Zu den Volksrichtern: Volksrichter in der SBZ/DDR.

61 Dazu detailliert: Wentker, Justiz in der SBZ/DDR, 369–398.

62 Ebd., 397.

63 Vgl. Richter/Schmeitzner, »Einer von beiden muss so bald wie möglich entfernt werden«.

64 Wentker, Justiz in der SBZ/DDR 1945–1953, 397.

65 Ebd., 398.

66 Vgl. Lemke, Einheit oder Sozialismus?

67 Suckut, Die Entscheidung zur Gründung der DDR, 145.

68 Vgl. zur CDU: Richter, Die Ost-CDU, 241–248, 291–300.

69 Zu den Wahlergebnissen: Braun, Wahlen und Abstimmungen.

70 Ebd., 431.

71 Ebd.

72 Vgl. als Überblick: Jäger, Kultur und Politik. Für die SBZ-Phase: Dietrich, Politik und Kultur.

73 Beschluss des Sekretariats des ZK vom 2.8.1951. In: Die DDR vor dem Mauerbau, 84–87.

74 Vgl. Malycha, »Alle Wege führen zum dialektischen Materialismus«, 413–422.

75 »Der Kampf gegen den Formalismus in Kunst und Literatur für eine fortschrittliche deutsche Kultur«. Entschließung des ZK der SED vom 17.3.1951. In: Dokumente der Sozialistischen Einheitspartei Deutschlands. Bd. III, 431–446.

76 Vgl. dazu: Barck u. a., »Jedes Buch ein Abenteuer«.

77 Heidemeyer, Flucht und Zuwanderung, 45.

78 Ebd., 44.

79 Ebd., 45.

80 Ebd., 57.

81 Anfänge westdeutscher Sicherheitspolitik. Bd. 1, 327–402.

82 Vgl. Volksarmee schaffen – ohne Geschrei!

83 Vgl. Diedrich, Die kasernierte Volkspolizei; Diedrich/Wenzke, Die getarnte Armee.

84 Zur innenpolitischen Diskussion in der Bundesrepublik: Anfänge westdeutscher Sicherheitspolitik. Bd. 2, 237–604.

85 Vgl. Bericht der Grenzpolizeibereitschaft Halberstadt vom 29.5.1952 über die Absperrung der Demarkationslinie zur Bundesrepublik. In: Die DDR vor dem Mauerbau, 106–109.

86 Beschluss des Politbüros vom 1.7.1952. In: Die DDR vor dem Mauerbau, 110 f.

87 Staritz, Geschichte der DDR, 86 f.

88 Ebd., 87.

89 Eine entsprechende Interpretation bietet: Schroeder, Der SED-Staat, 97. Dagegen argumentiert überzeugend Lemke, Einheit oder Sozialismus?, 206 f. Jüngst publizierte sowjetische Dokumente belegen zumindest, dass die SED-Führung in das Moskauer Kalkül, Friedensvertragsverhandlungen über Deutschland in Gang zu setzen, 1951 eingeplant wurde. Vgl. Die Stalin-Note vom 10. März 1952, 64, 72–79, 105–109, 113–115.

90 Vgl. Graml, Die Legende von der verpassten Gelegenheit; Wettig,

Die Deutschland-Note vom 10. März 1952. Eine Gegenposition vertritt zum Beispiel Steininger, Eine vertane Chance. Jüngst erschienen: Die Stalin-Note vom 10. März 1952.

91 So Lemke, Einheit oder Sozialismus?, 207.

92 Vgl. Schwarz, Adenauer, 827–850.

93 Ebd., 880–897, 925–956.

94 So auch Lemke, Einheit oder Sozialismus?, 216–218.

95 Protokoll der Verhandlungen der II. Parteikonferenz der SED, 58.

96 Abgedruckt bei: Staritz, Die SED, Stalin und der »Aufbau des Sozialismus«, 698 f.

97 Ebd., 698.

98 Ebd., 699.

99 Ebd.

100 So der Buchtitel von: Staritz, Sozialismus in einem halben Lande.

101 Staritz, Die SED, Stalin und der »Aufbau des Sozialismus«, 699.

102 Ebd., 698.

103 Protokoll der Verhandlungen der II. Parteikonferenz der SED, 257.

104 Zu den biographischen Daten: Wer war wer in der DDR?, 120 f.

105 Protokoll der Verhandlungen der II. Parteikonferenz der SED, 257 f.

106 Ebd., 259.

107 Ebd., 260.

108 Gesetz über die weitere Demokratisierung des Aufbaus und der Arbeitsweise der staatlichen Organe in den Ländern der DDR vom 23.7.1952. In: Gesetzblatt der DDR 1952, 613 f. Vgl. Hajna, Länder – Bezirke – Länder.

109 Ordnung für den Aufbau und die Arbeitsweise der staatlichen Organe der Bezirke vom 24.7.1952. In: Gesetzblatt der DDR 1952, 621–623.

110 Ordnung für den Aufbau und die Arbeitsweise der staatlichen Organe der Kreise vom 24.7.1952. In: Gesetzblatt der DDR 1952, 623–625.

111 Zitiert nach Werkentin, Politische Strafjustiz in der Ära Ulbricht, 68.

112 Ebd., 69.

113 Vgl. dazu: Baar/Müller/Zschaler, Strukturveränderungen und Wachstumsschwankungen; Mühlfriedel/Wießner, Die Geschichte der Industrie der DDR, 212–245; Roesler, Die Herausbildung der

sozialistischen Planwirtschaft, 41–101; Roesler/Siedt/Elle, Wirtschaftswachstum in der Industrie, 95–116.

114 Vgl. Bauerkämper, Problemdruck und Ressourcenverbrauch.

115 Bauerkämper, Von der Bodenreform zur Kollektivierung, 136. Vgl. zu den Kollektivierungsschüben in den fünfziger Jahren die neu erschienene Studie von: Bauerkämper, Ländliche Gesellschaft in der kommunistischen Diktatur, S. 159–194.

116 Vgl. Buddrus, Die Organisation »Dienst für Deutschland«; Diedrich, »Dienst für Deutschland«.

117 So der Titel der Studie von: Skyba, Vom Hoffnungsträger zum Sicherheitsrisiko.

118 Vgl. als Überblick: Wentker, »Kirchenkampf« in der DDR; Skyba, Vom Hoffnungsträger zum Sicherheitsrisiko, 208–233.

119 Vgl. Pollack, Kirche in der Organisationsgesellschaft; Besier, Der SED-Staat und die Kirche, 23–418.

120 Vgl. Raabe, SED-Staat und katholische Kirche; Schäfer, Staat und katholische Kirche; Tischner, Katholische Kirche in der SBZ/DDR.

121 Wentker, »Kirchenkampf« in der DDR, 117.

122 Ebd.

123 Ebd., 118.

124 Die Jugendweihe hatte historische Wurzeln in der Freidenkerbewegung des 19. Jahrhunderts. Vgl. Wentker, Die Einführung der Jugendweihe.

125 Heidemeyer, Flucht und Zuwanderung, 44.

126 Ebd., 45.

127 Die DDR vor dem Mauerbau, 128–133.

128 Vgl. zur Politik der SED-Führung und des DDR-Innenministeriums: Bispinck, »Republikflucht«.

129 So zum Beispiel im Kunstfaserwerk »Wilhelm Pieck«. Vgl. Die DDR vor dem Mauerbau, 134f.

130 So ein Bericht der ZK-Abteilung Leitende Organe der Partei und Massenorganisationen vom 24.4.1953. In: Die DDR vor dem Mauerbau, 146f.

131 Vgl. Foitzik, »Hart und konsequent ist der neue politische Kurs zu realisieren«; 1953 – Krisenjahr des Kalten Krieges; Scherstjanoi, Die sowjetische Deutschlandpolitik.

132 Umstritten ist nach wie vor die Rolle Berijas in der sowjetischen

Außen- und Deutschlandpolitik 1953 und die These, der frühere Geheimdienstchef sei bereit gewesen, die DDR preiszugeben und einer Wiedervereinigung Deutschlands zuzustimmen. Vgl. Zubok, »Unverfroren und grob in der Deutschlandfrage …«; konträr dazu Wettig, Berijas deutsche Pläne.

133 Anweisungen der sowjetischen Führung »Über die Maßnahmen zur Gesundung der politischen Lage in der Deutschen Demokratischen Republik« [ohne Datum]. Erstmals veröffentlicht von: Stöckigt, Ein Dokument von großer historischer Bedeutung vom Mai 1953, 651–654.

134 Kommuniqué des Politbüros vom 9.6.1953. In: Dokumente der SED. Bd. IV, 428–431.

135 Vgl. den Informationsbericht der Abteilung Verbandsorgane des Zentralrats der FDJ vom 15.6.1953 über die Reaktion der Bevölkerung auf das Politbürokommuniqé. In: Die DDR vor dem Mauerbau, 161–163.

136 Vgl. zum Ablauf der Ereignisse: Baring, Der 17. Juni 1953; Diedrich, Der 17. Juni 1953; Hagen, DDR – Juni '53.

137 Vgl. Der Tag X – 17. Juni 1953; Wentker, Arbeiteraufstand, Revolution?

138 Heidemeyer, Flucht und Zuwanderung, 44.

139 Vgl. die handschriftlichen Aufzeichnungen Otto Grotewohls über die Politbürositzung am 8.7.1953. In: Die DDR vor dem Mauerbau, 174–176.

140 Gesetzblatt der DDR 1953, 1059 f.

141 Protokoll der Verhandlungen des IV. Parteitages der SED, 79.

142 Beschluss des Politbüros der SED vom 14.3.1954. In: Die DDR vor dem Mauerbau, 203–207. Vgl. Goerner, Die Kirche als Problem der SED.

143 Vgl. »Konzentrierte Schläge«.

144 Vgl. Protokoll über zusätzliche Warenlieferungen im Jahre 1954 zwischen der DDR und der UdSSR. In: Dokumente zur Außenpolitik der DDR. Bd. II, 271 f.; Protokoll über gegenseitige Warenlieferungen mit der UdSSR für das Jahr 1955. In: ebd., 33; Protokoll über gegenseitige Warenlieferungen mit der UdSSR für das Jahr 1956. In: Dokumente zur Außenpolitik der DDR. Bd. III, 351 f.

145 Buchheim, Wirtschaftliche Folgen der Integration der DDR in den RGW, 361.

146 Dokumente zur Außenpolitik der Regierung der DDR. Bd. I, 303 f.

147 Vgl. Ansprachen Bulganins am 24. und 26.7.1955 in Berlin (Ost). In: Dokumente zur Außenpolitik der der DDR. Bd. III, 213–215, hier 214 f.; 222–228, hier 225 f.

148 So auch Lemke, Einheit oder Sozialismus?, 344.

149 Dokumente zur Außenpolitik der Regierung der DDR. Bd. III, 280–283.

150 Beschluss der Regierung der UdSSR über die Auflösung der Hohen Kommission der UdSSR in Deutschland. In: Dokumente zur Außenpolitik der DDR. Bd. III, 284 f.

151 Erlass des Präsidiums des Obersten Sowjets der UdSSR über die Beendigung des Kriegszustandes zwischen der Sowjetunion und Deutschland vom 25.1.1955. In: Dokumente zur Außenpolitik der DDR. Bd. II, 313 f.

152 Vgl. Roesler, Zum Strukturwandel in der Industrie; Hübner, Sozialhistorische Aspekte der industriellen Standortproblematik; Roesler, Zur Industrialisierung des Nordens der DDR; Karlsch, Zur Industrialisierung industriearmer Gebiete.

153 BStU, MfS, DA 55/54, 2.

154 Vgl. Anatomie der Staatssicherheit. MfS-Handbuch. Die Hauptabteilung XVIII: Volkswirtschaft.

155 BStU, MfS, DA 55/54, 2.

156 Direktive über Maßnahmen zur Sicherung der Planerfüllung in der Braunkohlenindustrie, der das Politbüro am 30.10.1956 zustimmte. In: SAPMO, DY 30/J IV 2/2/508, Bl. 8.

157 Protokoll der Sitzung des Sekretariats des ZK am 6.3.1957. In: SAPMO, DY 30/J IV 2/3/551, Bl. 1.

158 SAPMO, DY 30/J IV 2/3/554, Bl. 7 f.

159 Vgl. dazu auch Hübner, Zum Kohle- und Energieprogramm der DDR 1957.

160 Gieseke, Das Ministerium für Staatssicherheit, 380.

161 Ebd.

162 Gieseke, Die hauptamtlichen Mitarbeiter der Staatssicherheit, 171 f.

163 Vgl. Aktennotiz über eine Besprechung bei Walter Ulbricht am 8.1.1954 betr. sowjetische Kritik an Volkspolizei und Staatssicherheit. In: Die DDR vor dem Mauerbau, 197–203.

164 Vgl. Wenzke, Die Nationale Volksarmee.

165 Vgl. Kurzinformation der Abt. Verbandsorgane des Zentralrats der FDJ vom 26.1.1956 über die Meinung Jugendlicher zur Gründung der NVA. In: Die DDR vor dem Mauerbau, 229–231.

166 Rundschreiben des ZK an die Bezirks- und Kreisleitungen der SED vom 11.7.1955 über Methoden der Werbung für die KVP. In: Die DDR vor dem Mauerbau, 220–223.

167 Heidemeyer, Flucht und Zuwanderung, 44.

168 Bericht der HVDVP über die illegale Abwanderung im Zeitraum 1945/55 (o.D.). In: Die DDR vor dem Mauerbau, 225–227.

169 Vgl. Entstalinisierungskrise in Ostmitteleuropa 1953–1956.

170 Foitzik, Ostmitteleuropa zwischen 1953 und 1956, 32.

171 Walter Ulbricht, Über den XX. Parteitag der Kommunistischen Partei der Sowjetunion. In: Neues Deutschland vom 4.3.1956, 4.

172 Vgl. die Diskussion auf der 26. Tagung des ZK der SED am 22.3.1956. In: Die DDR vor dem Mauerbau, 239–247.

173 Ebd., 241.

174 Die DDR vor dem Mauerbau, 250 f.

175 Vgl. Hoffmann, Sozialistische Rentenreform?

176 Schirdewan, Aufstand gegen Ulbricht.

177 Harich, Keine Schwierigkeiten mit der Wahrheit, 112–160. Vgl. dazu auch Skyba, Vom Hoffnungsträger zum Sicherheitsrisiko, 362 f.

178 Harich, Keine Schwierigkeiten mit der Wahrheit, 139 f. und 149.

179 Staritz, Geschichte der DDR, 157.

180 Scholz, Bauernopfer der Deutschen Frage, 189 f.

181 Informationsbericht der ZK-Abteilung Wissenschaft und Propaganda vom 29.10.1956. In: Die DDR vor dem Mauerbau, 256–260, hier 257.

182 Malycha, Die Geschichte der SED, 48 f.

183 Weber, Justiz und Diktatur, 468.

184 Malycha, Die Geschichte der SED, 49.

185 Protokoll der Verhandlungen der 3. Parteikonferenz der SED. Bd. 2, 1022–1113. Zu den Hauptaufgaben des 2. Fünfjahrplanes: ebd., 1026–1031.

186 Vgl. Informationsbericht der ZK-Abteilung Wissenschaft und Propaganda vom 29.10.1956 über Reformforderungen an den Universitäten. In: Die DDR vor dem Mauerbau, 256–260.

187 Die DDR vor dem Mauerbau, 260 f.

188 Ebd., 261.
189 Vgl. Kyrow/Zselicky, Ungarnkrise 1956.
190 Krüger, Votum für bewaffnete Gewalt.
191 Ebd., 82.
192 Ebd., 84.
193 Ebd.
194 Staritz, Geschichte der DDR, 162.
195 Ebd., 163.
196 Vgl. Bericht der ZPKK vom 26.3.1957 über die Entstehung und Ziele der »Gruppe Harich«. In: Die DDR vor dem Mauerbau, 268–274.
197 Die DDR vor dem Mauerbau, 261–263, hier 261.
198 Ebd., 261 f.
199 Ebd., 262.
200 Ebd.
201 Rede Ulbrichts auf der 30. Tagung des ZK der SED am 30.1.1957. Auszugsweise abgedruckt in: Die DDR vor dem Mauerbau, 281–290, hier 282.
202 Malycha, Die Geschichte der SED, 52.
203 Engelmann/Schumann, Der Ausbau des Überwachungsstaates, 344.
204 Ebd., 367 f.
205 Die DDR vor dem Mauerbau, 290–294.
206 Gieseke, Die hauptamtlichen Mitarbeiter, 176.
207 Engelmann/Schumann, Der Ausbau des Überwachungsstaates, 355.
208 Skyba, Vom Hoffnungsträger zum Sicherheitsrisiko, 384–393.
209 Vgl. Bericht der Abt. Agitation und Propaganda des Zentralrats der FDJ vom 8.7.1957 über die Diskussion Jugendlicher. In: Die DDR vor dem Mauerbau, 303–305.
210 Protokoll der Verhandlungen des V. Parteitages der SED. Bd. 1, 68.
211 Ebd. Bd. 2, 1372–1379.
212 Vgl. Roesler, Die Produktionsbrigaden in der Industrie; Hübner, Konsens, Konflikt und Kompromiss, 223–239; Soldt, Zum Beispiel Schwarze Pumpe; Reichel, »Jugoslawische Verhältnisse«?
213 Reichel, »Jugoslawische Verhältnisse«?, 72 f.
214 Gesetz über die Abschaffung der Lebensmittelkarten vom 28.5.1958. In: Gesetzblatt der DDR 1958. Teil I, 413–415. Die Aufhe-

bung der Rationierung war bereits für 1953 vorgesehen und wurde im Sommer 1956 intensiver diskutiert. Ciesla, Zwischen den Krisen, 285.

215 Langenhan, »Halte dich fern von den Kommunisten, die wollen nicht arbeiten!«, 164. Den begrenzten Handlungsspielraum der Funktionseliten betont dagegen Bauerkämper, Loyale »Kader«?, 296f.

216 Bauer, Sozialistische Formierung auf dem Land, 148.

217 Ebd., 148f.

218 Vgl. Küsters, Wiedervereinigung durch Konföderation?

219 Zitiert nach Lemke, Einheit oder Sozialismus?, 401.

220 Ausführlich dazu: Lemke, Die Berlinkrise 1958 bis 1963; Wettig, Die UdSSR und die Krise um Berlin.

221 Zu den Zahlen: Heidemeyer, Flucht und Zuwanderung, 44.

222 Ebd., 45.

223 Vgl. dazu im Einzelnen Uhl, »Westberlin stellt also ein großes Loch inmitten unserer Republik dar«.

224 So noch Schroeder, Der SED-Staat, 167; Bonwetsch/Filitow, Chruschtschow und der Mauerbau.

225 Vgl. Informationsberichte der ZK-Abt. Parteiorgane über die Stimmung der Bevölkerung in Ost-Berlin am 13.8.1961. In: Die DDR vor dem Mauerbau, 395–398.

226 Major, Vor und nach dem 13. August 1961, 352; Ross, »… sonst sehe ich mich veranlasst, auch nach dem Westen zu ziehen«.

227 Staritz, Geschichte der DDR, 196.

228 SAPMO, DY 30/J IV 2/202/32, Schreiben Ulbrichts vom 8.2.1962 an Chruschtschow, 17.

229 Dokumente der SED. Bd. VIII, 504–509.

230 Ebd., 506.

231 Weber, Die DDR 1945–1990, 62.

232 Dokumente der SED. Bd. VIII, 506.

233 Ebd., 508.

234 Neues Deutschland vom 24.3.1962, 1.

235 Neues Deutschland vom 26.3.1962, 1; Neues Deutschland vom 27.3.1962, 1–3.

236 Vgl. »Die Republik diskutiert nationales Dokument«, in: Neues Deutschland vom 30.3.1962, 3.

237 Vgl. hierzu vor allem: Sabrow, Das Diktat des Konsenses.

238 Vgl. Beschluss des Politbüros vom 5.7.1955 »Die Verbesserung der Forschung und Lehre in der Geschichtswissenschaft der Deutschen Demokratischen Republik«, in: Dokumente der SED. Bd. V, 337–368.
239 Dokumente der SED. Bd. IX, 401–594.
240 Weber, Die DDR 1945–1990, 62 f.
241 Dokumente der SED. Bd. IX, 415.
242 Ebd., 416.
243 Ebd., 419.
244 Gieseke, Die hauptamtlichen Mitarbeiter der Staatssicherheit, 231.
245 Werkentin, Politische Strafjustiz in der Ära Ulbricht, 268.
246 Ebd., 406 f. (Tabelle IV und V).
247 Raschka, Justizpolitik im SED-Staat, 38.
248 Ebd., 35.
249 Werkentin, Politische Strafjustiz in der Ära Ulbricht, 298.
250 Gieseke, Die hauptamtlichen Mitarbeiter der Staatssicherheit, 232–235.
251 Ebd., 237 (Tabelle 15).
252 Ebd., 239.
253 Ebd., 553 f. (MfS-Personalstatistik).
254 Wenzke, Die Nationale Volksarmee, 442.
255 Gesetzblatt der DDR 1962. Teil I, 2–6.
256 Wenzke, Die Nationale Volksarmee, 442.
257 Gesetzblatt der DDR 1962. Teil I, 2 (§ 3, Abs. 1 u. 2).
258 Ebd., 4 (§ 21, Abs. 1).
259 Ebd., 5 (§ 29, Abs. 3).
260 Ebd. (§ 25).
261 Wenzke, Die Nationale Volksarmee, 444.
262 Gesetzblatt der DDR 1964. Teil I, 129 (§ 4).
263 Wenzke, Die Nationale Volksarmee, 444.
264 Ebd., 433 u. 452 (Tabellen).
265 BAB, DC 1/1060.
266 BAB, DE 1/12655, Bl. 1–4.
267 BAB, DC 1/1060, Vermerk des Bereiches Planung – Finanzen – Außenhandel vom 30.8.1961, 2.
268 BAB, DC 20 I/4–487, Bl. 4, Protokoll der Sitzung des Präsidiums des Ministerrates vom 8.9.1961.
269 Protokoll des VI. Parteitages der SED. Bd. IV, 297–405 und 406–436.

270 Protokoll des VI. Parteitages der SED. Bd. III, 23 f.
271 Hildermeier, Geschichte der Sowjetunion, 768.
272 Vgl. zu den keineswegs konfliktfreien Anfängen des sowjetisch-chinesischen Verhältnisses nach 1945: Heinzig, Die Sowjetunion und das kommunistische China; Stolberg, Stalin und die chinesischen Kommunisten.
273 Zu den folgenden Personennamen und der Mitgliedschaft in den SED-Führungsgremien: Die SED, 848–854 sowie die jeweiligen Kurzbiographien.
274 Steiner, Die DDR-Wirtschaftsreform der sechziger Jahre, 51.
275 Staritz, Geschichte der DDR, 211.
276 Diese und die folgenden Zahlen stammen aus der grundlegenden Studie zu diesem Thema: Steiner, Die DDR-Wirtschaftsreform der sechziger Jahre, 40 (Tabelle 1.1).
277 Protokoll des VI. Parteitages. Bd. I, 99.
278 Ebd., 102.
279 Ebd., 102 f.
280 Ebd., 103.
281 Ebd., 104.
282 Steiner, Die DDR-Wirtschaftsreform, 52.
283 Staritz, Geschichte der DDR, 216.
284 Vgl. dazu: Hildermeier, Geschichte der Sowjetunion, 233–262.
285 Steiner, Die DDR-Wirtschaftsreform, 61.
286 Ebd., 63.
287 Gesetzblatt der DDR 1963. Teil II, 453–481.
288 Steiner, Die DDR-Wirtschaftsreform, 64.
289 Gesetzblatt der DDR 1963. Teil II, 454.
290 Steiner, Die DDR-Wirtschaftsreform, 116 f.
291 Ebd., 122.
292 Ebd., 123 f.
293 Ebd., 68.
294 Vgl. ebd., 198–225.
295 Ebd., 216.
296 Ebd., 220.
297 Ebd., 223.
298 Dokumente der SED. Bd. IX, 691.
299 Ebd., 700.
300 Gesetzblatt der DDR 1964. Teil I, 75–86.

301 Gesetzblatt der DDR 1965. Teil I, 86 (§ 1, Abs. 1).

302 Zur Mitgliederentwicklung in den fünfziger Jahren und zur Quellenproblematik der FDJ-Statistiken: Skyba, Vom Hoffnungsträger zum Sicherheitsrisiko, 99–107 und 272–274.

303 Hildermeier, Geschichte der Sowjetunion, 826 f.

304 Neues Deutschland vom 13.6.1964, 1.

305 Neues Deutschland vom 16.12.1965, 6.

306 Weber, Die DDR, 69.

307 Erker, »Arbeit nach Westdeutschland«, 173; Weber, Geschichte der DDR, 370–372.

308 Staritz, Geschichte der DDR, 259 f.

309 Steiner, Die DDR-Wirtschaftsreform, 135.

310 Protokoll des VII. Parteitages der SED. Bd. I, 137.

311 Steiner, Die DDR-Wirtschaftsreform, 136.

312 Protokoll des VII. Parteitages der SED. Bd. I, 239–245.

313 Ulbricht, Aufgaben der sozialistischen Sozialpolitik.

314 Wissenschaftliche Untersuchungen zur Entstehungsgeschichte fehlen noch weitgehend. Als ersten Einstieg: Feth, Hilde Benjamin, 190–206.

315 Strafgesetzbuch der DDR vom 12.1.1968 (Art. 1 sowie §§ 85–111), in: Gesetzblatt der DDR. Teil I, 9 und 23–27.

316 Ebd., 20 (Art. 60).

317 Verfassung der DDR vom 6.4.1968, 205.

318 Ebd., 208–212.

319 Ebd., 215 (Art. 54).

320 Vgl. Prieß/Kural/Wilke, Die SED und der »Prager Frühling« 1968.

321 Vgl. Stelkens, Machtwechsel in Ost-Berlin.

322 Neues Deutschland vom 4.5.1971, 1.

323 Vgl. Das SKK-Statut.

324 Dazu liegen bereits einige neuere, quellengesättigte Studien vor. Vgl. Creuzberger, Die sowjetische Besatzungsmacht; Foitzik, Sowjetische Militäradministration in Deutschland; Naimark, The Russians in Germany.

325 Vgl. Engelmann, Diener zweier Herren; Steiner, Sowjetische Berater in den zentralen wirtschaftsleitenden Instanzen.

326 Vgl. Kaiser, Sowjetischer Einfluss auf die ostdeutsche Politik.

327 Vgl. Terror. Stalinistische Parteisäuberungen 1936–1953.

328 Vgl. Hodos, Schauprozesse.

329 Vgl. Bouvier, Ausgeschaltet!; zu den Sozialdemokraten im FDGB: Brunner, Sozialdemokraten im FDGB.

330 Vgl. Klein, »Für die Einheit und Reinheit der Partei«; Mählert, »Die Partei hat immer recht!«.

331 Vgl. Hurwitz, Die Stalinisierung der SED; Malycha, Partei von Stalins Gnaden; ders., Die SED.

332 Vgl. als Überblick: Richter, Vom Widerstand der christlichen Demokraten.

333 Wentker, Justiz in der SBZ/DDR.

334 Pohl, Justiz in Brandenburg; Weber, Justiz und Diktatur.

335 Volksrichter in der SBZ/DDR.

336 Vgl. Gieseke, Von der Deutschen Verwaltung des Innern zum Ministerium für Staatssicherheit.

337 Beschluss des Politbüros über das Ministerium für Staatssicherheit vom 24.1.1950. In: Die DDR vor dem Mauerbau, 55 f. Gesetz über die Bildung eines Ministeriums für Staatssicherheit vom 8.2.1950. In: Gesetzblatt der DDR 1950, 95. Einen informativen Überblick über die Geschichte des MfS bietet Gieseke, Das Ministerium für Staatssicherheit.

338 Braun, Die Zentrale Kommission für Staatliche Kontrolle.

339 Gesetz über die Regierung der DDR vom 8.10.1950 (§ 2, Abs. 1). In: Gesetzblatt der DDR 1950, 1135 f., hier 1135.

340 Gesetz über den Volkswirtschaftsplan 1951 vom 14.3.1951 (§ 23, Abs. 13). In: Gesetzblatt der DDR 1951, 187–198, hier 198.

341 Ebd. (§ 23, Abs. 11).

342 Boyer, Bürohelden?, 257.

343 Vgl. Herbst, Der Totale Krieg; Petzina, Autarkiepolitik im Dritten Reich.

344 Gesetz über die weitere Demokratisierung des Aufbaus und der Arbeitsweise der staatlichen Organe in den Ländern der DDR vom 23.7.1952. In: Gesetzblatt der DDR 1952, 613 f.

345 Ordnung für den Aufbau und die Arbeitsweise der staatlichen Organe der Bezirke vom 24.7.1952. In: Gesetzblatt der DDR 1952, 621–623.

346 Werum, »Wir sind die Illegalen!«

347 Mählert, Die Freie Deutsche Jugend; ders./Stephan, Blaue Hemden – Rote Fahnen; Skyba, Vom Hoffnungsträger zum Sicherheitsrisiko.

348 Dazu wurde die Verfassung ergänzt. Vgl. Gesetz über die Bildung des Staatsrates der DDR vom 12.9.1960. In: Gesetzblatt der DDR 1960. Teil I, 505f.

349 Schroeder, Der SED-Staat, 142.

350 Vgl. Gesetz über die Bildung des Nationalen Verteidigungsrates der DDR vom 10.2.1960. In: Gesetzblatt der DDR 1960. Teil I, 89. Zur Entstehung und Entwicklung dieser Institution bis 1971: Wagner, Walter Ulbricht und die geheime Sicherheitspolitik der SED.

351 Diedrich/Ehlert/Wenzke, Die bewaffneten Organe der DDR, 14.

352 Vgl. Von Stalingrad zur Währungsreform.

353 Vgl. Frank, Walter Ulbricht; Jodl, Amboss oder Hammer?; Lorenzen, Erich Honecker; Podewin, Walter Ulbricht; ders., Ebert und Ebert. Davon hebt sich die folgende Biographie etwas ab: Otto, Erich Mielke. Mielke wurde jedoch erst 1976 Mitglied des Politbüros.

354 Vgl. Gieseke, Die hauptamtlichen Mitarbeiter der Staatssicherheit; Hartewig, Zurückgekehrt; Wierling, Geboren im Jahr Eins.

355 Peukert, Die Weimarer Republik, 25–31.

356 Ebd., 26.

357 Zu den Daten: Wer war wer in der DDR?, 657–660.

358 Vgl. dazu die unterschiedlichen Interpretationen und Deutungen bei: Mallmann, Kommunisten in der Weimarer Republik; Weber, Die Wandlung des deutschen Kommunismus; Wirsching, Vom Weltkrieg zum Bürgerkrieg.

359 Zu den folgenden biographischen Daten: Wer war wer in der DDR?, 868f.; SAPMO, DY 30/IV 2/11/v. 2038, Bl. 40–45, Karteikarte für Mitglieder und Kandidaten mit Ergänzungsblättern (o.D.).

360 Vgl. Morré, Hinter den Kulissen des Nationalkomitees.

361 Vgl. dazu die Dokumentensammlung »Nach Hitler kommen wir«.

362 SAPMO, DY 30/IV 2/11/v. 1354, Bl. 56–58, Lebenslauf Materns vom 12.6.1963.

363 SAPMO, DY 30/IV 2/11/v. 519, Bl. 63f., Kurzbiographie Zaissers vom 8.6.1949.

364 Wer war wer in der DDR?, 137f.; SAPMO, DY 30/IV 2/11/v. 5280/1, Bl. 17–24, SED-Fragebogen vom 9.6.1970; ebd., Bl. 135–137, Kurzbiographie Dahlems (o.D.).

365 Wer war wer in der DDR?, 573.
366 Ebd., 282f.; SAPMO, DY 30/IV 2/11/v. 135.
367 SAPMO, DY 30/IV 2/11/v. 261, Bl. 29, Lebenslauf vom 20.1.1950.
368 SAPMO, DY 30/IV 2/11/v. 5286, Bl. 208f., Lebenslauf vom Juni 1979.
369 Wer war wer in der DDR?, 521; SAPMO, DY 30/IV 2/11/v. 271, SED-Fragebogen vom 1.8.1945.
370 SAPMO, DY 30/IV 2/11/v. 5414, Bl. 193–195, Lebenslauf Mückenbergers vom 6.12.1948.
371 SAPMO, DY 30/IV 2/11/v. 5425, Bl. 137–145, Lebenslauf Neumanns vom 18.5.1950.
372 Wer war wer in der DDR?, 628.
373 Ebd., 634f.
374 SAPMO, DY 30/IV 2/11/v. 366, Bl. 142f., Lebenslauf Raus vom 16.12.1946.
375 SAPMO, DY 30/IV 2/11/v. 5142, Bl. 125–128, SED-Fragebogen vom 29.8.1951.
376 Wer war wer in der DDR?, 873f.
377 SAPMO, DY 30/IV 2/11/v. 2175, Lebenslauf Warnkes (o.D.).
378 SAPMO, DY 30/IV 2/11/v. 5344, Bl. 172, Lebenslauf Honeckers vom 12.5.1945.
379 SAPMO, DY 30/IV 2/11/v. 5255, Bl. 198–204, Lebenslauf Axens vom 19.12.1949. Vgl. zu Axens Emigrationszeit: Müller-Enbergs, Meinungsoffiziere der Parteiführung, 302.
380 SAPMO, DY 30/IV 2/11/v. 5299, Bl. 5f., Kurzbiographie Fröhlichs vom 8.12.1954.
381 SAPMO, DY 30/IV 2/11/v. 5319, Bl. 175–177, Lebenslauf Hagers vom 9.7.1949.
382 SAPMO, DY 30/IV 2/11/v. 5483, Bl. 205f., SED-Fragebogen vom 10.11.1948.
383 SAPMO, DY 30/IV 2/11/v. 5495, Bl. 137f., SED-Fragebogen vom 8.10.1946.
384 SAPMO, DY 30/IV 2/11/v. 5570, Bl. 110, Lebenslauf vom 17.8.1954.
385 SAPMO, DY 30/IV 2/11/v. 5409, Bl. 14f., SED-Fragebogen vom 9.6.1970.
386 Vgl. Feldman, Armee, Industrie und Arbeiterschaft, 169–206; Kocka, Klassengesellschaft im Krieg, 151–154; Mai, Das Ende des Kaiserreichs, 95–105.

387 Vgl. Herbst, Der Totale Krieg.
388 Vgl. zur eingeschränkten Verwendungsfähigkeit dieses Begriffes: Hoffmann, Die Lenkung des Arbeitsmarktes, 45–47.
389 SAPMO, NY 4182/1158, Bl. 181.
390 SAPMO, DY 30/J IV 2/3/13, Bl. 7.
391 Hoffmann, Aufbau und Krise der Planwirtschaft, 121.
392 SAPMO, DY 30/IV 2/2.027/21, Bl. 99, Bericht des Leiters der HVAS vom 25.2.1949.
393 BAB, DC 15/63, Bl. 15 f., Vermerk der DWK-HV Wirtschaftsplanung (HA Arbeitskräfte) vom 28.2.1949.
394 SAPMO, DY 30/IV 2/2.027/21, Bl. 125, Bericht Litkes vom 21.4.1949.
395 Ebd., Bl. 116, Bericht vom 29.4.1949 an die Abt. Arbeit und Sozialfürsorge beim SED-Politbüro.
396 Ebd., Bl. 118.
397 Ebd., Bl. 119.
398 LA Magdeburg LHA, Rep. K MW, Nr. 10076, Bl. 52, Amt für Arbeit und Sozialfürsorge Zeitz am 11.5.1949 an den Minister für Arbeit und Sozialpolitik von Sachsen-Anhalt.
399 Zu den Zahlen vgl. Hoffmann, Aufbau und Krise der Planwirtschaft, 106–115 und 266–274.
400 Boldorf, Sozialfürsorge in der SBZ/DDR, 54.
401 SAPMO, DY 30/IV 2/2.027/21, Bl. 174.
402 BAB, DQ 2/1303, Bl. 14, Bericht der HVAS über die Arbeitsministerkonferenz am 31.5.1949 in Berlin (Ausführungen Litkes).
403 Vgl. Staritz, Die Gründung der DDR, 140 f.; Weber, Geschichte der DDR, 170–172.
404 Vgl. Steiner, Zwischen Länderpartikularismus und Zentralismus; Zank, Wirtschaftliche Zentralverwaltungen.
405 Roesler, Die Herausbildung der sozialistischen Planwirtschaft, 20 f.; Wienert, Die Stahlindustrie in der DDR, 28–33.
406 SAPMO, NY 4036/446, Bl. 84.
407 Vgl. dazu Steiner, Die DDR-Wirtschaftsreform, 289–342.
408 Statistisches Jahrbuch der DDR 1956, 8.
409 Statistisches Jahrbuch der DDR 1963, 4.
410 Statistisches Jahrbuch der DDR 1970, 434.
411 Statistisches Jahrbuch der DDR 1956, 22.
412 Statistisches Jahrbuch der DDR 1963, 482 f.
413 Ebd., 483.

414 Statistisches Jahrbuch der DDR 1971, 443.
415 Ebd., 470.
416 Statistisches Jahrbuch der DDR 1973, 500.
417 Zu den genannten Zahlen: Statistisches Jahrbuch der DDR 1971, 470.
418 Statistisches Jahrbuch der DDR 1973, 500.
419 Zu diesen und den folgenden Zahlen: Statistisches Jahrbuch der DDR 1971, 434.
420 Vgl. Boldorf, Sozialfürsorge in der SBZ/DDR.
421 Vgl. Hoffmann, Sozialpolitische Neuordnung in der SBZ/DDR.
422 Vgl. Ernst, »Die beste Prophylaxe ist der Sozialismus«.
423 So Frerich/Frey, Sozialpolitik in der DDR, 12.
424 Grundsätzliche Überlegungen hierzu bei: Hockerts, Grundlinien und soziale Folgen; ders., Soziale Errungenschaften?.
425 Ritschl, Aufstieg und Niedergang der Wirtschaft, 15 (Tabelle 2).
426 Ebd.
427 Zu den folgenden Zahlen: Statistisches Jahrbuch der DDR 1989, 19.
428 Ebd., 17.
429 Ebd.
430 Vgl. Ritschl, Aufstieg und Niedergang der Wirtschaft, 23 (Tabelle 8).
431 Ebd., 24. Vgl. auch Bähr, Institutionenordnung und Wirtschaftsentwicklung, 539.
432 Vgl. Baar u.a., Strukturveränderungen und Wachstumsschwankungen. Weitgehend unübersichtlich ist dagegen das statistische Material im Anhang von: Schwarzer, Sozialistische Zentralplanwirtschaft, 255–306.
433 Ritschl, Aufstieg und Niedergang der Wirtschaft, 28.
434 Ebd., 29.
435 Zu den Zahlen: Baar u.a., Strukturveränderungen und Wachstumsschwankungen, 67 (Tabelle 1).
436 Zank, Wirtschaft und Arbeit, 142.
437 Zu den Zahlen: Foschepoth, Die Westmächte, 100.
438 Ebd., 101f.
439 Vgl. zur Sprachpolitik in der SBZ/DDR: Schwartz, »Vom Umsiedler zum Staatsbürger«.
440 Zank, Wirtschaft und Arbeit, 143.

441 Just, Die Integration der Umsiedler, S. 146.
442 Ebd. Just, Zur Lösung des Umsiedlerproblems, 975.
443 Zank, Wirtschaft und Arbeit, 144.
444 BAB, DO 2/13, Bl. 43.
445 BAB, DQ 2/49, Bl. 135, Notiz des Staatssekretariats für Innere Angelegenheiten (Abt. Bevölkerungspolitik) vom 30.7.1953.
446 Vgl. Lüttinger, Integration der Vertriebenen.
447 Vgl. aus der neuesten Forschungsliteratur vor allem die Sammelbände: Geglückte Integration?; Vertriebene in Deutschland. Darüber hinaus liegen bereits einige neuere monographische Studien zur SBZ/DDR vor: Donth, Vertriebene und Flüchtlinge in Sachsen; Ther, Deutsche und polnische Vertriebene.
448 BAB, DQ 2/49, Bl. 135.
449 Gesetzblatt der DDR 1950, S. 971–973. Vgl. dazu Schwartz, Umsiedlerpolitik in der Krise?
450 Schmelz, West-Ost-Migranten im geteilten Deutschland, 89 (Tabelle 1).
451 SAPMO, NY 4182/972, Bl. 90.
452 Ebd., Bl. 91.
453 Ebd., Bl. 89.
454 Vgl. Jessen, Akademische Elite.
455 Erste Ansätze bieten die Beiträge des Sammelbandes: Arbeiter in der SBZ/DDR. Vgl. außerdem Kleßmann, Die stilisierte Klasse.
456 So Haack, Aufsteiger in der Neptunwerft.
457 Zu den folgenden Zahlen: BAB, DQ 2/3804, Bl. 72.
458 Vgl. Oertzen/Rietzschel, Das »Kuckucksei« Teilzeitarbeit; Rietzschel, Teilzeitarbeit in der Industrie.
459 BAB, DQ 2/844.
460 Arbeit und Sozialfürsorge 1946, 306.
461 Vgl. Ansorg, »Irgendwie war da eben kein System d'rin«.
462 So Meuschel, Überlegungen zu einer Herrschafts- und Gesellschaftsgeschichte der DDR, 6. Zur Kritik an diesem Interpretationsansatz: Jessen, Die Gesellschaft im Staatssozialismus.
463 Ähnliche Einschätzung auch bei Ritter, Die DDR in der deutschen Geschichte, 200.

Abkürzungsverzeichnis

Abs.	Absatz
AfS	Archiv für Sozialgeschichte
APUZ	Aus Politik und Zeitgeschichte
Art.	Artikel
BAB	Bundesarchiv, Berlin-Lichterfelde
Bd.	Band
BEK	Bund der Evangelischen Kirche
BFD	Bewegung Freies Deutschland
Bl.	Blatt
BStU	Die Bundesbeauftragte für die Unterlagen des Staatssicherheitsdienstes der ehemaligen DDR
BzG	Beiträge zur Geschichte der Arbeiterbewegung
CDU	Christlich-Demokratische Union
ČSSR	Tschechoslowakische Republik
CSU	Christlich-Soziale Union
DA	Deutschland Archiv
DBD	Demokratische Bauernpartei Deutschlands
DCGG	Deutsche Continental-Gas-Gesellschaft
DDR	Deutsche Demokratische Republik
DEFA	Deutsche Film-AG
DFD	Demokratischer Frauenbund Deutschlands
DWK	Deutsche Wirtschaftskommission
EKKI	Exekutivkomitee der Kommunistischen Internationale
EKO	Eisenhüttenkombinat Ost
EVG	Europäische Verteidigungsgemeinschaft
FDGB	Freier Deutscher Gewerkschaftsbund
FDJ	Freie Deutsche Jugend
FSJ	Freie Sozialistische Jugend
Gestapo	Geheime Staatspolizei
GG	Geschichte und Gesellschaft
GRU	militärischer Geheimdienst der UdSSR
HA	Hauptabteilung

HV	Hauptverwaltung
HVAS	Hauptverwaltung für Arbeit und Sozialfürsorge
HVDVP	Hauptverwaltung Deutsche Volkspolizei
KI	Kommunistische Internationale
KJI	Kommunistische Jugendinternationale
KJVD	Kommunistischer Jugendverband Deutschlands
KP	Kommunistische Partei
KPC	Kommunistische Partei der Tschechoslowakei
KPD	Kommunistische Partei Deutschlands
KPdSU (B)	Kommunistische Partei der Sowjetunion (Bolschewiki)
KPF	Kommunistische Partei Frankreichs
KVP	Kasernierte Volkspolizei
KZ	Konzentrationslager
LA	Landesarchiv
LDP	Liberal-Demokratische Partei
LHA	Landeshauptarchiv
LPG	Landwirtschaftliche Produktionsgenossenschaft
MdI	Ministerium des Innern
MdJ	Ministerium der Justiz
MfS	Ministerium für Staatssicherheit
NATO	North Atlantic Treaty Organization
NDP(D)	National-Demokratische Partei (Deutschlands)
NEP	Neue Ökonomische Politik (in der Sowjetunion)
NKFD	Nationalkomitee Freies Deutschland
NÖSPL	Neues Ökonomisches System der Planung und Leitung
NS	Nationalsozialistisch
NSDAP	Nationalsozialistische Deutsche Arbeiterpartei
NVA	Nationale Volksarmee
ÖSS	Ökonomisches System des Sozialismus
RGW	Rat für gegenseitige Wirtschaftshilfe
SAG	Sowjetische Aktiengesellschaft
SAJ	Sozialistische Arbeiterjugend
SAPMO	Stiftung Archiv der Parteien und Massenorganisationen der DDR im Bundesarchiv
SBZ	Sowjetische Besatzungszone
SD	Sicherheitsdienst

SDAG	Sowjetisch-Deutsche Aktiengesellschaft
SED	Sozialistische Einheitspartei Deutschlands
SfS	Staatssekretariat für Staatssicherheit
SKK	Sowjetische Kontrollkommission
SMA	Sowjetische Militäradministration
SMAD	Sowjetische Militäradministration in Deutschland
SPD	Sozialdemokratische Partei Deutschlands
SPK	Staatliche Plankommission
UdSSR	Union der Sozialistischen Sowjetrepubliken
USA	United States of America
USPD	Unabhängige Sozialdemokratische Partei Deutschlands
VdgB	Vereinigung der gegenseitigen Bauernhilfe
VEB	Volkseigener Betrieb
VfZ	Vierteljahrshefte für Zeitgeschichte
VSWG	Vierteljahrschrift für Sozial- und Wirtschaftsgeschichte
VVB	Vereinigung Volkseigener Betriebe
VVN	Vereinigung der Verfolgten des Naziregimes
ZfG	Zeitschrift für Geschichtswissenschaft
ZK	Zentralkomitee
ZKK	Zentrale Kontrollkommission
ZPKK	Zentrale Parteikontrollkommission

Bibliographie

1. Ungedruckte Quellen

Stiftung Archiv der Parteien und Massenorganisationen der DDR im Bundesarchiv, Berlin (SAPMO)

DY 30	*SED*
J IV 2/2	Protokolle des Politbüros
J IV 2/3	Protokolle des Sekretariats des ZK
J IV 2/202	Büro Walter Ulbricht
IV 2/2.027	ZK-Abteilung Gewerkschaften und Sozialpolitik
Kaderakten	
IV 2/11/v. 135	Otto Grotewohl
IV 2/11/v. 261	Helmut Lehmann
IV 2/11/v. 271	Bruno Leuschner
IV 2/11/v. 366	Heinrich Rau
IV 2/11/v. 519	Wilhelm Zaisser
IV 2/11/v. 1354	Hermann Matern
IV 2/11/v. 2038	Walter Ulbricht
IV 2/11/v. 2175	Herbert Warnke
IV 2/11/v. 5142	Karl Schirdewan
IV 2/11/v. 5255	Hermann Axen
IV 2/11/v. 5280	Franz Dahlem
IV 2/11/v. 5286	Friedrich Ebert
IV 2/11/v. 5299	Paul Fröhlich
IV 2/11/v. 5319	Kurt Hager
IV 2/11/v. 5344	Erich Honecker
IV 2/11/v. 5409	Günter Mittag
IV 2/11/v. 5414	Erich Mückenberger
IV 2/11/v. 5425	Alfred Neumann
IV 2/11/v. 5483	Horst Sindermann
IV 2/11/v. 5495	Willi Stoph
IV 2/11/v. 5570	Gerhard Grüneberg

NY Nachlässe

4036	Wilhelm Pieck
4182	Walter Ulbricht

Bundesarchiv, Berlin-Lichterfelde (BAB)

DC 1	Zentrale Kommission für Staatliche Kontrolle
DC 15	Deutsche Wirtschaftskommission
DC 20 I/4	Präsidium des Ministerrates
DE 1	Staatliche Plankommission
DO 2	Zentralverwaltung für deutsche Umsiedler
DQ 2	Ministerium für Arbeit und Berufsausbildung

Die Bundesbeauftragte für die Unterlagen des Staatssicherheitsdienstes der ehemaligen DDR, (BStU), Zentralarchiv (ZA), Berlin

DA 55/54

Landesarchiv Magdeburg Landeshauptarchiv (LA Magdeburg LHA)

Rep. K MW	Ministerium für Wirtschaft und Verkehr

2. *Gedruckte Quellen*

Arbeit und Sozialfürsorge 1946.

Bonwetsch, Bernd/Filitow, Alexei: Chruschtschow und der Mauerbau. Die Gipfelkonferenz der Warschauer-Pakt-Staaten vom 3.–5. August 1961, in VfZ 48 (2000), 155–198.

Die DDR vor dem Mauerbau. Dokumente zur Geschichte des anderen deutschen Staates 1949–1961, hg. von Dierk Hoffmann u. a., München 1993.

Dokumente der Sozialistischen Einheitspartei Deutschlands Bd. 1ff., Berlin (Ost) 1952ff.

Dokumente zur Außenpolitik der Deutschen Demokratischen Republik Bd. I–III, Berlin (Ost) 1954–1956.

Engelmann, Roger/Schumann, Silke: Der Ausbau des Überwachungsstaates. Der Konflikt Ulbricht–Wollweber und die Neuausrichtung des Staatssicherheitsdienstes der DDR 1957, in: VfZ 43 (1995), 341–378.

Foitzik, Jan: »Hart und konsequent ist der neue politische Kurs zu rea-

lisieren«. Ein Dokument zur Politik der Sowjetunion gegenüber der DDR nach Berijas Verhaftung im Juni 1953, in: DA 33 (2000), 32–49.
Gesetzblatt der Deutschen Demokratischen Republik 1949ff., Berlin (Ost) 1949ff.
Herf, Jeffrey: Antisemitismus in der SED. Geheime Dokumente zum Fall Paul Merker aus SED-und MfS-Archiven, in: VfZ 42 (1994), 635–667.
Krüger, Joachim: Votum für bewaffnete Gewalt. Ein Beschluss des SED-Politbüros vom November 1956, in: BzG 34 (1992), 75–85.
»Nach Hitler kommen wir«. Dokumente zur Programmatik der Moskauer KPD-Führung 1944/45 für Nachkriegsdeutschland, hg. von Peter Erler u.a., Berlin 1994.
Neues Deutschland.
Pieck, Wilhelm: Aufzeichnungen zur Deutschlandpolitik 1945–1953, hg. von Rolf Badstübner/Wilfried Loth, Berlin 1993.
Protokoll der Verhandlungen der II. Parteikonferenz der Sozialistischen Einheitspartei Deutschlands, 9. bis 12. Juni 1952, Berlin (Ost) 1952.
Protokoll der Verhandlungen der 3. Parteikonferenz der Sozialistischen Einheitspartei Deutschlands, 24. bis 30. März 1956, Berlin (Ost) 1956.
Protokoll des III. Parteitages der Sozialistischen Einheitspartei Deutschlands, 20. bis 24. Juli 1950, Berlin (Ost) 1951.
Protokoll der Verhandlungen des IV. Parteitages der Sozialistischen Einheitspartei Deutschlands, 30. März bis 6. April 1954, Berlin (Ost), 1954.
Protokoll der Verhandlungen des V. Parteitages der Sozialistischen Einheitspartei Deutschlands, 10. bis 16. Juli 1958, Berlin (Ost) 1959.
Protokoll des VI. Parteitages der Sozialistischen Einheitspartei Deutschlands, 15. bis 21. Januar 1963, Berlin (Ost) 1963.
Protokoll des VII. Parteitages der Sozialistischen Einheitspartei Deutschlands, 17. bis 22. April 1967, Berlin (Ost) 1967.
Protokolle der Provisorischen Volkskammer, 1949/50.
Scherstjanoi, Elke: Die sowjetische Deutschlandpolitik nach Stalins Tod 1953. Neue Dokumente aus dem Archiv des Moskauer Außenministeriums, in: VfZ 46 (1998), 497–549.
Das SKK-Statut. Zur Geschichte der Sowjetischen Kontrollkommis-

sion in Deutschland 1949 bis 1953. Eine Dokumentation. Im Auftrag des Instituts für Zeitgeschichte zusammengestellt und eingeleitet von Elke Scherstjanoi, München 1998.
Staritz, Dietrich: Die SED, Stalin und die Gründung der DDR. Aus den Akten des Zentralen Parteiarchivs des Instituts für Geschichte der Arbeiterbewegung (ehemals Institut für Marxismus-Leninismus beim ZK der SED), in: APUZ B 5 (1991), 3–16.
Ders.: Die SED, Stalin und der »Aufbau des Sozialismus« in der DDR, in: DA 24 (1991), 686–700.
Stöckigt, Rolf: Ein Dokument von großer historischer Bedeutung vom Mai 1953, in: BzG 32 (1990), 651–654.
Suckut, Siegfried: Die Entscheidung zur Gründung der DDR. Die Protokolle der Beratung des SED-Parteivorstandes am 4. und 9. Oktober 1949, in: VfZ 39 (1991), 125–175.
Volksrichter in der SBZ/DDR 1945 bis 1952. Eine Dokumentation, hg. von Hermann Wentker, München 1997.

3. Literatur

1953 – Krisenjahr des Kalten Krieges in Europa, hg. von Christoph Kleßmann/Bernd Stöver, Köln u. a. 1999.
Anatomie der Staatssicherheit. Geschichte, Struktur und Methoden. MfS-Handbuch, hg. von Siegfried Suckut u. a. Die Hauptabteilung XVIII: Volkswirtschaft, bearb. von Maria Haendcke-Hoppe-Arndt, Berlin 1997.
Anfänge westdeutscher Sicherheitspolitik 1945–1956. Band 1: Von der Kapitulation bis zum Pleven-Plan, hg. von Militärgeschichtliches Forschungsamt, München/Wien 1982.
Ansorg, Leonore: »Irgendwie war da eben kein System d'rin«. Strukturwandel und Frauenerwerbstätigkeit in der Ost-Prignitz (1968–1989), in: Herrschaft und Eigen-Sinn in der Diktatur. Studien zur Gesellschaftsgeschichte der DDR, hg. von Thomas Lindenberger, Köln u. a. 1999, 75–117.
Arbeiter in der SBZ/DDR, hg. von Peter Hübner/Klaus Tenfelde, Essen 1999.
Baar, Lothar u. a.: Kriegsschäden, Demontagen und Reparationen, in: Materialien der Enquete-Kommission »Aufarbeitung von Ge-

schichte und Folgen der SED-Diktatur in Deutschland«, hg. von Deutscher Bundestag, Bd. II/2, Baden-Baden/ Frankfurt am Main 1995, 868–988.
Baar, Lothar u.a.: Strukturveränderungen und Wachstumsschwankungen. Investitionen und Budget in der DDR 1949 bis 1989, in: Jahrbuch für Wirtschaftsgeschichte 1995/2, 47–74.
Bähr, Johannes: Institutionenordnung und Wirtschaftsentwicklung. Die Wirtschaftsgeschichte der DDR aus der Sicht des zwischendeutschen Vergleichs, in: GG 25 (1999), 530–555.
Barck Simone u.a. (Hg.): »Jedes Buch ein Abenteuer«. Zensur-System und literarische Öffentlichkeiten in der DDR bis Ende der sechziger Jahre, Berlin [2]1998.
Baring, Arnulf: Der 17. Juni 1953, Stuttgart 1983.
Bauer, Theresia: Sozialistische Formierung auf dem Land. Die Vollkollektivierung in der DDR 1957–1963, in: NS-Diktatur, DDR, Bundesrepublik. Drei Zeitgeschichten des Vereinigten Deutschlands, hg. von dies./Winfried Süß, Münchner Universitätsschriften, Neuried 2000, 121–150.
Bauerkämper, Arnd: Von der Bodenreform zur Kollektivierung. Zum Wandel der ländlichen Gesellschaft in der Sowjetischen Besatzungszone Deutschlands und DDR 1945–1952, in: Sozialgeschichte der DDR, hg. von Hartmut Kaelble u.a., Stuttgart 1994, 119–143.
Ders.: Problemdruck und Ressourcenverbrauch. Wirtschaftliche Auswirkungen der Bodenreform in der SBZ/DDR 1945–1952, in: Wirtschaftliche Folgelasten des Krieges in der SBZ/DDR, hg. von Christoph Buchheim, Baden-Baden 1995, 295–322.
Ders.: Loyale »Kader«? Neue Elite und die SED-Gesellschaftspolitik auf dem Lande 1945 bis zu den frühen 1960er Jahren, in: AfS 39 (1999), 265–298.
Ders.: Ländliche Gesellschaft in der kommunistischen Diktatur. Zwangsmodernisierung und Tradition in Brandenburg 1945–1963, Köln u.a. 2002.
Besier, Gerhard: Der SED-Staat und die Kirche. Der Weg der Anpassung, München 1993.
Bispinck, Henrik: »Republikflucht«: Flucht und Ausreise als Problem für die DDR-Führung, in: Vor dem Mauerbau. Politik und Gesellschaft in der DDR der fünfziger Jahre, hg. von Dierk Hoffmann u.a., München 2003, S. 285–309.

Boldorf, Marcel: Sozialfürsorge in der SBZ/DDR 1945–1953. Ursachen, Ausmaß und Bewältigung der Nachkriegsarmut, Stuttgart 1998.

Bouvier, Beatrix: Ausgeschaltet! Sozialdemokraten in der Sowjetischen Besatzungszone und in der DDR 1945–1953, Bonn 1996.

Boyer, Christoph: Bürohelden? Arbeitshabitus und Verwaltungsstil der zentralen Planbürokratie in der formativen Phase der SBZ/DDR, in: Eliten im Sozialismus. Beiträge zur Sozialgeschichte der DDR, hg. von Peter Hübner, Köln u.a. 1999, 255–272.

Braun, Günter: Wahlen und Abstimmungen, in: SBZ-Handbuch. Staatliche Verwaltungen, Parteien, gesellschaftliche Organisationen und ihre Führungskräfte in der Sowjetischen Besatzungszone Deutschlands 1945–1949, hg. von Martin Broszat/Hermann Weber, München ²1993, 381–431.

Braun, Jutta: Die Zentrale Kommission für Staatliche Kontrolle 1948–1953 – Wirtschaftsstrafrecht und Enteignungspolitik, in: Die Hinterbühne politischer Strafjustiz in den frühen Jahren der SBZ/DDR, hg. von Jutta Braun u.a., Berlin 1997, 6–23.

Brunner, Detlef: Sozialdemokraten im FDGB. Von der Gewerkschaft zur Massenorganisation. 1945 bis in die frühen 1950er Jahre, Essen 2000.

Buchheim, Christoph: Wirtschaftliche Folgen der Integration der DDR in den RGW, in: Wirtschaftliche Folgelasten des Krieges in SBZ/DDR, hg. von ders., Baden-Baden 1995, 341–361.

Ders.: Die Wirtschaftsordnung als Barriere des gesamtwirtschaftlichen Wachstums in der DDR, in: VSWG 82 (1995), 194–210.

Ders.: Kriegsfolgen und Wirtschaftswachstum in der SBZ/DDR, in: GG 25 (1999), 515–529.

Buddrus, Michael: Die Organisation »Dienst für Deutschland«. Arbeitsdienst und Militarisierung in der DDR, Weinheim/München 1994.

»Bürgerliche« Parteien in der SBZ/DDR. Zur Geschichte von CDU, LDP (D), DBD und NDPD 1945 bis 1953, hg. von Jürgen Fröhlich, Köln 1995.

Ciesla, Burghard: Zwischen den Krisen. Sozialer Wandel, ökonomische Rahmenbedingungen und Lebenslage in der DDR 1953 bis 1956, in: Entstalinisierungskrise in Ostmitteleuropa 1953–1956. Vom 17. Juni bis zum ungarischen Volksaufstand. Politische, militäri-

sche, soziale und nationale Dimensionen, hg. von Jan Foitzik, Paderborn u.a. 2001, 271–291.
Creuzberger, Stefan: Die sowjetische Besatzungsmacht und das politische System der SBZ, Weimar u.a. 1996.
Dahrendorf, Rolf: Gesellschaft und Demokratie in Deutschland, München 1968.
Diedrich, Torsten: Der 17. Juni 1953 in der DDR. Bewaffnete Gewalt gegen das Volk, Berlin 1991.
Ders.: »Dienst für Deutschland«. Eine Wehr- und Arbeitsorganisation für die Jugend der DDR, in: DA 27 (1994), 830–841.
Ders.: Die Kasernierte Volkspolizei (1952–1956), in: Im Dienste der Partei – Handbuch der bewaffneten Organe der DDR, hg. von Torsten Diedrich u.a., Berlin 1998, 339–370.
Ders./Wenzke, Rüdiger: Die getarnte Armee. Geschichte der Kasernierten Volkspolizei der DDR 1952 bis 1956, Berlin 2001.
Dietrich, Gerd: Politik und Kultur in der Sowjetischen Besatzungszone 1945–1949. Mit einem Dokumentenanhang, Bern u.a. 1993.
Donth, Stefan: Vertriebene und Flüchtlinge in Sachsen 1945–1952. Die Politik der Sowjetischen Militäradministration und der SED, Köln u.a. 2000.
Eisert, Wolfgang: Die Waldheimer Prozesse. Der stalinistische Terror 1950: Ein dunkles Kapitel der DDR-Justiz, Esslingen/München 1993.
Engelmann, Roger: Diener zweier Herren. Das Verhältnis der Staatssicherheit zur SED und den sowjetischen Beratern 1950–1959, in: Staatspartei und Staatssicherheit. Zum Verhältnis von SED und MfS, hg. von Siegfried Suckut/ Walter Süß, Berlin 1997, 51–72.
Entstalinisierungskrise in Ostmitteleuropa 1953–1956. Vom 17. Juni bis zum ungarischen Volksaufstand. Politische, militärische, soziale und nationale Dimensionen, hg. von Jan Foitzik, Paderborn u.a. 2001.
Erker, Paul: »Arbeit nach Westdeutschland«. Innenansichten des deutschlandpolitischen Apparates der SED 1959–1969, in: Roger Engelmann/Paul Erker (Hg.): Annäherung und Abgrenzung. Aspekte deutsch-deutscher Beziehungen 1956–1969, München 1993, 133–196.
Ernst, Anna-Sabine: »Die beste Prophylaxe ist der Sozialismus«. Ärzte und medizinische Hochschullehrer in der SBZ/DDR 1945–1961, Münster u.a. 1997.

Feldman, Gerald D.: Armee, Industrie und Arbeiterschaft in Deutschland 1914 bis 1918, Berlin 1985.
Feth, Andrea: Hilde Benjamin – Eine Biographie, Berlin 1997.
Foitzik, Jan: Sowjetische Militäradministration in Deutschland (SMAD) 1945–1949. Struktur und Funktion, Berlin 1999.
Ders.: Ostmitteleuropa zwischen 1953 und 1956, in: Entstalinisierungskrise in Ostmitteleuropa 1953–1956. Vom 17. Juni bis zum ungarischen Volksaufstand. Politische, militärische, soziale und nationale Dimensionen, hg. von Jan Foitzik, Paderborn u.a. 2001, S. 21–54.
Foschepoth, Joseph: Potsdam und danach: Die Westmächte, Adenauer und die Vertriebenen, in: Die Vertreibung der Deutschen aus dem Osten. Ursachen, Ereignisse, Folgen, hg. von Wolfgang Benz, Frankfurt am Main 1995 (aktualisierte Neuausgabe), 86–113.
Frank, Mario: Walter Ulbricht. Eine deutsche Biographie, Berlin 2001.
Frerich, Johannes/Frey, Martin: Handbuch der Geschichte der Sozialpolitik in Deutschland, Bd. 2: Sozialpolitik in der Deutschen Demokratischen Republik, München 1993.
Fricke, Karl Wilhelm: Politik und Justiz in der DDR. Zur Geschichte der politischen Verfolgung 1945–1968. Bericht und Dokumentation, Köln [2]1990.
Geglückte Integration?: Spezifika und Vergleichbarkeiten der Vertriebenen-Eingliederung in der SBZ/DDR, hg. von Dierk Hoffmann/Michael Schwartz, München 1999.
Gieseke, Jens: Das Ministerium für Staatssicherheit 1950 bis 1989/90 – Ein kurzer historischer Abriss. Berlin 1998.
Ders.: Die hauptamtlichen Mitarbeiter der Staatssicherheit. Personalstruktur und Lebenswelt 1950–1989/90, Berlin 2000.
Ders.: Von der Deutschen Verwaltung des Innern zum Ministerium für Staatssicherheit 1948 bis 1950. Die politische Polizei in den Weichenstellungen der DDR-Gründung, in: Das letzte Jahr der SBZ. Politische Weichenstellungen und Kontinuitäten im Prozess der Gründung der DDR, hg. von Dierk Hoffmann/Hermann Wentker, München 2000, 133–148.
Goerner, Martin Georg: Die Kirche als Problem der SED: Strukturen kommunistischer Herrschaftsausübung gegenüber der evangelischen Kirche 1945 bis 1958, Berlin 1997.
Graml, Hermann: Die Legende von der verpassten Gelegenheit. Zur

sowjetischen Notenkampagne des Jahres 1952, in: VfZ 29 (1981), 307–341.
Haack, Hanna: Aufsteiger in der Neptunwerft. Mobilität im Industriesystem der SBZ/DDR bis 1960, in: GG 27 (2001), 424–445.
Hagen, Manfred: DDR – Juni '53. Die erste Volkserhebung im Stalinismus, Stuttgart 1992.
Hajna, Karl-Heinz: Länder – Bezirke – Länder. Zur Territorialstruktur im Osten Deutschlands 1945–1990, Frankfurt am Main 1995.
Harich, Wolfgang: Keine Schwierigkeiten mit der Wahrheit. Zur nationalkommunistischen Opposition 1956 in der DDR, Berlin 1993.
Hartewig, Karin: Zurückgekehrt. Die Geschichte der jüdischen Kommunisten in der DDR, Köln u. a. 2000.
Heidemeyer, Helge: Flucht und Zuwanderung aus der SBZ/DDR 1945/1949–1961. Die Flüchtlingspolitik der Bundesrepublik Deutschland bis zum Bau der Berliner Mauer, Düsseldorf 1994.
Heinzig, Dieter: Die Sowjetunion und das kommunistische China 1945–1950. Der beschwerliche Weg zum Bündnis, Baden-Baden 1998.
Herbst, Ludolf: Der Totale Krieg und die Ordnung der Wirtschaft. Die Kriegswirtschaft im Spannungsfeld von Politik, Ideologie und Propaganda 1939–1945, Stuttgart 1982.
Ders.: Die DDR und die wirtschaftliche Integration des Ostblocks in den sechziger Jahren, in: Wirtschaftliche Folgelasten des Krieges in der SBZ/DDR, hg. von Christoph Buchheim, Baden-Baden 1995, 363–380.
Hildermeier, Manfred: Geschichte der Sowjetunion 1917–1991. Entstehung und Niedergang des ersten sozialistischen Staates, München 1998.
Hockerts, Hans Günter: Grundlinien und soziale Folgen der Sozialpolitik in der DDR, in: Sozialgeschichte der DDR, hg. von Hartmut Kaelble u. a., Stuttgart 1994, 519–544.
Ders.: Soziale Errungenschaften? Zum sozialpolitischen Legitimitätsanspruch der zweiten deutschen Diktatur, in: Von der Arbeiterbewegung zum modernen Sozialstaat. Festschrift für Gerhard A. Ritter zum 65. Geburtstag, hg. von Jürgen Kocka u. a., München u. a. 1994, 790–804.
Hodos, Georg Hermann: Schauprozesse. Stalinistische Säuberungen in Osteuropa 1948–54, Berlin 1990.

Hoffmann, Dierk: Sozialpolitische Neuordnung in der SBZ/DDR. Der Umbau der Sozialversicherung 1945–1956, München 1996.

Ders.: Die Lenkung des Arbeitsmarktes in der SBZ/DDR 1945–1961. Phasen, Konzepte und Instrumente, in: Arbeiter in der SBZ/DDR, hg. von Peter Hübner/Klaus Tenfelde, Essen 1999, 41–80.

Ders.: Sozialistische Rentenreform? Die Debatte über die Verbesserung der Altersversorgung in der DDR 1956/57, in: Geschichte und Gegenwart der Rentenversicherung in Deutschland. Beiträge zur Entstehung, Entwicklung und vergleichenden Einordnung der Alterssicherung im Sozialstaat, hg. von Stefan Fisch/Ulrike Haerendel, Berlin 2000, 293–309.

Ders.: Aufbau und Krise der Planwirtschaft. Die Arbeitskräftelenkung in der SBZ/DDR 1945 bis 1963, München 2002.

Hübner, Peter: Zum Kohle- und Energieprogramm der DDR 1957, in: ZfG 32 (1984), 195–205.

Ders.: Sozialhistorische Aspekte der industriellen Standortproblematik in der DDR. Bemerkungen zu einem Beitrag von Jörg Roesler, in: ZfG 36 (1988), 41–50.

Ders.: Konsens, Konflikt und Kompromiss. Soziale Arbeiterinteressen und Sozialpolitik in der SBZ/DDR 1945–1970, Berlin 1995.

Ders./Tenfelde, Klaus (Hg.): Arbeiter in der SBZ/DDR, Essen 1999.

Hurwitz, Harold: Die Stalinisierung der SED: Zum Verlust von Freiräumen und sozialdemokratischer Identität in den Vorständen 1946–1949, Opladen 1997.

Jäger, Manfred: Kultur und Politik in der DDR 1945–1990, Köln/Leipzig 1995.

Jessen, Ralph: Die Gesellschaft des Staatssozialismus. Probleme einer Sozialgeschichte der DDR, in: GG 21 (1995), 96–110.

Ders.: Akademische Elite und kommunistische Diktatur. Die ostdeutsche Hochschullehrerschaft in der Ulbricht-Ära, Göttingen 1999.

Jodl, Markus: Amboss oder Hammer? Otto Grotewohl. Eine politische Biographie, Berlin 1997.

»Junkerland in Bauernhand«? Durchführung, Auswirkungen und Stellenwert der Bodenreform in der Sowjetischen Besatzungszone, hg. von Arnd Bauerkämper, Stuttgart 1996.

Just, Regine: Zur Lösung des Umsiedlerproblems auf dem Gebiet der DDR 1945 bis Anfang der fünfziger Jahre, in: ZfG 35 (1987), 971–984.

Dies.: Die Integration der Umsiedler im Land Sachsen, in: Sächsische Heimatblätter 35 (1989), 145–174.

Kaiser, Monika: Sowjetischer Einfluss auf die ostdeutsche Politik und Verwaltung 1945–1970, in: Amerikanisierung und Sowjetisierung in Deutschland 1945–1970, hg. von Konrad Jarausch/Hannes Siegrist, Frankfurt am Main/New York 1997, 111–133.

Dies.: Machtwechsel von Ulbricht zu Honecker. Funktionsmechanismen der SED-Diktatur in Konfliktsituationen 1962 bis 1972, Berlin 1997.

Kaminsky, Annette: Wohlstand, Schönheit, Glück. Kleine Konsumgeschichte der DDR, München 2001.

Kaplan, Karel/Svátek, František: Die politischen Säuberungen in der KPČ, in: Terror. Stalinistische Parteisäuberungen 1936–1953, hg. von Hermann Weber/Ulrich Mählert, Paderborn u.a. 1998, 487–599.

Karlsch, Rainer: Zur Industrialisierung industriearmer Gebiete. Anmerkungen zu den Diskussionsbeiträgen von Peter Hübner und Jörg Roesler, in: ZfG 38 (1990), 235–240.

Ders.: Allein bezahlt? Die Reparationsleistungen der SBZ/DDR 1945–53, Berlin 1993.

Ders.: »Ein Staat im Staate«. Der Uranbergbau der Wismut AG in Sachsen und Thüringen, in: APUZ B 49/50 (1993), 14–23.

Ders./Bähr, Johannes: Die Sowjetischen Aktiengesellschaften (SAG) in der SBZ/DDR. Bildung, Struktur und Probleme ihrer inneren Entwicklung, in: Mikropolitik im Unternehmen. Arbeitsbeziehungen und Machtstrukturen in industriellen Großbetrieben des 20. Jahrhunderts, hg. von Karl Lauschke/Thomas Welskopp, Essen 1994, 214–255.

Ders.: Der Aufbau der Uranindustrien in der SBZ/DDR und ČSR als Folge der sowjetischen »Uranlücke«, in: ZfG 44 (1996), 5–24.

Klawitter, Nils: Die Rolle der ZKK bei der Inszenierung von Schauprozessen in SBZ/DDR. Die Verfahren gegen die »Textilschieber« von Glauchau-Meerane und die »Wirtschaftssaboteure« der Deutschen Continental-Gas-AG, in: Die Hinterbühne politischer Strafjustiz in den frühen Jahren der SBZ/DDR, hg. von Jutta Braun u.a., Berlin 1997, 24–57.

Klein, Thomas: »Für die Einheit und Reinheit der Partei«. Die innerparteilichen Kontrollorgane der SED in der Ära Ulbricht, Köln u.a. 2002.

Kleßmann, Christoph: Die stilisierte Klasse – Arbeiter und Arbeiterbewegung in der Entstehungsphase der DDR (1945–1948), in: AfS 39 (1999), 19–71.

Kocka, Jürgen: Klassengesellschaft im Krieg. Deutsche Sozialgeschichte 1914–1918, Göttingen ²1978.

Kos, Franz-Josef: Politische Justiz in der DDR. Der Dessauer Schauprozess vom April 1950, in: VfZ 44 (1996), 395–429.

Kühr, Rüdiger: Die Reparationspolitik der UdSSR und die Sowjetisierung des Verkehrswesens der SBZ. Eine Untersuchung der Entwicklung der Deutschen Reichsbahn 1945–1949, Bochum 1996.

Küsters, Hanns Jürgen: Wiedervereinigung durch Konföderation? Die informellen Unterredungen zwischen Bundesminister Fritz Schäffer, NVA-General Vincenz Müller und Sowjetbotschafter Georgij Maksimowitsch Puschkin 1955/56, in: VfZ 20 (1992), 107–153.

Kyrow, Alexandr/Zselicky, Béla: Ungarnkrise 1956. Lagebeurteilung und Vorgehen der sowjetischen Führung und Armee, in: Das internationale Krisenjahr 1956. Polen, Ungarn, Suez. Im Auftrag des militärgeschichtlichen Forschungsamtes, hg. von Winfried Heinemann/Norbert Wiggershaus, München 1999, 95–133.

Langenhan, Dagmar: »Halte dich fern von den Kommunisten, die wollen nicht arbeiten!«. Kollektivierung der Landwirtschaft und bäuerlicher Eigen-Sinn am Beispiel Niederlausitzer Dörfer (1952–Mitte der sechziger Jahre) in: Herrschaft und Eigen-Sinn in der Diktatur. Studien zur Gesellschaftsgeschichte der DDR, hg. von Thomas Lindenberger, Köln u. a. 1999, 119–165.

Lemke, Michael: Die Berlinkrise 1958 bis 1963: Interessen und Handlungsspielräume der SED im Ost-West-Konflikt, Berlin 1995.

Ders.: Einheit oder Sozialismus? Die Deutschlandpolitik der SED 1949–1961, Köln u. a. 2001.

Lindenberger, Thomas: Die Diktatur der Grenzen. Zur Einleitung, in: Herrschaft und Eigen-Sinn in der Diktatur. Studien zur Gesellschaftsgeschichte der DDR, hg. von ders., Köln u. a. 1999, 13–44.

Lorenzen, Jan N.: Erich Honecker. Eine Biographie, Reinbek 2001.

Loth, Wilfried, Stalins ungeliebtes Kind. Warum Moskau die DDR nicht wollte, Berlin 1994.

Lüttinger, Paul (unter Mithilfe von Rita Rossmann): Integration der

Vertriebenen. Eine empirische Analyse, Frankfurt am Main/New York 1989.
Mählert, Ulrich: Die Freie Deutsche Jugend 1945–1949. Von den »Antifaschistischen Jugendausschüssen« zur SED-Massenorganisation: Die Erfassung der Jugend in der Sowjetischen Besatzungszone, Paderborn u. a. 1995.
Ders./Stephan, Gerd-Rüdiger: Blaue Hemden – Rote Fahnen. Die Geschichte der Freien Deutschen Jugend, Opladen 1996.
Ders.: »Die Partei hat immer recht!«. Parteisäuberungen als Kaderpolitik in der SED (1948–1953), in: Terror. Stalinistische Parteisäuberungen 1936–1953, hg. von Hermann Weber/Ulrich Mählert, Paderborn u. a. 1998, 351–458.
Mai, Gunther: Das Ende des Kaiserreichs. Politik und Kriegsführung im Ersten Weltkrieg, München 1987.
Major, Patrick: Vor und nach dem 13. August 1961: Reaktionen der DDR-Bevölkerung auf den Bau der Berliner Mauer, in: AfS 39 (1999), 325–354.
Mallmann, Klaus-Michael: Kommunisten in der Weimarer Republik. Sozialgeschichte einer revolutionären Bewegung, Darmstadt 1996.
Malycha, Andreas: Partei von Stalins Gnaden? Die Entwicklung der SED zur Partei neuen Typs in den Jahren 1946 bis 1950, Berlin 1996.
Ders.: Die Geschichte der SED. Von der Gründung 1945/46 bis zum Mauerbau 1961, in: Die SED. Geschichte-Organisation-Politik. Ein Handbuch, hg. von Andreas Herbst u. a., Berlin 1997, 1–55.
Ders.: Die SED. Geschichte ihrer Stalinisierung 1946–1953, Paderborn u. a. 2000.
Ders.: »Wir haben erkannt, dass die Oder-Neiße-Grenze die Friedensgrenze ist«. Die SED und die neue Ostgrenze 1945 bis 1951, in: DA 33 (2000), 193–207.
Ders.: »Alle Wege führen zum dialektischen Materialismus«. Wissenschaft und Politik in der SBZ/DDR von 1945 bis 1952, in: DA 34 (2001), 410–426.
Meuschel, Sigrid: Überlegungen zu einer Herrschafts- und Gesellschaftsgeschichte der DDR, in: GG 19 (1993), S. 5–14.
Morré, Jörg: Hinter den Kulissen des Nationalkomitees. Das Institut 99 in Moskau und die Deutschlandpolitik der UdSSR 1943–1946, München 2001.

Mühlfriedel, Wolfgang/Wießner, Klaus: Die Geschichte der Industrie der DDR bis 1965, Berlin (Ost) 1989.

Müller-Enbergs, Helmut: Meinungsoffiziere der Parteiführung. Die Chefredakteure des »Neuen Deutschland« – Max Nierich, Sepp Schwab, Heinz Friedrich, Georg Stibi, Hermann Axen, Rudolf Singer, Joachim Herrmann, Günter Schabowski, Herbert Naumann und Dr. Wolfgang Spickermann, in: Jahrbuch für historische Kommunismusforschung 1997, 294–309.

Naimark, Norman M.: The Russians in Germany. A History of the Soviet Zone of Occupation, 1945–1949, Cambridge (Mass.)/London 1995.

Nakath, Detlef: Zur politischen Bedeutung des Innerdeutschen Handels in der Nachkriegszeit (1948/49–1960), in: Wirtschaftliche Folgelasten des Krieges in der SBZ/DDR, hg. von Christoph Buchheim, Baden-Baden 1995, 221–244.

Oertzen, Christine von/Rietzschel, Almut: Das »Kuckucksei« Teilzeitarbeit. Die Politik der Gewerkschaften im deutsch-deutschen Vergleich, in: Frauen arbeiten. Weibliche Erwerbstätigkeit in Ost- und Westdeutschland nach 1945, hg. von Gunilla-Friederike Budde, Göttingen 1997, 212–251.

Otto, Wilfriede: Erich Mielke – Biographie. Aufstieg und Fall eines Tschekisten, Berlin 2000.

Petzina, Dietmar: Autarkiepolitik im Dritten Reich. Der nationalsozialistische Vierjahresplan, Stuttgart 1968.

Peukert, Detlev J.K.: Die Weimarer Republik, Frankfurt am Main 1987.

Podewin, Norbert: Walter Ulbricht. Eine neue Biographie, Berlin 1995.

Ders.: Ebert und Ebert. Zwei deutsche Staatsmänner: Friedrich Ebert (1871–1925) und Friedrich Ebert (1894–1979). Eine Doppelbiographie, Berlin 1999.

Pohl, Dieter: Justiz in Brandenburg 1945–1955. Gleichschaltung und Anpassung, München 2001.

Pollack, Detlef: Kirche in der Organisationsgesellschaft: Zum Wandel der gesellschaftlichen Lage der evangelischen Kirchen in der DDR, Stuttgart u.a. 1994.

Prieß, Lutz u.a.: Die SED und der »Prager Frühling« 1968: Politik gegen einen »Sozialismus mit menschlichem Antlitz«, Berlin 1996.

Raabe, Thomas: SED-Staat und katholische Kirche: politische Beziehungen 1949–1961, Paderborn u.a. 1995.

Raschka, Johannes: Justizpolitik im SED-Staat. Anpassung und Wandel des Strafrechts während der Amtszeit Honeckers, Köln u.a. 2000.

Reichel, Thomas: »Jugoslawische Verhältnisse?«. Die »Brigaden der sozialistischen Arbeit« und die »Syndikalismus«-Affäre (1959–1962), in: Herrschaft und Eigen-Sinn in der Diktatur. Studien zur Gesellschaftsgeschichte der DDR, hg. von Thomas Lindenberger, Köln u.a. 1999, 45–73.

Richter, Michael: Die Ost-CDU 1948–1952. Zwischen Widerstand und Gleichschaltung, Düsseldorf 1990.

Ders.: Vom Widerstand der christlichen Demokraten in der DDR, in: »Gefährliche politische Gegner«. Widerstand und Verfolgung in der sowjetischen Zone/DDR, hg. von Brigitte Kaff, Düsseldorf 1995, 107–124.

Ders./Schmeitzner, Mike: »Einer von beiden muss so bald wie möglich entfernt werden« – Der Tod des sächsischen Ministerpräsidenten Rudolf Friedrichs vor dem Hintergrund des Konflikts mit Innenminister Kurt Fischer 1947. Eine Expertise des Hannah-Arendt-Instituts im Auftrag der sächsischen Staatskanzlei, Leipzig 1998.

Rietzschel, Almut: Teilzeitarbeit in der Industrie: Ein »Störfaktor« auf dem Weg zur »Verwirklichung« der Gleichberechtigung?, in: Arbeiter in der SBZ-DDR, hg. von Peter Hübner/Klaus Tenfelde, Essen 1999, 169–184.

Ritschl, Albert: Aufstieg und Niedergang der Wirtschaft der DDR. Ein Zahlenbild 1945–1989, in: Jahrbuch für Wirtschaftsgeschichte 1995/2, 11–46.

Ritter, Gerhard A.: Über Deutschland. Die Bundesrepublik in der deutschen Geschichte, München 1998.

Ders.: Die DDR in der deutschen Geschichte, in: VfZ 50 (2002), 171–200.

Roesler, Jörg: Die Herausbildung der sozialistischen Planwirtschaft in der DDR. Aufgaben, Methoden und Ergebnisse der Wirtschaftsplanung in der zentralgeleiteten volkseigenen Industrie während der Übergangsperiode vom Kapitalismus zum Sozialismus, Berlin (Ost) 1978.

Ders. u.a.: Wirtschaftswachstum in der Industrie der DDR 1945–1970, Berlin (Ost) 1986.

Ders.: Zum Strukturwandel in der Industrie der DDR während der

fünfziger Jahre. Fakten und Überlegungen, in: ZfG 35 (1987), 138–149.
Ders.: Zur Industrialisierung des Nordens der DDR in den fünfziger Jahren, in: ZfG 36 (1988), 1011–1023.
Ders.: Die Produktionsbrigaden in der Industrie der DDR. Zentrum der Arbeitswelt?, in: Sozialgeschichte der DDR, hg. von Hartmut Kaelble u. a., Stuttgart 1994, 144–170.
Ders.: Handelsgeschäfte im Kalten Krieg. Die wirtschaftlichen Motivationen für den deutsch-deutschen Handel zwischen 1949 und 1961, in: Wirtschaftliche Folgelasten des Krieges in der SBZ/DDR, hg. von Christoph Buchheim, Baden-Baden 1995, 193–220.
Ross, Corey: »... sonst sehe ich mich veranlasst, auch nach dem Westen zu ziehen«. »Republikflucht«, SED-Herrschaft und Bevölkerung vor dem Mauerbau, in: DA 4 (2001), 613–627.
Sabrow, Martin: Das Diktat des Konsenses. Geschichtswissenschaften in der DDR 1949–1969, München 2001.
SBZ-Handbuch. Staatliche Verwaltungen, Parteien, gesellschaftliche Organisationen und ihre Führungskräfte in der Sowjetischen Besatzungszone Deutschlands 1945–1949, hg. von Martin Broszat/Hermann Weber, München ²1993.
Schäfer, Bernd: Staat und katholische Kirche in der DDR, Köln u. a. 1998.
Schirdewan, Karl: Aufstand gegen Ulbricht. Im Kampf um politische Kurskorrektur, gegen stalinistische, dogmatische Politik, Berlin 1994.
Schmelz, Andrea: West-Ost-Migranten im geteilten Deutschland der fünfziger und sechziger Jahre, in: 50 Jahre Bundesrepublik – 50 Jahre Einwanderung. Nachkriegsgeschichte als Migrationsgeschichte, hg. von Jan Motte u. a., Frankfurt am Main/New York 1999, 88–108.
Scholz, Michael F.: Bauernopfer der deutschen Frage: Der Kommunist Kurt Vieweg im Dschungel der Geheimdienste, Berlin 1997.
Schroeder, Klaus: Der SED-Staat. Geschichte und Strukturen der DDR, München 1998.
Schwartz, Michael: Umsiedlerpolitik in der Krise? Das Vertriebenenproblem in der Gründungsphase der DDR 1948–1950, in: Das letzte Jahr der SBZ. Politische Weichenstellungen und Kontinuitäten im Prozess der Gründung der DDR, hg. von Dierk Hoffmann/Hermann Wentker, München 2000, 185–206.

Ders.: »Vom Umsiedler zum Staatsbürger«. Totalitäres und Subversives in der Sprachpolitik der SBZ/DDR, in: Vertriebene in Deutschland. Interdisziplinäre Ergebnisse und Forschungsperspektiven, hg. von Dierk Hoffmann u. a., München 2000, 135–166.

Schwarz, Hans-Peter: Adenauer. Der Aufstieg: 1876–1952, Stuttgart 1986.

Schwarzer, Oskar: Sozialistische Zentralplanwirtschaft in der SBZ/DDR. Ergebnisse eines ordnungspolitischen Experiments (1945–1989), Stuttgart 1999.

Die SED – Geschichte – Organisation – Politik – Ein Handbuch, hg. von Andreas Herbst u. a., Berlin 1997.

Skyba, Peter: Vom Hoffnungsträger zum Sicherheitsrisiko. Jugend in der DDR und Jugendpolitik der SED 1949–1961, Köln u. a. 2000.

Soldt, Rüdiger: Zum Beispiel Schwarze Pumpe: Arbeiterbrigaden in der DDR, in: GG 24 (1998), 88–109.

Sowjetische Speziallager in Deutschland 1945 bis 1950, hg. von Sergej Mironenko u. a., Berlin 1998.

Die Stalin-Note vom 10. März 1952. Neue Quellen und Analysen. Mit Beiträgen von Wilfried Loth u. a., hg. von Jürgen Zarusky, München 2002.

Staritz, Dietrich: Sozialismus in einem halben Lande, Berlin (West) 1976.

Ders.: Die Gründung der DDR. Von der sowjetischen Besatzungsherrschaft zum sozialistischen Staat, (3. überarbeitete und erweiterte Auflage) München 1995.

Ders.: Geschichte der DDR. Erweiterte Neuausgabe, Frankfurt am Main 1996.

Statistisches Jahrbuch der DDR 1956 ff.

Steiner, André: Zwischen Länderpartikularismus und Zentralismus. Zur Wirtschaftslenkung in der SBZ bis zur Bildung der Deutschen Wirtschaftskommission im Juni 1947, in: APUZ, B 49/50 (1993), 32–39.

Ders.: Sowjetische Berater in den zentralen wirtschaftsleitenden Instanzen der DDR in der zweiten Hälfte der fünfziger Jahre, in: Jahrbuch für Historische Kommunismusforschung 1993, 100–117.

Ders.: Die DDR-Wirtschaftsreform der sechziger Jahre. Konflikt zwischen Effizienz- und Machtkalkül, Berlin 1999.

Steininger, Rolf: Eine vertane Chance. Die Stalin-Note vom 10. März

1952 und die Wiedervereinigung. Eine Studie auf der Grundlage unveröffentlichter britischer und amerikanischer Akten, Berlin/Bonn 1985.

Stelkens, Jochen: Machtwechsel in Ost-Berlin. Der Sturz Walter Ulbrichts 1971, in: VfZ 45 (1997), 503–533.

Stolberg, Eva-Maria: Stalin und die chinesischen Kommunisten 1945–1953. Eine Studie zur Entstehung der sowjetisch-chinesischen Allianz vor dem Hintergrund des Kalten Krieges, Stuttgart 1997.

»Strahlende Vergangenheit«. Studien zur Geschichte des Uranbergbaus der Wismut, hg. von Rainer Karlsch/Harm Schröter, St. Katharinen 1996.

Der Tag X – 17. Juni 1953. Die »Innere Staatsgründung« der DDR als Ergebnis der Krise 1952/54, hg. von Ilko-Sascha Kowalczuk u. a., Berlin 1995.

Terror. Stalinistische Parteisäuberungen 1936–1953, hg. von Ulrich Mählert/Hermann Weber, Paderborn u. a. 2001.

Ther, Philipp: Deutsche und polnische Vertriebene. Gesellschaft und Vertriebenenpolitik in der SBZ/DDR und in Polen 1945–1956, Göttingen 1998.

Tischner, Wolfgang: Katholische Kirche in der SBZ/DDR 1945–1951. Die Formierung einer Subgesellschaft im entstehenden sozialistischen Staate, Paderborn u. a. 2001.

Uhl, Matthias: »Westberlin stellt also ein großes Loch inmitten unserer Republik dar«. Die militärischen und politischen Planungen Moskaus und Ost-Berlins zum Mauerbau, in: Vor dem Mauerbau. Politik und Gesellschaft in der DDR der fünfziger Jahre, hg. von Dierk Hoffmann u. a., München 2003, 311–336.

Ulbricht, Helga: Aufgaben in der sozialistischen Sozialpolitik bei der Gestaltung der sozialen Sicherheit in der DDR, Diss.B., Leipzig 1965.

Vertriebene in Deutschland. Interdisziplinäre Ergebnisse und Forschungsperspektiven, hg. von Dierk Hoffmann u. a., München 2000.

Volksarmee schaffen – ohne Geschrei! Studien zu den Anfängen einer »verdeckten Aufrüstung« in der SBZ/DDR 1947–1952. Im Auftrag des militärgeschichtlichen Forschungsamtes, hg. von Bruno Thoß, München 1994.

Von Stalingrad zur Währungsreform. Zur Sozialgeschichte des Um-

bruchs in Deutschland, hg. von Martin Broszat u.a., München [3]1990.
Wagner, Armin: Walter Ulbricht und die geheime Sicherheitspolitik der SED. Der Nationale Verteidigungsrat der DDR und seine Vorgeschichte (1953–1971), Berlin 2002.
Weber, Hermann: Die Wandlung des deutschen Kommunismus. Die Stalinisierung der KPD in der Weimarer Republik, Frankfurt am Main 1969.
Ders.: Geschichte der DDR, München [2]1986.
Ders.: Schauprozessvorbereitungen in der DDR, in: Terror. Stalinistische Parteisäuberungen 1936–1953, hg. von Hermann Weber/Ulrich Mählert, Paderborn u.a. 1998, 459–485.
Ders.: Die DDR 1945–1990, 3. überarb. u. erw. Aufl. München 2000.
Weber, Petra: Justiz und Diktatur. Justizverwaltung und politische Strafjustiz in Thüringen 1945–1961, München 2000.
Wentker, Hermann: »Kirchenkampf« in der DDR. Der Konflikt um die Junge Gemeinde 1950–1953 in: VfZ 42 (1994), 95–127.
Ders.: Die Einführung der Jugendweihe in der DDR: Hintergründe, Motive und Probleme, in: Von der SBZ zur DDR. Studien zum Herrschaftssystem in der Sowjetischen Besatzungszone und in der Deutschen Demokratischen Republik, hg. von Hartmut Mehringer, München 1995, 139–165.
Ders.: Justiz in der SBZ/DDR 1945–1953. Transformation und Rolle ihrer zentralen Institutionen, München 2001.
Ders.: Ein deutsch-deutsches Schicksal. Der CDU-Politiker Helmut Brandt zwischen Anpassung und Widerstand, in: VfZ 49 (2001), 465–506.
Ders.: Arbeiteraufstand, Revolution? Die Erhebungen von 1953 und 1989/90 in der DDR. Ein Vergleich, in: DA 34 (2001), 385–397.
Wenzke, Rüdiger: Die nationale Volksarmee (1956–1990), in: Im Dienste der Partei – Handbuch der bewaffneten Organe der DDR, hg. von ders. u.a., Berlin 1998, 423–535.
Werkentin, Falco: Politische Strafjustiz in der Ära Ulbricht, Berlin 1995.
Ders.: Die Waldheimer »Prozesse« der Jahre 1950/52, in: Recht, Justiz und Polizei im SED-Staat, Materialien der Enquete-Kommission »Aufarbeitung von Geschichte und Folgen der SED-Diktatur in Deutschland« Bd. IV, hg. von Deutscher Bundestag, Baden-Baden/Frankfurt am Main, 1995, 849–879.

Werum, Stefan: »Wir sind die Illegalen!« Zum Wandel der Funktionen und Organisationsstrukturen des Freien Deutschen Gewerkschaftsbundes 1948–1952/53, in: AfS 39 (1999), 73–121.
Wer war wer in der DDR? Ein biographisches Handbuch, hg. von Bernd Rainer Barth u.a., erweiterte und aktualisierte Ausgabe, Frankfurt am Main 1995.
Wettig, Gerhard: Die Deutschland-Note vom 10. März 1952 auf der Basis diplomatischer Akten des russischen Außenministeriums. Die Hypothese des Wiedervereinigungsangebots, in: DA 26 (1993), 786–805.
Ders.: Berijas deutsche Pläne im Licht neuer Quellen, in: 1953 – Krisenjahr des Kalten Krieges in Europa, hg. von Christoph Kleßmann/Bernd Stöver, Köln u.a. 1999, 49–69.
Ders.: Die UdSSR und die Krise um Berlin. Ultimatum 1958 – Mauerbau 1961 – Modus vivendi 1971, in: DA 34 (2001), 592–613.
Wienert, Helmut: Die Stahlindustrie in der DDR, Berlin 1992.
Wierling, Dorothee: Geboren im Jahr Eins. Der Jahrgang 1949 in der DDR. Versuch einer Kollektivbiografie, Berlin 2002.
Wirsching, Andreas: Vom Weltkrieg zum Bürgerkrieg? Politischer Extremismus in Deutschland und Frankreich 1918–1933/39. Berlin und Paris im Vergleich, München 1999.
Zank, Wolfgang: Wirtschaft und Arbeit in Ostdeutschland 1945–1949. Probleme des Wiederaufbaus in der Sowjetischen Besatzungszone Deutschlands, München 1987.
Ders.: Wirtschaftliche Zentralverwaltungen und Deutsche Wirtschaftskommission (DWK), in: SBZ-Handbuch. Staatliche Verwaltungen, Parteien, gesellschaftliche Organisationen und ihre Führungskräfte in der Sowjetischen Besatzungszone Deutschlands 1945–1949, hg. von Martin Broszat/Hermann Weber, München 1990, 253–290.
Zubok, Vladislav: »Unverfroren und grob in der Deutschlandfrage«. Berija, der Nachfolgestreit nach Stalins Tod und die Moskauer DDR-Debatte im April-Mai 1953, in: 1953 – Krisenjahr des Kalten Krieges in Europa, hg. von Christoph Kleßmann/Bernd Stöver, Köln u.a. 1999, 29–48.

Personenregister

Deutschland einig Vaterland ...

Winfried Halder
Deutsche Teilung
Vorgeschichte und Anfangsjahre
der doppelten Staatsgründung
Deutsche Geschichte
im 20. Jahrhundert
Herausgegeben von
Frank-Lothar Kroll
und Ernst Piper
276 Seiten · broschiert
sFr 17,90 · € 9,90
ISBN 3-85842-552-4

»Einigkeit und Recht und Freiheit« – mit diesen Worten beginnt die von der jungen Bundesrepublik gewählte Nationalhymne. Sie drückt ebenso wie die neu komponierte DDR-Hymne den Wunsch nach einem ungeteilten Deutschland aus. Doch als die Hymnen offiziell in Kraft traten, war die deutsche Teilung längst eine fest zementierte Tatsache geworden.

Winfried Halder beschreibt Ursachen, Verlauf und Folgen des deutschen Teilungsprozesses. Er zeichnet nach, wie 1947 sowohl die deutsche Politik als auch die Deutschlandpolitik der Alliierten in eine Sackgasse geriet. Schlüssig legt er dar, dass die Teilung bereits im Schlüsseljahr 1948 vollzogen wurde, als sich zwei unterschiedliche Wirtschaftssysteme etablierten und die politische Staatsgründung vorbereitet wurde.